中国品牌研究院◎著

中國品牌大师

Chinese brands Masters

他们以各自不同的经历，
演绎超人的经营智慧，诠释品牌的真谛。
从他们身上，我们看到中国品牌崛起的力量。

南方日报出版社
NANFANG DAILY PRESS
中国·广州

图书在版编目（CIP）数据

中国品牌大师 / 中国品牌研究院编. —广州：南方日报出版社，2008.8
ISBN 978-7-80652-764-1

Ⅰ. 中…　Ⅱ. 中…　Ⅲ. 企业家—列传—中国　Ⅳ. K825.38

中国版本图书馆 CIP 数据核字（2008）第 083982 号

本书部分图片由 CFP 提供

中国品牌大师　　中国品牌研究院 编

出版发行：南方日报出版社
地　　址：广州市广州大道中 289 号
电　　话：（020）87373998-8502
经　　销：全国新华书店
印　　刷：广州市怡升印刷有限公司
开　　本：787mm×1092mm　1/16
印　　张：15.5
字　　数：320 千字
版　　次：2008 年 8 月第 1 版
印　　次：2008 年 8 月第 1 次印刷
定　　价：28.00 元

投稿热线：（020）87373998-8503　读者热线：（020）87373998-8502

网址：http://www.nanfangdaily.com.cn/press　http://www.southcn.com/ebook

序

今年适逢改革开放30周年，对许多中国品牌而言，创建品牌或许就在这一短短的30年时间。可以说，本书涉及的多数企业，基本上都是伴随改革开放成长起来的品牌。尽管有些品牌，像联想、海尔、TCL等已经成为世界级品牌。因此，在这样一个历史时刻，对这样一些品牌进行梳理和剖析，具有特别的意义。

当中，我们也发现了一个奇特的现象。就是这些能够代表中国国家形象的顶尖品牌，也是目前中国最有活力的品牌，几乎没有垄断行业的国有企业，差不多全部都是经过市场充分竞争之后，脱颖而出的一批民营企业，这也充分印证了市场竞争的魔力。

中国人常说，三十而立。走过30年历史的中国品牌，实际上才刚刚起步。正如《新营销》主编段传敏所言，2008年是中国品牌元年。

本书所选的27位中国品牌大师，全部来自中国品牌研究院2007年12月18日对外公布的“中国品牌大师”名单，这是国内首次有机构评定“中国品牌大师”，也是屹今为止国内企业家获得的最高荣誉。

他们当中，既有代表冲破行业垄断格局的海南航空、平安保险、招商银行的掌门人，也有代表挫败跨国巨头侵食的正泰集团当家人，更有代表民族工业崛起的吉利汽车总舵手，还有代表开创全新商业模式的阿里巴巴创始人，亦有代表跌倒之后东山再起的巨人集团CEO，更多的是手持独门武器，成为各自行业龙头企业的领军人物。

他们以各自不同的经历，演绎出超人的经营智慧，诠释品牌的真谛。从他们身上，我们看到中国品牌崛起的力量。

日本前首相安倍晋三在其就职演说中曾说过这样一段话——“向世界宣传展示美丽国家日本的魅力是很重要的。以前，‘日本制造’曾是品质低劣的代名词，而盛田昭夫则为日本洗刷了这个恶名。他在美国不懈努力，让世界了解到日本品牌的优良质量”。众所周知，安倍素来主张树立日本新的国家形象，他提到的盛田昭夫是日本著名品牌索尼（SONY）的创始人。从安倍的演讲中，我们不难看出，盛田昭夫俨然已经成为安倍眼中成功改善日本国家形象的民族英雄。

企业是最具经济活力的社会细胞，只有企业健康发展，社会才会不断进步。企业经营得好坏，企业家的作用十分关键。因此，“中国品牌大师”无疑是中国的经济脊梁。尤其是近期中国产品在国际市场遭遇危机，使更多的中国企业意识到创建品牌的重要性和迫切性——“中国品牌大师”也将是我们的民族英雄，他们将在“中国制造”向“中国创造”过渡期中发挥很大作用。

最终进入这份名单的“中国品牌大师”，一定契合我们一向认定的、普世的价值，一定拥有不同寻常的影响力和闪光度。在中国改革30年之际，我们试图通过本书的出版，勾勒出“中国品牌大师”的神采，勾勒出中国社会经济30年的变迁。通过这些“中国品牌大师”在不同的行业、不同的经营手法，带来不同的成功，给人不同的启示。

由国内20多位资深记者鼎力合作，还原20多位“中国品牌大师”的英雄本色，本书无疑开创了先河。我相信，本书将成为职场精英的必读圣经、企业老板的决策指南、中国MBA的最佳教材。

中国品牌研究院院长　郑展威

目录

任正非

10年来我天天思考的都是失败，对成功视而不见，也没有什么荣誉感、自豪感，而是危机感。也许是这样才存活了下去。我们大家要一起来想，怎样才能活下去，也许才能存活得久一些。

王石

万科把自己放在高峰，这样才能有做大事的胸怀。同时也要把自己放在低谷，这样才能吸引别人的长处。

黄光裕

我做事要求速度，必须尽快实施，我不会花3个月来谋划，把这个规划书的标点符号都给它改清楚了，再去实施。我是边做边修正。一件事只要有三分把握，我就去做。当然，‘有三分把握就’做只是一个口语化的说法，并不是没想清楚、没看明白就去做。大意就是想、调整和做基本上同步进行，不要多谋少决。

柳传志

小公司做事，大公司做人。

张瑞敏

创世界自主品牌是每个海尔人的梦想，为了圆这个梦，必须持续创新，每天战胜自我！让海尔成为一个世界级品牌，还有很多路要走，但不管路有多远，也不管路有多难，我会努力去做，一直到取得最后的成功！

段永平

曾经很爱开快车，但后来意识到这样非常危险，自己开车的最终目的是为了安全到达终点。如果没有安全保障，开快车又有何意义呢？同样道理，一味追求企业的做强做大和开快车差不多，企业存在的最终目的应该是致力于做个百年老店。换句话说，首先应该比谁做得久。

李东生

中国要成为世界强国必须要有自己的跨国公司，我们要成为第一个敢于吃螃蟹的人；没有敢于成为先烈的勇气，就不可能成为先驱。

梁稳根

行业竞争力优于企业竞争力，要懂得怎么做一个行业的老大。

牛根生

从无到有，满足个人，这是小快乐；从有到无，回馈社会，这才是大的快乐。

尹明善

一个没有品牌的企业，注定是没有生命力的。而质量是品牌的基础，只有一流的质量才能塑造一流的品牌。

鲁冠球

只要你尽心、尽责、尽力去做一件事情，当别人工作5天，而你365天都不休息，别人在过年初一，而你还在接着干，那么你一定能成功，这就是我的成功秘诀。怨天尤人没有出路，消极悲观走向死路。天上不会掉下馅饼，地上没有免费的午餐，我们只有扎扎实实地干，一切都是干出来的。

陈峰

中国现在是世界航空大国，但距离世界航空强国还有差距，主要是企业间的差距。在未来，希望中国能有2家至3家世界级企业步入全球航空20强。我们要为国家和民族、为民航业走向世界做一点贡献。

王振滔

我说奥康可以成为中国的LV，很多人不相信，跟我说不要玩虚的。但是我知道，人首先要敢想，才能尽自己最大的努力，抓住发展机遇。

张跃

我们要做世界上最完美的产品和服务，不仅仅是为了赢得市场，也不仅仅是想卖个好价钱，更是为了对得起客户对远大的友情和期待。如果我们因疏忽而造成缺陷，不但损害了自己的利益和尊严，更刺伤了朋友的心。

马云

造就一个优秀的企业，并不是要打败所有的对手，而是形成自身独特的竞争力优势，建立自己的团队、机制、文化。我可能再干5年、10年，但最终肯定要离开。离开之前，我会把阿里巴巴、淘宝独特的竞争优势、企业成长机制建立起来，到时候，有没有马云已并不重要。

刘永好

做产品是一分钱一分钱地赚，而做品牌是一毛钱一毛钱地赚。

何享健

我的普通话说不好，文化水平也不高，既不像柳传志那样能侃，也不像任正非那样会写，跟媒体接触容易说错话，容易被人误解，给企业带来危害。所以，我不如不讲，少讲多干，把企业做大了，让企业赚钱了，比什么都强。

南存辉

做企业跟爬山很像，开始做的时候认为很简单，结果当你越爬越高的时候，就是企业越做越大的时候，碰到困难的时候，越爬越觉得上不着天，下不着地的时候，不能回头。

史玉柱

作为我们曾经失败过，至少有过失败经历的人，应该经常从里面学点东西，人在成功的时候是学不到东西的，成功时候做的报告你别听，全是假的，只有失败总结教训才是深刻的，才是真的。

杨元庆

我觉得，不是我能不能超越柳传志，而是必须要超越。今天的联想跟昨天的联想已不一样，对领导的要求也不一样。到我退休的时候，接替我的人一定要比我能力更强。只有这样，才能带领一个更大的公司。

钟睒睒

对于企业来讲，知名度就是生产力，就是价值。企业不会炒作，就是木乃伊。

马蔚华

我们没有政府背景，有的就是在市场经济下摸爬滚打锻炼出来的身板。

李书福

如果把企业发展比喻成木桶，吉利现在要思考的，不是品牌、车型、管理哪个是短板的问题，而是企业全面调整和发展的问题。

陈天桥

以前我总以为，钱能证明一个人的价值，我并不在意金钱本身，我只是觉得如果我能挣到更多的钱，就能够证明我比别人有能力。30岁的时候，我感到非常茫然，就好像爬山，我已经爬到了顶峰，然后还有什么奔头呢？但是，我太太对我说——有些人，一辈子只能爬一座山，但是也许你能爬三座、四座，甚至更多的山。

宗庆后

中国的品牌市场还不像国外成熟，中国消费者品牌忠诚度极低，价格的诱惑极大。我认为，中国的品牌市场还要20年才会成熟，想主要依靠品牌来开拓市场要三思而行，所以娃哈哈很多产品一定要低价。

马化腾

在进入一个领域的时机把握上，我们一般看到这个业务有第二出来了，表示这个东西有机会，就算没准备好，也要派一个人跟一下，不由自主跟一下，等到看清楚的时候才大部队进去做，这样才做到第二。

马明哲

为什么我要像一位盲人一样冒着被冲走的危险过河，如果我可以多付一点钱，比如通行费，为什么不走河上的桥呢？

任正非

大师语录 >>

10年来我天天思考的都是失败，对成功视而不见，也没有什么荣誉感、自豪感，而是危机感。也许是这样才存活了下去。我们大家要一起来想，怎样才能活下去，也许才能存活得久一些。

2002年的北京国际电信展上，华为总裁任正非正在公司展台前接待客户。一位上年纪的男子走过来问他，华为总裁任正非有没有来？任正非问，你找他有事吗？那人回答，也没什么事，就是想见见这位能带领华为走到今天的传奇人物究竟是个什么样子。任正非说，实在不凑巧，他今天没有过来，但我一定会把你的意思转达给他。

关于任正非的神秘出没还有很多故事。有人去华为办事，晕头转向地换了一圈名片，坐定之后才发现自己手里居然有一张是任正非的，急忙环顾左右，斯人已踪影不见。有人在出差去美国的飞机上与一位和气的老者天南地北地聊了一路，事后才被告知那就是任正非，懊悔不迭。这些多少带点演义成分的故事说明，想认识任正非的人太多，而真认识任正非的人却太少。

隐而不藏 >>

任正非的面孔在公众视线中消失，是1998年以后的事。1998年的华为以80多亿元的年营业额雄居当时声名显赫的国产通信设备四巨头“巨大中华”之首，势头正猛。而华为的首领任正非不但没有从此加入到明星企业家的行列中，反而对各种采访、会议、评选唯恐避之不及，直接有利于华为形象宣传的活动甚至政府的活动也一概坚拒，并给华为高层下了死命令：除非重要客户或合作伙伴，其他活动一律免谈，谁来游说我就撤谁的职！整个华为由此上行下效，全体以近乎本能的封闭和防御姿态面对外界。

近两年来，华为的壁垒有所松动，出于打开国外市场的需要，与境外媒体来往密切，和国内媒体的接触也灵活不少，华为一些高层也开始谨慎露面。唯一没有解禁而且没有任何解禁迹象的，是任正非本人。

和其他因为种种原因保持一定程度“低调”的企业家相比，任正非消失之彻底、规避之严苛，在旁人看来已几近刻意。有人曾问任正非的一位好友，任正非退居幕后或退休时，是否可能会以合适的方式总结一下他多年来的创业经历？回答是：不可能，而且永远不可能！

但是，不露庐山真面目的任正非却有着许多争相展露头角的企业家根本无法望其项背的影响力。这一方面是以华为在行业乃至国际市场的实力和影响力为基础，同时也是任正非本人看似扑朔迷离实则清晰鲜明的个人形象所致。每每到华为发展的关键时刻，任正非即适时抛出《华为的红旗究竟能打多久》、《华为的冬天》等充满了使命感和忧患意识的文章，这些文章或演讲稿不仅在华为内部流传，在同行乃至整个企业界都流传甚远、万人争读，有人甚至能大段背诵出文章的精华部分。而与此同时，《我的父亲母亲》这样的文章又展现了任正非理性和激情背后温情的一面。

如此的“语录”或许并不是任正非刻意所为，但这种偶尔露峥嵘的方式却一再成功地强化了他的存在感。以至于华为的同行曾不无艳羡地猜测，任正非施展影响力的策略的确高深。

有人把任正非如此做派归结为华为所面向的是行业和企业客户，不需要像终端产品厂商那样“牺牲”高层而在大众中做形象。任正非在公司内部也经常讲：“我们不是一家上市公司，没有向公众披露内部信息的义务，只要对政府负责，对企业经营负责就行了。”即便外界因华为的谨小慎微有各种或正面或负面的猜测，华为也从不给外人满足好奇心的机会。

华为内部还有一种说法，任老板秉性耿直，说话太冲，并不是一个善于双向沟通的人，这是华为相关人士及任正非本人都尽量避免让他出面的一个原因。天津有位副市长访问华为时曾向任正非讨教：“为了帮助企业发展，你认为政府应该做些什么?”任正非的回答让在座的人大吃一惊：“政府对企业最大的帮助就是什么也不要做，只要将城市的路修好，公园和道路旁边的花草种好，这就是对企业最大的帮助!”

任正非也因此得罪过重要客户。一次去拜访当时的广电总局领导，不等领导开口，任正非就连珠炮般讲起了华为产品的优势。领导不耐烦了，只好打断他：“你们华为的产品全是第一，没有第二!”会谈气氛因此陷入尴尬。任正非很清楚自己难以改变，他经常在公司内部说，等华为上市后，他就不能再做 CEO 了，否则他的出言无忌会让华为股票像坐过山车一样忽上忽下，谁能受得了!

另外，任正非在《我的父亲母亲》一文中总结说：“由于家庭原因，文革中，无论我如何努力，一切立功、受奖的机会均与我无缘。在我领导的集体中，战士们立三等功、二等功、集体二等功，几乎每年都大批涌出，唯我这个领导者从未受过嘉奖。我已习惯了我不应得奖的平静生活，这也培养了我今天不争荣誉的心理素质。”

华为日益成为公众瞩目的焦点，华为的首领却坚持只让公众看到他的背影，这仅仅是因为上述的原因吗?

政治定位 >>

与任正非同时代的企业家大都有脱不去的政治底色，尽管他们的工作与政治无干，但是他们的成长背景却让他们的思维与政治有着莫大关系。任正非的青年时代是在文化大革命的风雨中度过的，他后来回忆说："文革对国家是一场灾难，但对我们是一次人生的洗礼。文革使我在政治上成熟起来，不再是一个单纯的书呆子。"

1996年，时任国家科委副主任的朱丽兰参观华为，与任正非等高层沟通。之后朱丽兰在其他场合评价说，任正非是一个企业家而不是政治家。但是任正非听到这一评价后曾经私下表示："其实我就是一个政治家。"

任正非有如此强烈的自我政治定位，始于文化大革命的洗礼和历练，成熟于后来的自我修习与运用。除了学习科技文化知识之外，任正非非常注重政治学习，熟读《资本论》等著作，而研读最深的还是那四本《毛泽东选集》。从任正非所写的一些文章和讲话的标题如《目前的形势与我们的任务》、《希望在你们身上》中，很容易感受到毛泽东思想对他的巨大作用力。

任正非自认为近些年来他的思想认识早已摆脱毛式"一分为二、非黑即白"的窠臼。企业中充斥大量错综复杂的矛盾和悖论，一分为二的哲学根本无法应对。任正非提出了所谓"灰色"理念，灰色就是黑与白、是与非之间的地带，灰色的含义就是不走极端，在继承的基础上变革，在稳定的基础上创新，在坚持原则和适度灵活中处理企业中的各种矛盾和悖论。与早年的以运动治理企业相比，任正非近年来对华为的塑造正是他对新哲学的实践，他的政治头脑和思维也由此更加圆熟。

性情耿直并不影响任正非将政治思维全面运用于企业经营中。从任正非的一些做法上，不难领略他那种在现实环境中务实的经营智慧。前几年，深圳流传出华为要把总部迁往上海的消息，当时的上海市长也与任正非会过面，据说还承诺了许多优惠政策。深圳市政府紧张之下赶紧许诺更加优惠的政策，一来一往之后，华为的总部留在深圳，而上海的土地也批下来了，华为上海分公司顺利开张。

有时候，任正非的政治头脑会让那些"只知道商业的人"晕头转向。2004年，有记者偶然见到任正非，问他华为未来的发展重点。任正非回答："我们也说不清重点是什么。未来怎么发展，我们都是糊里糊涂的。"记者追问华为未来发展的重点是国内还是海外，他说："不知道，我真的不知道我们将来向哪个方向发展。"这种打到哪里算哪里的赌徒心态让记者感到疑惑，有些管理学者甚至由此推断华为在战略上可能真的出了问题，前程堪忧。任正非接着又说出了让记者更惊异的话："我们现在生意很难做，如果我们开餐馆就好了，毛利会更高。"

开餐馆毛利率也许很高，但规模却很难上去，如果规模上去了，毛利率自然要下来，任正非不会幼稚到不知道究竟是微软、英特尔的毛利率高，还是麦当劳、肯德基的毛利率高。他也不会真的不清楚华为未来的发展重点，只是觉得没有必要披露。任正非面对记者如此乌龙，更多地是说给政府听，希望国家在制订电信政策导向和设备采购时有所考虑。

政治家的底线是安全，毕生追求最高目标其实更安全。任正非不是政治家，但是作为有着深刻政治定位的企业家，他也一直把企业的安全作为追求的最高目标。他有一条坚信不移的法则，即“木秀于林风必摧之”。

企业成为“出头鸟”是企业家的梦想，但企业家切不可太过招摇与张狂。当华为还比较弱小的时候，任正非出头露面，既不扎眼，又可为企业带来商业利益。但随着华为成为中国企业界的翘楚，并开始与国际列强抗衡，华为的事情就微妙了，各种声音、各种目的就多了，哪一天轰然倒塌的担心并非杞人忧天。

相对于个人今天被崇拜，他更希望以企业长存的方式表达出自己的价值。这实际上是任正非对于人生和商业两种价值观的一种统一。

保护自己的最好方式就是不暴露，尽管这样做会有很多损失，却能规避更多不可预知的风险。比如华为内部股权是外界争议较大的一个问题，但华为却认为，如果当初按照国际通行的规则建立股权制度，要么根本无法实施，要么大家只能拿到少量可分配股权。在不规范的现行制度下，利用变通的方法建立自己的股权制度，再根据外部环境的变化不断改进，并小心翼翼从不对外解释澄清，不授人以柄，华为才一路发展下来、逐步规范起来。种种成长发展过程中的曲折，都不足为外人道。

优秀的企业如果能总结出成长过程中的经验与教训，不仅对其他企业有所借鉴，对中国企业群体来说也是一笔财富。但华为却固执地抗拒想要这样做的任何企图，相关政府部门不止一次提出华为可以把自己的经验拿出来交流一下，华为的反应却是：企业的个性重于共性，没有任何参照价值，IBM 把一二三告诉我们，我们就能成为 IBM 吗？更何况华为还不是 IBM，还没有做得那么好。事实上，华为前学 IBM，后学三星，学了很多企业，如此排斥“典型”这顶高帽，还是源于“枪打出头鸟”。

最近两年，任正非在国内露面更少，他每年花大量时间游历全球，在各个发达市场与发展中市场上寻觅机会，在通信设备国际列强间合纵连横，寻觅可用的力量与资源。深刻领悟西式规则的同时，任正非的东方智慧又有了检验和发挥的机会。

华为的传承 >>

如果仅仅把任正非对声名敬谢不敏归因于他的圆熟与彻悟，未免太过简单。任正非无意执著于个人沉浮，却将企业的沉浮视为九鼎。或者说，相对于个人今天被崇拜，他更希望以企业长存的方式表达出自己的价值。因为个人各领风骚顶多几十年，企业则可能上百年甚至更长久地存续下去。任正非从他多年模仿的对象 IBM 以及其他老牌企业的身上，清醒地看到了这一点。

任正非不是大彻大悟的超凡脱俗之人，把自己的背影留给观众，把自己的价值熔铸在华为的基业常青梦想上，这实际上是任正非对于人生和商业两种价值观的一种统一。

在一些场合，任正非屡次称许战国时代李冰修筑的都江堰工程。2000 多年前的都江堰至今仍造福人民，可谓泽被千秋，功著万代。我们不妨把都江堰视为任正非胸有大志向的隐喻，他要把华为塑造成都江堰一样的传世之作，华为的传世才是他任正非的传世。

把华为打造成真正的世界级企业，而且是持续经营下去的世界级企业，任正非很可能已经意识到是无法在短期内做到的。甚至，这个目标也无法在他的任期甚至有生之年实现，而必须由下一代甚至几代领导者接力完成。毕竟企业的生命必须超越企业家的生命，而企业的生命又必须靠企业家的顺利更替和稳定延续而持续下去。

民营企业领导者换代难是个老问题，企业寿命等同于企业家寿命，中国民营企业一直就迈不过去这个坎儿。在这个问题上，明智者多，能拿自己脑袋开刀的大智者少。民营企业的领导者要解决企业的寿命问题，不仅要自己觉悟，而且必须自己革自己的命，这可不是寻常人等能够做到的。多少坐拥绝对权力而膨胀的企业家一世聪明，最终却败于自己。很难说任正非已彻底超越了名利、看清了未来，但他在自己尚头脑澄明的时候就尽力克服人性弱点、努力做出种种安排，已可称大智慧。

1998 年，任正非就从国外买回 100 多本台湾版《再造宏碁》，发给华为所有高层学习。他让部下学习的不仅是宏碁国际化的成功经验，也学习施振荣如何培养人、保障企业持续长久发展。任正非希望他退休之后的华为，也可以像 2004 年底施振荣退位后的宏碁一样，平淡之中稳定接续。

随着任正非年龄日增和精力衰退，他为身退而做的安排越来越明显。大约从 2000 年开始，原本在企业内部是个地道“暴君”的任正非脾气渐改，无论对内对外都日益谦和。他开始控制在下属面前发雷霆之怒的频率和程度，缓解自己给周围的人带来的紧张和压力。每周还尽可能抽时间去健康中心做理疗，整个人都呈现出一点修身养性的味道。华为的一些高层感觉到，任正非正有意收缩他在公司中的辐射范围，他要亲手淡化自己在华为烙下的烙印。

任正非对于“企业生命必需超越企业家生命”的认识，使其并不是单纯地寻找一个称职的接班人，他要做的是从制度、文化、舆论上全面着手精心安排，扫清一切可能的路障，在自己逐渐退隐、新班子逐渐接手的平稳过渡中实现企业不动声色的更替。

对于未来的续任团队能否压得住阵脚、是否有能力正确判断企业形势的忧虑，这当然依旧是一个还没有跨过的门槛。但是任正非要改变的就是企业成败维系于一人的现状，所以续任者即便有强势人物领头，也依旧是一个团队，而且会有制度安排来解决决策机制问题，以最大限度地规避风险。

个人的“政治定位”和对企业发展规律的深刻认识，让我们近年来只能看到任正非的背影。这位在公众心目中难以充分透析的“灰色人”，也许永远不会走出来面向大众讲述自己的真实想法。不过，华为就是任正非，任正非就是华为。今天，到华为拜访的人常常问接待的高层：“任总在公司吗?”

他们得到的回答往往是：“任总不在，但公司一样运转得很好。”

《IT经理世界》许亚青

王石

大师语录 >>

万科把自己放在高峰，这样才能有做大事的胸怀。同时也要把自己放在低谷，这样才能吸引别人的长处。

王石喜欢登山，众所周知。关于他登山的原因，最早人们知道的版本是他的身体一度出现了问题。1995 年，王石的左腿突然剧烈疼痛，后来诊断为腰椎骨长了个血管瘤，因其压迫神经引起左腿疼痛。

医生警告他："什么运动都不能进行，从现在起必须卧床，准备动手术！一旦血管瘤破裂，会引起下身瘫痪！"听闻此言，王石脑海中闪过的第一个念头就是：手术之前一定要去一趟西藏。因为一旦坐上了轮椅，就再也实现不了自己从小的梦想了。

打点行李，王石进入西藏，从此开始了他的登山传奇。

从 1999 年 5 月，登顶海拔 6718 米的玉珠峰，到 2003 年 5 月登顶珠穆朗玛峰——王石从一名登山爱好者到中国登山协会副主席，交出了一份漂亮的成绩单。

有人问王石为什么喜欢登山，他的回答是："很多人以为我是为了健康而选择登山，其实不是，登山只是我选择的生活状态，但我想我应该在命运的挑战前做些事情。"

至今，王石仍保持着国内登顶珠峰的最年长纪录。在先后完成了攀登世界七大洲最高峰和穿越北极和南极的探险后，王石又将目光投向了飞伞、帆船。试问，像王石这样潇洒的中国企业家，能有几人？

按照王石自己的说法："特别是 2003 年之后，我出席一些场合，一般主持人都会这样介绍：现在请著名的登山家王石先生进行讲演，顺便提一下，他的企业也办得不错。"

据说，王石很喜欢主持人这样介绍他的出场。他认为，管理与登山还有很多相似之处，比如都要有明确的目标，过程都很枯燥，都需要团队的努力，都要面对不测风云，都不可能永远停留在成功的顶峰（要知道，王石在登上珠峰后，都没来得及展开万科的旗帜拍照，就被催促下山了）。

王石从珠峰上下来后，很骄傲于自己的毫发无损。跟他一起上去的队员有的冻伤手指，有的雪盲。这让他体会到，登山跟做企业一样，要注意"保存实力，控制节奏"。

王石常说，领导企业也是这样，领导者要赋予企业明确的愿景和目标，让团队成员明白并接受，让大家不为诱惑和困难所干扰，朝同一个方向努力。

坚守目标的人在登山中不受外界干扰，最能攀上顶峰。王石曾经讲述了这样一个例子。登珠峰时，在海拔将近 8000 米营地宿营，夕阳血红，非常漂亮。同伴们都出去看，并招呼王石出去："风景这么好，王总快出来。"王石没吭气。过了 20 分钟，他们又说："你再不出来会后悔的，这是我们登了这么多山所看到的最美的风景。”王石说：“老王说不出来就不出来！”

为什么不去看夕阳呢？因为王石在保持体力。“我知道我的目标只是登顶珠峰，任何与登顶无关的消耗体力的事都一概不做。整个登顶过程中，我一直保持这个态度。”

而当时的登山队伍中，有一个队员比王石小10岁，身体非常好，是国家级的登山运动健将。他被寄望第一个登顶，但是他却没有成功，一个重要的原因就是在登山过程中他要接受记者采访，每天要回答网上的帖子，还要跟踪拍摄登山过程并将一些图传回家乡城市的电视台。这些都消耗了他不少精力，到8300米时，他的精力已消耗殆尽。

王石认为，做企业也是这样。在充满不确定性的中国商业环境中，当众多繁杂的信号干扰企业的活动时，企业必须小心翼翼地确保目标的明确性。这样才能排除干扰，拒绝诱惑，达到成功的顶峰。

困境中的磨炼>>

几乎每一个登山的人，谈起登山中的感受，都会用到一个词，“痛苦”。

登山的过程有多痛苦？王石说，每次登山，心里都在想，下次再也不登了。

有过登山经验的人都知道，登山的痛苦，一方面来自登山者本身的精疲力竭，饥肠辘辘，是对体力极限的考验。另一方面是高山严酷的环境给登山者带来的痛苦，你可能要忍受零下三十度的低温，六七级的狂风，严重的高山反应，而且不确定性危险如雪崩也时常发生。而且，你还可能从登山者的遗体上跨过去。

高山肺水肿、脑水肿都是登山中常发生的状况，此外还有抽筋、冻伤、晒伤、紫外线辐射、雪盲、昏迷等严重程度不一的危险随时都可能在登山途中发生。王石1997年第一次在西藏待了一个月，进山就发高烧，上吐下泻。2002年登珠峰之前的热身练习中，他只要到5000米高度就会恶心，进不了食。有5年的时间，他一进山就盼望着赶快登完，赶快下山。

“登山者可能随时都有放弃的念头，我并不是很勇敢，意志也不很坚强，也曾想到放弃，但终究坚持到最后登顶成功，有时候自己也奇怪，我竟然能上来，然而，正是因为一步步的攀登，人才能顺利登顶。”王石在《道路与梦想》一书中写道，“生活也是这样，很多事情我们没有再去坚持一下，而成功与失败往往是一念之差。”

做企业的痛苦和艰难不亚于登山，商业环境比高山环境还要凶险，困难和意外每一天都在考验着每一个企业家。这个时候，同样需要坚持。

在登山中一般会设几个营地，中途会停下来休息，进行训练，补充能量。张朝阳在登上珠峰 6666 米之前，在 5200 米的大本营呆了 2 个星期，做适应训练，适应高原反应。因为在缺氧的情况，一旦感冒发烧都是很危险的。而一次登乞力马扎罗的过程可能是这样的：第一天到一号营地（海拔 2700 米），第二天从一号营地到二号营地（3700 米），第三天拉练，到达 4300 米后再撤回二号营地，第四天从二号营地到三号营地（4750 米），第五天登顶。

这对企业的启示有两个方面：一个是在前进的过程中，要将大目标分解成几个阶段性的、看得见的小目标，这样会比较容易坚持，如果路途太长远，容易让人疲惫不堪而放弃。二是在前进过程中适当地调整和休息，当发现某个项目（比如信息化项目）推行中遇到困难的时候，不妨缓冲一下，给大家一段适应新措施新工具的时间，然后再继续前行。

没有掌握好节奏而给企业带来灾难，这样的例子不胜枚举。2004 年的时候，顺驰的掌舵人孙宏斌宣布：顺驰将在 3 年之内超过万科，成为行业第一。前一年，顺驰销售回款是 40 亿元，2004 年销售额达到了 100 亿元，但利润并不及万科的五分之一。急速增长给内部管理带来巨大的压力，为了维持急速扩张，顺驰一方面拖延交付地价款，另一方面，继续高价拿地。

王石对此曾做出回应："如果把握好节奏，顺驰能够成为一家非常优秀的公司，但现在它要为盲目扩张造就的奇迹付出代价。"果然，顺驰速度没维持多久资金链就断裂，2006 年 9 月，顺驰易主，黑马神话化为乌有。

有一年，河南建业集团的董事长胡葆森跟王石一起登黄山，刚开始的时候，胡葆森嫌王石走得慢，想超过他，到了中间阶段，王石仍然不停地在爬，胡只能跟着走，到后面阶段，胡跟着已经很吃力了。在整个过程中，王石基本上保持匀速前进。

胡葆森从中深受启发："企业在做百年老店的过程中是不需要冲刺的，当然遇到机会的时候需要加速一下，但是从心态上来讲一直要保持匀速前进。"

大家都知道，第一次登上珠峰的两个人是希拉里（Edmund Hillary）和诺盖（Tenzing Norgay），他们在 1953 年完成了这个载入史册的壮举。但是大家可能不知道，他们背后还有一群人默默的奉献，没有这些人，这两个人永远也不可能登上珠峰。

当时的领队亨特（John Hunt）建立了一支由登山员、夏尔巴人、搬运行李物资的人和牦牛组成的大军，按部就班地往山上进发，同时往返穿梭向更高的营地运送支持物资。到最后两个人要登顶时，亨特已经亲自把物资供应延伸到了距离顶峰垂直距离只有 610 米的地方。

王石说，这个故事告诉我们：一个人的力量是有限的，只有在团队的帮助下才能达到最高峰，无论是高山还是事业的最高峰。

《新周刊》的社长孙冕曾跟王石去过北极，王石去南极时，却没有带他。在王石完成"7+2"的庆功宴上，孙冕悄悄地问王石："为何不带我？"王石神情凝重地回答："你知道你的毛病吗？在北极你丢三拉四的，一会丢羽绒服，一会在帐篷里又烧了羽绒服的袖子！如果你想登珠峰，这都足以令你丢命，别说羽绒服，丢一只手套就没命。"

企业的成功同样依赖于由合适人才构成的团队。在企业中建立一个适合的团队，也跟登山一样，要经历时间的考验和同甘共苦的磨炼。

超越自我 >>

在先后完成了攀登世界七大洲最高峰以及穿越北极和南极的探险后，2006年，51岁的王石为自己定的下一个人生角色是社会活动家。自此，参加各种公益活动以及NGO组织，就成为王石生活中的一个新组成部分。

在过去5年中，王石将个人收入的1/3都用于公益活动。王石认为，企业家走向成功的三个阶段，第一是创业，第二是管理成熟，第三是承担广义的社会责任。"现在应该是万科迈向第三阶段，做企业公民的时候了。"

2007年7月28日，王石从首创集团总经理刘晓光手中拿到"交接棒"，被阿拉善生态协会选举为第二任会长。治沙这个过去似乎只属于环保主义者的任务，落在了他的肩头。

"我觉得企业家到一定阶段一定会去做NGO。你看李嘉诚，现在引人瞩目的已经不是赚了多少钱，而是捐出了多少钱。"王石说。

现在，王石不只会"玩"，年过五旬的他正在转型。他要从一个传统的企业家、户外运动爱好者过渡为一名社会活动家。从去年起，"企业公民"这个词一直伴随在王石左右，其重要程度已与登山不相上下。

在2005年王石第一次到北京领取企业公民奖项时，曾很坦白地说："对我来讲企业公民这个词很陌生，但是万科却站到了最佳企业公民的领奖台上。"

后来，通过上网查资料、请教企业专家，王石才知道企业公民是什么——广义而言就是承担企业对于社会的责任。

尽管知道企业公民这个词晚了点，但王石却认为："万科本身的企业文化、公司治理和道德价值观与企业公民的要求不谋而合。在万科对企业公民还一无所知的时候，我们已经开始做企业公民该做的事了。"

2006年，万科的年度主题是"变革先锋，企业公民"。在王石的力推下，万科着力于体现企业公民责任的工作——推广廉租房建设、设立专门用于居民旧村落保护的基金和推进节能环保运动。

万科计划在未来3年，每年提取人民币1000万元作为"企业公民"专项建设费用，用于中低收入者居住问题解决方案的探索和实践、和谐社区的倡导和建设、环境保护和其他公益活动等“企业公民”行为。

作企业公民，不仅意味着付出，也会有收获。“万科自身首先是一个受益者。虽然我们从来没有预料到这样的结果，但是调查后却发现自己首先是受益者。做善事的首先是得益者，做恶事的首先也是受害者。”王石说。

作为企业公民的领头人，王石也越来越热衷于公益活动。从被动参加到主动组织，王石的转变仅有两年时间。

2004 年，首创集团总经理刘晓光给王石打电话，说要发动 100 位企业家，每人出资 100 万元，成立阿拉善沙漠整治的公益组织。出于面子，王石答应了对方。

加入其中，王石才发现，这是一个由三部分人员构成的 NGO 组织：大陆本土派，即刘晓光、王石等在国内创业的企业家；大陆海归派，即张朝阳等有海外求学背景的青年企业家；海峡派，即投资内地的台湾少壮派企业精英。

尽管在第一天的成立大会上，各路商界精英为协会章程的问题吵得不可开交，但王石却感到了一种前所未有的崇高。

“企业家们对章程的重视，让我第一次上了民主程序的一课。这让我感觉，这次参加公益活动并不是仅仅治疗沙漠，也是治疗自己心灵的荒漠。”之后，王石就主动参加公益活动。

在王石的眼中，“阿拉善 SEE 生态协会是中国 NGO 的一个孵化器。”正是在这个协会中工作了两年后，王石才开始在万科成立“万科公益基金”，同时还以他个人的名义成立了公益基金。

“这些事情以前没做，很大程度上因为我们还不知道怎么做，但有了阿拉善的民主程序的训练，有了对协会管理的认识以后，情况就不同了。”此后，王石还主动“拉拢”一些企业家加入到阿拉善生态协会中来。

2007 年 7 月 28 日，阿拉善生态协会的第四次理事大会在北京举行。继首创集团总经理刘晓光之后，王石高票当选了阿拉善生态协会的第二任会长。

自从加入阿拉善生态协会后，王石就开始潜移默化地受到其影响。

以前，王石是一个强势的人，而在这个协会中，他学会了妥协，学会了与大家合作。当然，王石的妥协也是有原则的，“只要这个组织能运转下去，大家能在阿拉善项目上进行下去，钱能到位，一线官员能稳住，能得到老百姓的信任，这是最重要的。这是一种新的组织形式，在这里你的心态是完全不一样的。”

有一句广告词，王石很喜欢——“每个人都是一座山，世界上最难攀越的山其实是自己。努力向上，即便前进一小步也有新高度。做最好的自己，我能。”其实，这句广告词用在王石身上真是再合适不过了。

中国品牌研究院　梁嘉

黄光裕

大师语录 >>

我做事要求速度，必须尽快实施，我不会花3个月来谋划，把这个规划书的标点符号都给它改清楚了，再去实施。我是边做边修正。一件事只要有三分把握，我就去做。当然，“有三分把握就做”只是一个口语化的说法，并不是没想清楚、没看明白就去做。大意就是想、调整和做基本上同步进行，不要多谋少决。

有三分把握就去做。这是黄光裕的商战名言，在他看来，三分就是一种感觉。“某些事情，市场已经给你机会了，就要立即拿出行动，狭路相逢勇者胜。实际上，做事和择业是不同的。择业肯定要更小心，但做事情不能每天停留在研究、讨论、调研和犹豫不决上。”

和同时代的企业家相比，黄光裕的广告意识萌芽得比较早。早在 1987 年 3 月，创业之初，黄光裕就萌生了做广告的念头。回忆起这件事，黄光裕说：“我记得当时是在小小的一个市场集锦里，登了一个几十块钱的小广告，没想到就卖了一百多个产品。”这次成功的经验给了黄光裕很大的启示，那就是广告是一种很好的推销方式，花钱少且收益大。

在 20 世纪 80 年代末电器严重供不应求的年代，登广告卖电器是一种不可思议的举动。当时，在中国百姓大脑中，还存在着“卖不出去才做广告”的想法。那么黄光裕为何要为国美做广告呢?

黄光裕说：“我们想说的话，想做的推销，站在大街上一喊，也就那么几十个、上百个人知道，而且还喊得累人，而如果我们做广告，只要往报纸上一登，当天就会有千千万万个人知道。”

说到做到，黄光裕立即将这种想法付诸行动。

他发现，当时《北京晚报》上面有一块是空的，从来没有刊登内容在上面——这就是报纸的中缝。1987 年 7 月 11 日，黄光裕在国美电器成立半年之后，以几千元的低价包下《北京晚报》的中缝版面，率先刊登国美电器的报价广告。

对于当时的决策，黄光裕解释说：“我们在珠市口的第一家门店，面积不足 100 平方米，但是为了跟大型商场抢生意，就必须薄利多销。于是，国美向一些家电厂商提出包销，以更低的价格进货。当时，我们十分弱小，家电的量谈下来了，但怎样消化? 我想，《北京晚报》一天可以卖几十万份，当中只要有几十个人因为看了广告而跑来买我们的电器，那么我们就成功了。看中中缝版面，图的是价格低廉。现在回过头去看，这种手段摆脱了'坐店经营'的形式，是商家营销的先进意识，也是今天国美成功的发端。”

国美电器也因此获得了“中缝大王”的美誉。

与《北京晚报》谈好了做中缝广告，广告的版面是有了，但广告应该宣传哪些内容呢? 广告的诉求是什么? 广告的创意如何? 版面应该怎样布局和设计呢? 另外报纸中缝的位置价格虽然便宜，但是，在这么一个又瘦又窄的长条形夹缝里，很难吸引人们的注意力。面对这一系列问题，黄光裕自有一套独特的见解：

做广告，简单的就是最好的，没必要搞得啰里啰嗦的。只要能把商品的零售价格原原本本地登出来，让价格自己说话，消费者自己就会做出明智的选择。

最后，国美的广告出来了，广告词很简单："买电器，到国美"。国美的报价广告更简单直接，如"松下 110/L15 录像机，2730/2930"，其意思就是"松下 110 录像机每台 2730 元，松下 L15 录像机每台 2930 元"，信息量既大又准确，简洁明了，真称得上"一字千金"。

可以说，黄光裕首创了"报价广告"——这一中国家电零售业的广告模式。

国美电器的广告出炉以后，那又瘦又长的报纸中缝里，尽是国美各种品牌或型号的电器商品的名称和零售价格。虽然简单直白，几乎没有什么艺术创意，但大家都觉得很新颖，也很实在，所以很快就习惯并接受了这一广告形式。后来，"中缝广告"与"报价广告"被众多商家如法炮制，至今仍充斥于各类报纸中。

黄光裕与《北京晚报》的这次合作，在中国商界开创了两个先河：第一，长期固定地在中缝刊登电器广告；第二，刊登的是报价广告，所有国美经营商品的型号和价格在中缝广告上均一目了然。

可见，黄光裕不仅观念领先、目光远大，而且还具有创新意识，这样独特的视角也注定了国美后来的快速发展。

黄光裕还说服外资家电厂家为国美的广告埋单。黄光裕找到他们说：

你们的形象广告要做，但你可以削减一些量，然后支持各个商家来做。我们做的价格很低，还能直接引导消费者，告诉他们在哪儿买，我们还可以搞活动来帮你们促销。

当时中国家电以进口产品为主，进口产品占了 80%以上。外资厂家做广告的费用很高，又不能直接促销，外商登完广告后，只是宣传他们的产品，没有具体的购买地点，不利于消费者购买。黄光裕试着说服外资厂家为广告埋单，这样既能节省掉国美部分的广告费用，又能方便消费者购买到自己想要的商品，可谓一举两得。试了一两次后，效果很好，这种做法也一直被沿用到现在。

说服外资厂家埋单后，黄光裕又更进一步地游说国内家电厂家道：

你们的产品摆在橱窗里，看得见，摸不着，作用不大。消费者也不知道有货没货，还不如在我们国美这做专柜，把产品送给我们当样机，再做些活动，更有利于促销。

可见，黄光裕在计算成本方面是很精明的。他要的效果就是事半功倍，当然他的这次游说再次成功了。所以，每当国美开业，人们经常看到，厂家们比国美还起劲，又是做现场广告，又是做展台，更有不少厂家还搭起台子做促销活动，场面异常火爆。现在，家电厂家到哪儿都做展台，这都是国美开的先河。

广告提升了国美的知名度，销售量也越来越好，规模也逐渐扩大了。国美在厂家面前也更有话语权，进而获得了更多的优惠。

黄光裕一方面要求国外厂家定期给广告费，并让厂家帮助促销；另一方面要求各厂家年底返利。正是这样的精打细算为国美的早期发展提供了支持。

国美的圣经>>

1993年，黄光裕与哥哥黄俊钦分家，他们共同经营了六年家电生意。分家后，哥哥黄俊钦开始脱离家电零售业向地产业进军，而黄光裕则继续做家电零售业。

黄光裕分得了几十万元的现金和“国美”这块牌子。分家的时候，黄光裕已经有六家店了。不过，由于受政策的限制，这六家店还不都叫国美。当时工商注册以北京市为单位，如果北京市已经有一个叫“国美电器商城”的名字后，就不能再有第二个。所以，黄光裕其他几家店名就分别取为“国豪”、“亚华”、“恒基”等。

为了使人们更好地识别企业的品牌，使品牌发挥更好的效应，黄光裕就开始考虑怎么去统一品牌。后来他就去说服工商局，正好遇到新政策颁布，几乎在一夜之间，黄光裕将自己下属的六家门店的招牌通通拆除，所有门店一律改成了同一个品牌——国美电器。

在这六家店面中，最大的一家店是北京前门店，面积有800多平方米，黄光裕早期将国美总部设在这里。按照他自己的话说：这六家店在整个北京形成了一个辐射圈，形成了以前门为中心的一个战场布局、一张网。

当黄光裕将店名统一为“国美电器”时，他并没有意识到这就是连锁经营。那时“连锁”这个词很少被提及，人们还不清楚“连锁”为何物。当时外资企业进入中国提“连锁”的也很少，家乐福来北京时只开了一家，但黄光裕连开六家。他觉得应该将资源整合在一起，比如做广告，店名不统一不好宣传。而且跟供应商谈判也好，影响消费者也好，都还是一个品牌好。

1994年，黄光裕应日本松下公司之邀前去日本参观访问。利用这次机会，他考察了日本的家电零售业。当黄光裕考察了日本最大的连锁家电商——小岛电器后才知道：“原来我这个东西叫连锁。”

日本之行使黄光裕第一次产生了规模化的经营思路，考虑到要在管理上、发展思路上、经营模式上积蓄力量。从日本考察回来后，黄光裕立刻组织国美集团的高层管理人员定期去日本考察，学习日本先进的卖场管理模式，对连锁化经营进行更深层次的了解。

明确经营思路之后，黄光裕开始实行统一的店面物业宣传、统一风格的店招、统一的品牌形象宣传。不仅如此，黄光裕还具有非常前卫的广告意识，1993年，他在崇文门地铁口树立了一块非常醒目的广告牌，上面写着：买电器，到国美。当时，在北京像国美那样醒目的招牌还不多见，国美招牌无疑给人留下了深刻的印象。

接下来，黄光裕开始进行集中化运作，首先进行集中采购。1993~1996年，国美已经有意识地集中采购一部分产品，从南方进货，在北京找经销商集中采购，给各个店配送过去，各个店也保持着自己很大的进货渠道，但需要集中审批。其次是集中打广告，统一品牌形象，统一装修，统一人员招聘、管理、培训，统一制度化，在财务上也是统一管理。这些措施使国美连锁零售企业的日常经营更加标准化，管理更加规范化。

在1996~1999年期间，国美相继关闭了十几家小店和位于北京市中心的一些店面，其最直接的目的是为了“开大店”。这次“开大店”是国美进行家电连锁事业上的另一个关键事件。从此以后，国美在连锁经营上更加细致、专业。

国美元老李俊涛回忆起当时的决策过程时说：“国美的基本理念是：什么事情都要比别人抢先一步，要预见整个行业的发展趋势。'开大店关小店'是因为那时产品线逐渐开始丰富了。开小店展示是不充分的，不能吸引更多的厂家进来，销售上也受到局限，所以决定开大店，并将1996年之前的一些面积很小的店逐渐关掉了。”

1995年，国美的销售额已接近5亿元，步入了大型民营企业的行列。黄光裕准备在这个基础之上进一步扩大发展。1996年初，国美的第一件大事就是营业面积达3000平方米的国美王府井商城开业。

虽然地处北京的商业重地，但是国美王府井商城开业后的销售业绩却并不理想。经过分析找到原因后，黄光裕果断地终止了租赁合同，撤出了王府井。对于这次失败的原因，黄光裕解释说：

国美王府井商城是黄金地段，装修精美，我们整个国美管理层对其十分关注，仅开业前的广告费就达100万元。但开业后却发现：房租过高，经营成本居高不下；交通不便，紧邻夜市因而导致交通堵塞，货运车无法进入。种种尴尬之处，迫使国美提前终止合同，撤出王府井。

王府井商城的选址失误，给黄光裕的教训太大了。黄光裕意识到连锁经营的一些标准以及流程的重要性。他认为国美必须有一套自己的发展大“法”了。于是他对之前国美发展的经验进行了认真总结。并在1998年，编写出了《国美经营管理手册》。

《国美经营管理手册》长达230页，涉及各个体系、各个部门、各个层级。该手册建立了较为完善的连锁经营管理框架，大到采购、仓库、物流、店面等，小到货物摆放位置和朝向、营业员站立姿势等都进行了较为详尽的规定。

这也使国美的零售连锁达到了规范的标准化程度。黄光裕说，标准化的目的有两个：一是通过制定严格的管理和作业标准，使员工的行为在可控制的范围内进行，消除作业的随意性，避免个人因素对连锁组织的运行造成危害。二是以标准化的作业、产品与服务为消费者提供品质稳定的产品与服务，以高质量的服务与产品取得竞争的优势。

《国美经营管理手册》后来成为国美新开门店和新设分部的“圣经”，具有极强的指导作用。用黄光裕自己的话说就是：《国美经营管理手册》成为国美扩张过程中的“红宝书”，这个手册的出台使得国美在全国扩张过程中，很多兄弟城市能够借鉴成熟地区的经验模式，少走弯路。

国美在当时只有10家门店左右，对于这本细致入微的《国美经营管理手册》的出台，国美的经理们大为不解。但是等到国美正式开始攻城略地后，大家就渐渐明白它的用途了。1999年7月，天津国美开业。此时国美人开始体会到了《国美经营管理手册》所带来的好处。国美天津实际上就是《国美经营管理手册》上所写规范的异地复制。之后，国美的连锁经验又很快被复制到了上海国美、成都国美、重庆国美等。有了《国美经营管理手册》作为基础，国美全国扩张的速度也有了保障，而且各个地区的管理水平得到了有效的保证。

2000年，黄光裕对《国美经营管理手册》进行了第一次修订，把原来230页的厚度增加到330页，他将国内外先进连锁企业的成功经验及国美在天津、上海等地开店的实践经验结合在一起，为连锁经营做出了细致的规划描述。

2001年，黄光裕又将该手册与ISO9001-2000相对接，将其扩充到百万余字，达到1000余页。以后每年黄光裕都会给《国美经营管理手册》进行修订补充，不断添加新的连锁经营经验。

曾有业内人士感慨地说：“就我接触到的或者感受到的，现在国内不管是民营还是国营性质的企业中，没有一个企业的制度像国美这么细、这么完善。”这本手册几经完善，不仅涉及面很广，而且具有很强的操作性，比如国美到全国开发分部，工作人员只要拿着这个手册，就知道谁该干什么，这为国美的高速发展打下了坚实的基础。

总结起来，国美与竞争对手的最大差别，就是它的这种复制自身模式的经验，使之能迅速地适应新的地区、新的商业环境的连锁模式。这些就是国美的软实力，它意味着国美的经营管理水平已经具有很强的可复制性。

国美电器在品牌建设的道路上走得很扎实，得到了外界的普遍认可，其销售额连续多年蝉联中国家电连锁零售第一，被中央电视台授予“CCTV我最喜爱的中国品牌特别贡献奖”；在世界品牌实验室（WBL）颁布的“中国500最具价值品牌”中，国美电器以品牌价值301.25亿元成为中国最具品牌价值的家电零售第一品牌。2007年3月12日，由中国品牌研究院评选的首批300家“全国重点保护品牌”中，国美电器成为唯一入选“全国重点保护品牌”的家电终端商业品牌，这是对其品牌价值的再一次肯定。

中国品牌研究院　马宁　邓波

柳传志

大师语录 >>

小公司做事，大公司做人。

“愉快的老头”，这是柳传志的自我白描。文化传承之中、战略驱动之下，完成投资控股公司的资本化再造，完成“由经营者到投资者”的角色重构。这是柳传志的新命题。

尽管，已经逐步变身为“投资人”，柳传志揪心揪肝的还是联想集团，因为“杨元庆们正在进行一场旷日持久、艰苦卓绝的跨国整合”。这场整合关涉“联想系”的光荣与梦想。

如此来看，柳传志的使命仍在延续。

柳传志使命：传承与再造。

施振荣退休了，同龄人柳传志为什么还不？

早几年，柳传志就宣称退休了，其实到现在为止他没“退”也没“休”。柳传志曾对前去专访的我如此告白：“目前来说，联想控股还需要我，因为品牌还没出来，业务还没全部进入预定轨道。联想控股成熟的那一天可能也就是我重新谋划自己的开始。”

在柳传志的亲自过问、特别关注下，联想控股品牌重塑与再造悄然启动。此间，柳传志向外界传递明确信息：“联想控股是我今后的工作重心，我将尽力培养朱立南、陈国栋、赵令欢，使他们在未来成为各自领域的领军人物。”

一般来说，管理始终具有两个层面。一方面，是自我管理。另一方面，是群体管理。相较之下，后者更具挑战性。领军人物到位，主力板块确立。至此，面目清晰的“联想系”全景图谱呈现于外。

柳传志的“手腕”>>

“联想系”全景图是柳传志用铁一般手腕硬性书写的。

“你们凭着极大的激情在擦拭我们的眼睛，让我们注视你们……”2002年5月，金白领餐饮有限公司（以下简称，金白领餐饮）2002财年誓师大会上，一向严谨苛责的柳传志竟然如此煽情。

《基业长青》、《从优秀到卓越》的作者吉姆·柯林斯说过，每个人、每个企业隔一段时间都要问这样的问题：现在做的这件事是企业最擅长的吗？这件事足以让我和企业安身立命吗？这件事是让我越做越起劲、让我觉得生来就该做这件事吗？如果这三个问题的答案都是否定的，那你就要当机立断地放弃这件事，因为你迟早会放弃和被迫放弃。

承担更多风险，经历更多风雨。这是“联想系”再造过程中所必须承受的。《基业长青》、《从优秀到卓越》这两本书颇受柳传志推崇，只是不知道，他是否扪心自问过上面的三个问题。但是我们可以看到的事实是，柳传志真就不循私情、大义凛然地手笔一挥将金白领从“联想系”永久性删除进“回收站”。

央视经济频道《对话》节目中，我曾以财经记者的身份追问柳传志：“外界传播的大都是你培养杨元庆、郭为的真知灼见，对于那些不很称职的领军人物你如何将退出机制安排妥帖?”

柳传志的回答给我印象很深，他说要为他们安装降落伞，平稳着陆。不过，“软着陆”说来容易，做起来还是有难度。因为联想素来崇奉“亲情文化”，高层领导干部的交替更迭、调换配置从来都比较棘手、殊非易事。

彼得·德鲁克说：“每一个成功的企业背后，都曾有人作出过富有勇气的决定”。柳传志的终极考验，是要看他能否给后继者以坚定的信念和执行的意志。柳传志用人大胆，一旦认准你是可资信赖、才能充沛之士，他会在不经意间为你创造舞台。相反，如果你有负重托，长期业绩平庸、乏善可陈，柳传志也会挥泪“废黜”。

近年以来，横遭“废弃”的高级领导干部至少有两位，一位是早年立志要做物流翘楚的志勤美集科技物流公司总裁许国兵，一位是誓言销售收入跃过100亿元大关的金白领餐饮总裁王建。原本，他们极有可能成为自领前程的一方诸侯。特别是许国兵，一位壮志凌云式的人物，曾大胆动议斥巨资买码头，圈占海港资源做大做强。

用菲利普·塞茨尼克的经典之句来说，只有当人们采取行动给战略注入活力，战略才有价值。许国兵、王建犯了同样的毛病：有理想但过于理想化。

我曾追问柳传志：“商业实践中最不能容忍的是什么?”他不假思索地脱口而出三个字——“不诚信”。王建犯的正是这个毛病，说话太满、行为轻率。

今天再提物流、餐饮，柳传志依然豪情不减。要知道，志勤美集物流的合资伙伴是享誉业界的新加坡物流商APLLogisticsLtd，给金白领餐饮的是灵活的机制与体制。

柳传志不服气，物流、餐饮怎么就做不好?许国兵、王建两人皆是联想“老人”，服务年限以10年计。他们俩，着实伤了柳传志的心。

伴随着志勤美集物流、金白领餐饮相继被柳传志打入“冷宫”，联想集团、神州数码之外，联想控股旗下仅余3个业务板块：联想投资、融科智地、弘毅投资。震荡、出局、调适、盘整，柳传志小心翼翼地梳理、维护着联想控股的业务架构。

另一战线，朱立南的联想投资投资卓越网转卖外资斩获甚丰，赵令欢的弘毅投资终入“预定轨道”先包装中国玻璃香港上市后又整合南京先声药业、100%控股石家庄制药，资本的神奇魔力让柳传志不再抑郁。

“因人设事”不是柳传志的唯一风格，也有例外，比如融科智地总裁陈国栋就是显性的“因事设人”。联想控股的地产业务如同减震器，为的是平抑高科技产业的潜在风险。

2000年联想分拆后，柳传志任总裁的联想控股担当的重要职能之一，便是保证资金利用的效率最高，并控制风险。追求可持续成长的联想，有效地利用PC主业回收的利润，跨越到原有事业领域之外，比如风险投资、并购投资领域寻求新的突破与创新，这一转变既是蜕变也是再造。

联想控股的战略走向始终面临两方面挑战：一方面是规则执守、文化传扬；另一方面是持续创造健康的赢利。所谓再造，必然充斥着混乱与颠覆，实验与纠错。德国医学家沃尔夫冈·格鲁克对此进行过详尽的描述：“有序给系统带来稳定和恒定（秩序）。混乱使得灵活性成为可能，通过反复试验，迅速地适应变化的环境条件，以及创造新的特征。”

企业再造是一种较为典型的企业内部“非规模”成长方式，其经济学原理就是学习经济与成长经济。联想控股的定位是投资管理型公司，本身没有实体业务，而是作为一家资产管理公司存在。“柳式”再造迥异于流程再造，依照他自己的说法是要打造不是联想的联想。“柳式”再造的操练手法与通行路径是资本运营。

《财富》论坛在京召开期间，施振荣做客中央电视台经济频道《对话》，节目编导的本意是尊请柳传志与施振荣现场对话，然而遗憾的是，柳传志借故推脱了。

或许，柳传志更习惯于私下切磋，至少，在两个重大问题上柳传志值得和施振荣交流、讨教，一为传承、二曰再造。

2004年年底，联想20年纪念大会上，柳传志隆重推出联想控股旗下另3位“领军人物”朱立南、陈国栋、赵令欢（这三人长期秘不示外，即使在柳传志认可的正史版本凌志军所著《联想风云》一书中，此三俊杰的经历与遭遇空余只言片语，未见详述），并特意安排他们仨与大名鼎鼎的杨元庆、郭为同场亮相。

选定在20年纪念大会上“祭”出朱立南、陈国栋、赵令欢，是柳传志对传承、再造两大命题宣示信心、决心的独特方式。

施振荣说，“交棒之所以难，因为培养接班人至少需要10年工夫，如果企业老是不授权，不花时间培养，那么任何一个时刻检视这个问题，都还要花10年才能解决，那当然是交也难，不交也难”。

柳传志将杨元庆、郭为比做“大军区司令”，将朱立南比做“参谋长”。朱立南是柳传志在联想控股的偌大棋局中布下的第一粒也是至关重要的“棋子”，将朱立南带在身边，柳传志踏实。

倘若不是9年前柳传志硬生生将自主创业的朱立南拉回联想，朱立南将怎样？联想又将怎样？

朱立南坦承："回归联想时并未做出具体而翔实的职业规划，柳总不给我承诺，那时候我也不知道能再在联想呆多久。人生要有目标，但不要太刻意、太死板，否则未必能安下心来把事情做扎实，很多事情是厚积薄发，与时机、环境密切相关。做好眼前之事，自然为未来打下坚实基础。"

"因人设事"的思想在柳传志头脑中日见固化，联想分拆图的是"因人设事"，安顿"第三少帅"朱立南为的也是"因人设事"。不去联想集团，不去神州数码，朱立南哪里摆放？柳传志慨然放言："我再给你搭个舞台。"

柳传志育人、驭人，从不开"口头支票"，把朱立南拉回联想自有他的"用途"，但他从不事前慷慨允诺。

当年联想集团的最高议事机构是执行委员会，"非执行委员"朱立南获准列席，经常开会到一半，柳传志一摆手："立南，出去抽支烟，我们讨论一下你的个人问题。"烟抽完再回会议室，朱立南"官"升一级。从助理总裁、副总裁、高级副总裁直到联想控股常务副总裁、联想投资总裁、新联想董事。一切皆在不期间发生。

若论个性气质，朱立南与柳传志相似之处颇多，皆是率性而为之人。人们有理由猜想，柳传志之后，接掌联想控股总裁之要位的将是朱立南。

我曾经当面问过柳传志这样一个问题：如果把您比做"联想大家庭"的"家长"似无不妥，而且可以说"联想大家族"的聚合在极大程度上依赖于您的个人魅力与掌控力。假以时日，在您退休之后，"联想大家庭"靠什么凝聚？

柳传志的回答是：没有家族的"家族企业"要求企业经营者从一开始要有牺牲精神。联想控股没有特别提出过"亲情文化"，我一直特别强调把个人的追求融入企业的发展之中。"家族企业"的优点是主要领导非常有使命感，这是需要学习的。我退下去的保险机制已经完善得差不多了，我自己觉得"联想大家庭"的凝聚不成问题。

柳传志激辩"因人设事">>

偶尔看场球赛仍是柳传志割舍不下的一大业余爱好。2000 年交班之际，柳传志曾经认真地动过运作一支足球队的念头，只是不曾涉足便果断放弃。

打那以后，不玩足球的柳传志将心思投注在了培养更多领军人物的大事上，"这些年来关乎因人设事的考虑确实比较多，这倒是真的"。

明茨伯格是这样说的，把权力放在镜子面前，看到的翻转的背面的影像就是文化。柳传志坚持认为"因人设事"是真正的以人为本，是好的企业文化，"传统意义上的因人设事多含贬义，我是怎么理解的呢？人不到位，绝对不动，再热闹的行业也不进。我觉得我挺对。因人设事是我进入投资领域后更强烈的感觉，不是什么坏事”。

因事设人是指在战略高度人力资源配置必须服务于企业的总体战略，对于不符合企业发展战略的人员必须进行调整。相反，因人设事素来是中国式管理的一大忌讳，外界因此质疑柳传志用人的术与道。

房地产行业最热时，柳传志率领的联想控股没有空降“职业经理人”贸然挺进，而是稳稳当当地挑选时机将基建出身的陈国栋推上前，自领一哨人马，树起商业地产的大旗。有人就此议论，因为柳传志在用人上的决策迟缓，贻误了最佳的时运与时机。此外，搀杂私人情感的因人设事，倘若领军人物表现差强人意，业务单元的清退注定要费一番周折。的确，联想控股面临这样的现实难题。

“用人方面，或激进或谨慎，柳传志有着鲜明的独特性，很难用保守之类的字眼简单概括。”《联想风云》一书作者、人民日报社高级编辑凌志军认为，“如果因人设事概念成立的话，实际上不少大型跨国公司也有类似的做法。当年我采访微软，得知比尔·盖茨经常在全球寻找出类拔萃的人才，延揽过来、委以重任，盖茨甚至会专门为这个人设立具体的部门。不能完全否定因人设事，也不能说因事设人就多么符合现代潮流，不管因人设事还是因事设人，关键看人与事是否为企业所需，是否符合公司的长远发展。”

曾被杨元庆尊称为“老师”的程天纵坚决反对因人设事，程做过5年中国惠普公司总裁，现任德州仪器亚太区总裁。程天纵赞成因事设人：“因人设事很危险，因为这个事，这个职位是专为这个人设计的，可能非常适合他干，如果这个人有一天不在了，哪儿去找一模一样的人？因事设人，是学历、年龄、特长一致的一类人，可以很容易相互取代，职位不会空缺，工作不会停顿。”

若论因人设事的缘起，盖与国企有关，系指纯粹从安置干部角度出发凭空开设无价值的机构、职位和工作。因人设事、因人整事，助长官僚主义，导致人与事扭曲、偏转。这是人们对因人设事比较一致性的看法和评说。因而，长期以来，因人设事成为企业、政府部门人事安排的最大禁忌。

在目前职业化市场还不规范的前提下，我们认可适当给予公司中的“老人”相对更多的职场机会，人与事要相匹配，但也要警惕组织机构下强上弱、尾大不掉，因人设事的同时要管控好风险，要让他认识到机会有限尤需格外珍视，眼前的机会没准就是最后一个机会。比如联想集团的IT服务业务，剥离给亚信科技后可以说是给联想“老人”俞兵的最后契机，只可惜雄才大略的他时运不济，最终牺牲于当期业绩与公司政治的羁绊。

柳传志的用人思维看似与现代管理哲学相悖，实则另有玄妙。热论中国式管理，人始终是个中核心要素。通过人与事的优化配置与组合，实现人本管理、事得其人、人尽其用。以安置当事人为目的还是以公司未来利益为导向，这是评判因人设事、因事设人孰优孰劣的基本标准。

年逾花甲，会自觉地对身边之人之事心存依恋，柳传志概莫能外。私密情感，归附手足亲情；职场诉求，归位联想控股。“长者”柳传志自然而然地走上“本能回归”之路。行止无憾又一年，纷繁往事付笑谈。你可以说，这条路写满衷肠、浸透温情。

今天，越来越多意义重大的商业社交场合，总有一位年龄相仿的男人不离不弃忠实地陪伴在柳传志旁侧，鲜为人知，他是柳传志的胞弟柳传明。私底下，若非相熟，柳传志多是一副不苟言笑之态，擅讲“段子”的柳传明不一样，酒桌之上嬉笑怒骂、诙谐幽默，让人忍俊不禁。联想投资总裁朱立南与柳传志私交甚笃，在他看来，“柳总很重感情，人也很风趣，很开得起玩笑，只不过外界把他神化了”。

柳传志有咽炎的毛病，严重时几近失声。追究起来，应该是2003年过度伤感痛悼父亲柳谷书的后遗症。4年前，柳传志极其艰难地迈过了个人情感的一个大坎儿。流传下来的是一篇情真意切的祭文《怀念亲爱的父亲》。据传，与柳传志持不同政见者读到那篇悼词亦为之动容。

有人说，“血肉丰满”的柳传志从此“立体”起来，更具人格魅力。于是，品评、言说柳传志，我们试图从其人性深处寻觅答案。

杨元庆曾不止一次地感叹，“柳总是个政治家”。市场观察人士这样评价柳传志的发展史，“在地狱里打了个滚，淘到了真经后，又回到了天堂”。早年，“买私”（那个年代买私等同于走私，非常敏感）的柳传志告诫自己“不做改革的牺牲品”，后来，又把它修改为“不在改革中犯错误”，柳觉得“这样说比较好听”。

至今，柳传志依然保持着早睡早起的良好习惯，每晚11点以后，几乎不再看书，因为“脑袋里什么也装不进去了”。心有余而力不足的柳传志自我要求头脑清醒时缜密思考、慎做决断。谋未定而事不动，步子慢点没关系，柳传志做事的首要原则即是“不犯错误”。

还记得，那是2004年夏天，北京中关村融科资讯中心10层，我在柳传志办公室，就联想国际化的问题求教于他。当时，中国电子信息百强最新排名出笼，京东方、TCL双双超越联想控股，柳传志一笑付之、不为所动。

柳传志顽强地坚守着他的“爬坡理论”：企业成功的方式有很多种，通向技术巅峰的道路就像攀登珠穆朗玛峰。华为爬的是北坡，联想爬的是南坡。南坡比较安全、平缓，北坡艰险陡直。华为成功了，联想也会成功。

蛇吞象并购、17.5亿美元搞定IBM之PC业务，一步迈过世界500强门槛，柳传志尽可“聊发少年狂”。2005年以来，我们得以看到柳传志起急的另一面，比如，当电视主持人不休止地追问“并购IBM一旦失败怎么办”，回答问题的柳略显急躁。

印象深刻的是在香港，《南方周末》记者将柳传志的“因人设事”比做“人治"，柳当即予以反驳，那一刻我注意到柳的脸色不太好看。

"人治"这幽灵，柳传志避之唯恐不及，他怕。

柳传志新题：水在水中 >>

当联想跨越20年，柳传志心头添了一份沉甸思考——如何以系统思维推进公益事业？尽管，这是个老话题、新命题。但是在以前，联想没想透彻，行动上也不成体系。

揖别20年，"联想系"有了自己的"公益日"。之后，选择了西部捐教的常态方式，冀望以此重构西部孩子的前途命运与心智模型。三年过去，"联想系"基于公益的反思与努力仍在延续。

"在联想，公益无小事。"联想控股副总裁唐旭东对这句话感受至深。

1990年，唐旭东从机关下海，加盟联想。时年正逢九江洪水肆虐，中科院发文号召联想员工踊跃捐款。当年，柳传志在香港公干，特意嘱咐秘书将捐款清单传真过去。一看捐款清单，柳传志非常生气，随手在传真件上批示：国家遭灾、匹夫有责。捐款人数太少、数额太低，重新捐款！柳传志的批示在联想上下引发不小震动与反思。

初涉职场的唐旭东第一次领教了柳传志的"脾气"，也感悟到了联想企业文化的"非比寻常"。从那以后，联想上下任是谁均不敢轻漠公益。"复盘思维"源于柳传志，而今俨然联想的行动指针，公益行为自然不例外。

所谓"复盘"既是反求诸己、检视自身，同时也是有效的过程监控。2005年开始，联想控股尝试自己管理公益资金，并从公益目标选择、标准把握、过程监控等方面坚持原则、严格把关。公益行为、必做于细。唐旭东承认："至今为止，联想的公益活动还很难说形成了独特个性。"

北京大学何志毅教授曾经郑重其事地提问柳传志："大概是从什么年份开始你不考虑物质而只是在乎精神追求？"柳传志略一沉吟，答曰，"联想的事业打到香港那年"。那是上世纪90年代初。

虽然，那年代的柳传志已经有了淡漠功利、重视公益的强烈意识，但是，联想集团员工的群体认知显然还没"与时俱进"。换言之，那时代的联想人做公益多少还是有被动的成分。

在中国企业家集会的一个公开场合，中粮集团董事长宁高宁大声疾呼，"中国企业家整体对中国经济的贡献不大"。若论社会责任的履行，中国企业家茫然且恍然。一位慷慨散财的企业家一本正经地对我说过一句心里话，"我做公益，为的是抵偿原罪，求得内心安宁"。

对于这位企业家来说，做公益，是为了硬性驱逐内心的原罪恐惧。其实，近年以来，许是仇富心理作怪，公众对于企业家公益动机的质询，从来没有减弱。因为，商业野性的过冲导致企业公民实践的极端功利，传统商业活动多数时候恰恰让企业遗忘了匡扶弱势、修己安人的社会角色扮演。

柳传志是公认的中国企业“领袖”，联想也被看作“领袖级”中国企业。何为企业“领袖”的气质与素质？发展、责任、使命。

如果说，截至2004年，越界并购的联想比较妥善地解决了发展问题，那么走过20年的联想注定要担负更多的责任与使命。2004年以前，联想做公益多为匹夫尽责、锦上添花，现在则随需而动、雪中送炭，把有限的财力投放到最有需求的地方。

公益计划的最重要要素不是预算或者行为抉择，而是理念。为此，联想控股制定了“系统设计，长期坚持”的原则。这意味着公益活动已经纳入联想系的重点工作，列入重要议事日程，它将像制定业务发展战略和总体预决算一样，每年要制订出年度公益规划，使公益活动进入到系统规划与实施的阶段。

宏观来说，公益将成为联想一项长久的事业，持续进行；微观来说，针对具体的领域和重点的公益对象，进行相对长期的投入，做出规模、做出成效。

联想20年之时，柳传志制造了一个新颖名词——水在水中，以此警示联想人当以感恩之心反哺社会。2006年5月16日，柳传志在中科院大礼堂举行的联想控股誓师大会上发表《联想的社会责任》报告：“要像经营百年老店那样去做社会公益！”

联想系的公益行为开启了关于如何做好企业公民的郑重命题，也为富裕起来的中国企业供应了一个以惯常方式深层次拷问自身的真实案例。在商言商的名利争逐一度泯灭人性的真挚，且看中国企业如何将社会责任履行铸成心智永恒。

商业竞争的新指向：纯正公益行为。价值观、公益观理应成为企业的新诉求。商业的厚重正是因了在功利与公益间的游走与谐调。未来，中国企业的价值诉求多元化和社会结构的异质特征将不断凸显，社会责任意识也会更多地伴随企业并影响其经营行为。

2006年，柳传志开始有意识地呼吁中国的企业家群体，尽己所能“让社会的空气湿润起来”。这是一种呐喊，也是一种责任承担的郑重宣示。

中国商界，偶像鼎盛。韦尔奇、郭士纳、迈克·波特、德鲁克、大前研一面目如昨，他们的书籍仍在施布中国商界、启智中国商人。尽管，财上平如水、人中直似衡的“韩式商道”也曾澎湃过中国商人的心扉，但集总来看，劲健“西风”导引中国商界思维，确是不争的显态事实。然而，开门揖拜的直接后果可想而知，“神化”之后是“神话”。

当“先抢资源后管理”成为中国商界的群体意识，中国商人对西方管理典籍的集体膜拜也就不足为奇，只是在洋为中用、破解当下的推演过程中，不期然步入备术乏道的警戒区域。柳传志是中国商界的翘楚与榜样，他怎样积聚商道真谛？

口口声声言欣赏盖茨，推崇韦尔奇，敬重施振荣，但柳传志居于私宅耐心研读的却是刻意购进的全套《清史》。一言以蔽之，“因人设事”四字道尽柳传志治企之精妙与精髓，看似与现代管理哲学错置、相悖，实则另有玄机。

“联想式国际化”的艰难与挑战>>

有一本书《狼图腾》曾经异常流行，老板们从中汲取着经商的智慧与韬略。

杨元庆也曾经提过“狼性文化”，柳传志不是很同意，在他看来，经营企业靠的是“王道”而非“霸道”。

柳传志不可能更换杨元庆，也不可能把联想集团董事局主席的职位兼任回来，他所能做的是“给元庆以及时的提醒和提示”。

2007年2月初，柳传志又去了美国北卡罗来纳州首府罗利（联想集团总部所在地）。作为联想集团的非执行董事，联想集团大股东代表，柳传志每年要去4趟美国。那里，在召开联想集团的董事会，柳传志的发言略带沉重，他一边不厌其烦地对美国人宣讲联想长年遵奉执守的“毛巾挤水”的经营思想，一边诚恳叙说成本管控的紧要与关键。

按照联想方面的预估，在截至2007年3月31日的财政年度里，裁员、重组或可带来约1亿美元的成本节约；在2007年4月开始的新财年里，亦将节约高达2.5亿美元的成本。

但是，恰如联想集团CFO马雪征所说：“北美依然是个问题，仍在赔钱，销售收入也在下降。”根据联想至2006年9月止的6个月业绩，美洲区惨淡经营，亏损约4000万美元。相形之下，联想在中国本土市场的表现可谓高歌猛进，这就引申出一个耐人寻味的问题：收购IBM个人电脑业务已逾两年，今日之联想是更加本土化还是更加国际化？

综合来看，联想国际化负载的压力主要体现在四方面：行销之难、磨合之痛、品牌张力、成本管控。

2007年2月，联想美洲区总裁SCOTTSMITH离职，此君为IBM服务22年，主要负责联想北、中、南美洲营运。来自联想内部的说法证实，SCOTTSMITH之所以被解职，皆因销售业绩不佳。众所周知，联想是以渠道制胜本土市场，然而美国市场的特殊性与诡异性一度让异域征战的联想难以应付。

上世纪90年代，宏碁兵败美国，施振荣痛悟，“零售渠道的无效是美国市场的显著特征”。当下，联想已经在美国转换销售模式，尝试直接向客户售卖PC。直销背后隐藏的是以IT手段为表象的高效率的管理模式，对联想贯穿全球的 IT 能力是个考验。

因为，截至目前，联想的 IT 系统一直附着在 IBM 上运行。这种状态至少要持续到 2010 年之后，这是双方的约定。记者获悉的讯息是，联想在中国本土的销售模式已经被有意识地在德国市场拷贝、复制，据说绩效非常喜人。

借助这一良好势头，有意在法国市场继续推展。强攻美国之际，联想也在以实际行动拓植欧洲。不过，联想高层也明白一点，美国市场的表现，从某种意义上说关乎成败。

虽然杨元庆的英语已经相当流利，但要用英语和老外们“吵架”还是不占上风。IBM 无法从 PC 事业获利，联想面对的是冗杂的营运成本结构，以及两家公司的规模差异、组织背景差异、内部管理的复杂度等等。文化认同、组织交融、高层磨合是越界并购至关重要的环节。

在这方面，施振荣的体悟是，“过早授权给当地管理者，如果他对你的企业文化缺乏真正认同，自然不会真心为公司利益着想”。IBM 旧部之所以频频离开联想，客观上说明他们远未认可联想及其文化。

在联想内部，也存在着这样一种认识，PC 是 IBM 整体架构里较弱的部分，依靠 IBM 旧将打天下并非上选，外部“空降”是新选择。但是，DELL 的高管们又有多强烈的归属感与依存度？

尽管在 ThinkPad 上“去 IBM 化”，但是在美国，联想品牌依然缺乏必要的张力和感召力。5 年时间享有 IBM 品牌，留给联想的时间并不多。

最后特别需要提到的是，迄今为止，联想负担着至为昂贵的人力成本支出，洋高管的薪酬之巨让联想人极度无奈，而这也一度成为双方的显著分歧。

高成本与更高附加价值并非正相关，今天的杨元庆有否足够能力挣脱成本膨胀的阴影，以让美国人的高成本在联想体系内焕发勃勃生机与澎湃活力？可以说明的是，先行国际化的 TCL 和明基都没有做到。

柳传志看过一个调查结果，说的是，中国企业在本土、在欧美被认可的程度分别是 70%、30%，在日本、在韩国，中国企业被认可的程度仅仅 10%。日本人最认可的企业来自德国和美国。这个结果让柳传志感慨万端，也挺受刺激。

联想，靠什么赢得世界范围的尊重与推崇？如何将并购的能力反转为品牌的张力？

要说柳传志当下的真实心态与心境，一半是欣慰，一半是焦虑。这是我的观察与发现。柳传志的欣喜与快慰悠然外露，因为历时 3 年的“联想系”再造渐入佳境；柳传志的焦躁与忧虑刻意遮掩，因为品牌国际化依旧艰辛，身为“联想系”“精神领袖”的他方寸不能紊乱。

略加综述，7 年时间，联想经历了 3 次胆大如斗、心思缜密的再造。2000 年联想分拆，可定义为裂变式再造；2004 年并购 IBM PC，则是典型的嫁接式再造。这两场再造先是让联想更加纯粹，其后彻底满足了联想的规模化冲动。但是那个时候，“联想系”也仅只个概念而已，直到柳传志下定决心重塑联想控股，一切才有了本质改观。

这就是近3年来的第三场再造。这场再造，笃志资本化实践的柳传志“创办非相关多元化公司”，终让“联想系”名实相符。

区别于台湾宏碁的世纪变革，“联想系”的第三场再造是一种“非典型”的内部“非规模”成长，其要义就是成长为本、平衡风险。作为“联想系”“神经中枢”存在的联想控股，面临两大使命：一方面是规则执守、文化传承、整体维系、固本求变；另一方面是与联想集团、神州数码一起持续创造健康赢利。

所谓再造，必然充斥着冒险与纠偏、实验与痛思。不靠威权靠德行，不靠手段靠气质，柳传志的挑战，是要看他能否给予后继者“钢铁般”的意志和“铁血样”的决断。现在，最需要导入此种“基因”的当属杨元庆。

一边是北美市场的惨淡终局，一边是本土市场的高歌猛进，相形之下，今日之联想似乎更加本土化而非更加国际化。在与美国商界磨合的过程中，中国企业难占优势，因为不管你怎么淋漓表现，人家就是不大信任你。这是很让人无奈的事情。

但是，杨元庆们又别无选择。

2007年春节前的一个午后，我又一次端坐在柳传志的办公室里，静听之中尽量回避着敏感话题，因为彼时的联想在北美市场可谓步履蹒跚、磕磕绊绊。专访到后半程，柳传志主动谈起了联想国际化。

透过柳传志那略显激动的语调，我们真切地读到了他内心的焦灼与不安。文化磨合之难对杨元庆的“领导力”提出了新的更高要求，他必须能够以极致的耐心、果敢的勇气，着眼未来、统驭全盘，以审慎的心态妥善管理冒险创新的欲望。毕竟，杨元庆的英雄使命在跨国整合中没有第二次机会。

一直以来，柳传志的谦卑让很多人感慨，但是，他的坦诚尤其让人尊敬。此种坦城，李东生、李昆耀有过，那是他们兵败欧洲后的彻痛与醒悟。针对联想国际化的焦点与难点，诚恳相向的柳传志表露于外的是主动预警与些许不安。“非执行董事”柳传志格外感觉到了品牌国际化风险的不可测与深邃。

中国经济发展的主线就是由计划经济向市场经济的转化。联想成长到一定规模，不可避免地要遭遇两个坎儿：多元化和国际化。这个过程中，制定战略、执行战略是提升国际竞争力的关键所系。管理只有恒久的问题，没有终结的答案。

把变化视为机会而非威胁，战略不失误，阵脚不紊乱，是对壮大起来的联想的严峻考验。发现并解决核心问题是柳传志的本职，如果将接班人培养认定为柳传志的终极考验，或许，柳已经迎来了其职业生涯最华彩的巅峰时刻，但也注定要承受相当多的劳心之苦。为杨元庆，为联想国际化。

《中国经营报》张翼

中国品牌大师

张瑞敏

大师语录 >>

创世界自主品牌是每个海尔人的梦想，为了圆这个梦，必须持续创新，每天战胜自我！让海尔成为一个世界级品牌，还有很多路要走，但不管路有多远，也不管路有多难，我会努力去做，一直到取得最后的成功！

对企业来说，难的是成功了以后再赢一次；而更难的是每天不断地挑战自我、不断地否定自我。在海尔创业 20 周年研讨会上，面对海尔过 1000 亿元的成绩，张瑞敏却说：“我们要总结过去，而不是欣赏和留恋过去，因为‘过去属于死神，未来属于你自己’。我们不可以留恋过去，但应该总结过去，目的是为了把握现在，创造未来！”

2008 年 2 月 1 日，在海尔集团春节团拜会上，张瑞敏的发言没有庆贺、祝愿，而是“棒喝”海尔的高级经理人要“辞旧迎新”，辞掉所有的旧观念，重塑再造中的新我；要辞掉小池塘的旧情结，迎接大海的情怀！

张瑞敏从没有满足，只有对创世界名牌梦想永远的追逐……

企业家的记者梦 >>

一次，中央电视台记者在采访闲暇，敬佩地问张瑞敏：“张首席，您从小一定立有大志！是何志？”

“当记者！”张瑞敏回答。

“不会吧？开玩笑吧？”记者以为张瑞敏在调侃，大笑。

“真的！”张瑞敏很认真地说，“我上中学时就特别喜欢文学，当时就想将来要当记者，心目中的记者职业很了不起！能写出那么多好文章！如果没有‘文革’，报考大学的志愿一定是填新闻系！”

“文革”让张瑞敏当记者的梦想没有成真，却成就了创中国世界名牌的大业，成就了以为伟大的企业家。

张瑞敏经常写文章给海尔集团的内刊《海尔人》报“投稿”，文章结集成册名为《海尔是海》。这本书真实地记录了一个企业家在 20 世纪 90 年代初到 21 世纪家电市场所经历的跌宕起伏的市场风波，以及一个不但要生存，还要发展、要创世界名牌的企业家面对这些风波所站的看问题的高度，创新的心路历程，甚至他的情绪。

其中《从一日千里说开去》、《海尔是海》、《狼就在眼前》、《并非新春寄语》、《新经济之我见》，是张瑞敏对市场的感悟之作；《五龙塔》、《乾泉》、《时空飞碟》是他的个人寓意之作。这些文章体现了张瑞敏的“风骨”和“情采”，也体现了他创世界名牌的矢志。虽然自 2001 年以后，张瑞敏写“大块头”的文章少了，但若有闲暇，他最想做的一定是看看书，写几笔。

2007年1月，《哈佛商业评论》刊登了该杂志驻北京高级编辑柯恩对张瑞敏专访的文章——《领导的终极目标》。文中张瑞敏提到他每天都要思考三件事：第一，海尔这个公司到底和别人有什么不同。企业如果没有基于差异化的优势，例如管理的差异化、产品的差异化，势必要和竞争对手进行同质化的竞争，这样将难以成功。第二，员工有没有一个创造价值、实现自我的空间。员工是每天被动地来上班，还是主动地到公司来实现自己的抱负？第三是薪酬，公司的薪酬制度是否比较合理，是否能够激励员工？

张瑞敏每天都在思考、反思，用张瑞敏的话说就是“每天都在挑战极限”。到目前为止，海尔和别人最大的不同，就是张瑞敏创造了不断求变、挑战极限、在变中求胜的企业文化。

海尔创业之初，许多日本企业、企业家都是张瑞敏管理企业的老师和榜样，例如松下电器的松下幸之助等。事非缘巧，20年后的2004年10月，以张瑞敏为原型的电影《首席执行官》在日本公映，公映前的新闻发布会上，张瑞敏曾感触深切地回顾：“1984年海尔刚刚开始创业的时候，我读过日本三洋电机创始人井植岁男写的一本书，里面‘没有钱不可怕，可怕的是没有奋斗精神’的话，特别是他把中国的一句成语‘谋事在人，成事在天’，改为‘谋事在人，成事在己’，对我产生很大影响。20年来，海尔和很多日本企业打过交道。海尔不仅是引进日本企业的技术和管理，更主要的是学习日本企业的创业精神。”

读书与管理>>

“石头怎样才能在水上漂起来?”这可不仅是一个脑筋急转弯的问题。这是海尔一次高级经理培训会上真实的一幕，张瑞敏作为主持人，正在与学员们互动讨论、脑力激荡。

“把石头掏空”，有人喊了一句，张瑞敏摇摇头。

“把石头放在木板上”，又有人答道，张瑞敏又摇摇头说，“没有木板”。

“速度！”有人回答。

“正确！”张瑞敏不但立即回应，脸上还露出了满意的笑容，“《孙子兵法》上说：激水之疾，至于漂石者，势也。速度决定了石头能否漂起来。”

上述这个细节，形象地再现了张瑞敏管理方面的智慧。张瑞敏的管理思想来自于哪里？在很多场合，张瑞敏说美国管理大师彼得•德鲁克一直影响着他。张瑞敏最喜欢德鲁克的《卓有成效的管理者》一书。书中阐明的一些观点，如：“企业的唯一目标在于挖掘消费者，而组织的唯一目标则在于让普通人取得非凡的成就。”张瑞敏觉得这些观点十分有见地，无论什么时候读它都会觉得深受启发。

张瑞敏也十分喜欢《老子》、《论语》、《孙子兵法》这三本书，并从“道法自然，天人合一”出发开始了他的哲学思考，也开始了他的管理实践。

张瑞敏是中国企业家中运用中西管理精髓而又自成一家的。在张瑞敏的书架上，摆放着美国连线Wired杂志主编克里斯·安德森的《长尾理论》，托马斯弗里德曼著作《世界是平的》，亚当·斯密的《国富论》，迈克尔·波特的《竞争三部曲》、萨缪尔森的《经济学》、《维基经济学》等书。

张瑞敏不光喜欢读这些书，他把这些书中的管理理论运用到管理当中去。海尔集团2007年全球年会的主题就运用了维基经济学的四个法则开放、对等、共享、全球运作作为会议主题，而且请来了价值中国网总编辑、《维基经济学》中文版序的作者胡泳来讲维基经济学。

有人将张瑞敏管理海尔的理念整理成《张瑞敏管理箴言100句》，其中“海尔人只有创业没有守业”“海尔国际化战略能否成功，主要是靠每一个海尔人的国际化，有了每一个人的国际化才能保证海尔集团的国际化”“质量无止境，企业无边界，名牌无国界”“企业做到极致，满足用户需求，无有他奇，只是本然”……这都体现了张瑞敏融读书、思考于管理的痕迹。

1998年3月25日，张瑞敏应邀登上美国哈佛大学讲坛，成为哈佛讲坛上中国企业家“第一人”。此后,在瑞士洛桑国际管理学院以及各种各样的国际讲坛、国际论坛上，张瑞敏频频成为被邀请者。而到目前，海尔已有十多个案例分别被收进哈佛大学、欧洲工商管理学院、瑞士洛桑国际管理学院、日本神户大学等世界著名学府的案例库，成为全球商学院的通用教材。

“不争”的张瑞敏>>

1984年，为了德国“利勃海尔”的项目，张瑞敏第一次出国。有一位德国的朋友带着张瑞敏参观德国市场的时候，他对张瑞敏说：“你们中国在德国最畅销的商品就是烟花和爆竹。”张瑞敏后来回忆那一刻时说，他内心深处有一种流血的感觉：“难道中国人只能永远靠祖先的四大发明过日子吗？那时候我就有一个梦想，有一天，由我造出来的产品能在德国市场上畅销，能在世界市场上畅销……”

没过多久，美国有一个巨型家电企业想要进入大陆市场，来找海尔合作，并且向张瑞敏许诺了一个天价的高薪，但要求必须打这家美国企业的品牌，必须控股。而张瑞敏愿意和美国企业合作的底线，恰恰就是海尔绝对控股，合资公司必须打海尔的品牌。

那个时候这家美国企业和海尔在规模和影响力上的差距简直一个天上一个地下，这家美国企业在谈判中寓意深长地说："如果你不和我们合作，我们和中国别的公司合作，第一个要把你打倒！"张瑞敏听后，微微一笑，将美国历史上唯一连任四届总统的富兰克林·D·罗斯福的一句话送给了对方："我们现在唯一害怕的是自己！"

15年之后，1999年4月28日，美国海尔贸易有限责任公司正式在联合国大厦举行揭牌仪式。又过了两天，4月30日，海尔将3000万美元投资到美国南卡罗来纳州，建立了海尔在海外的第一个工业园。如果说在这之前，海尔分别在菲律宾和马来西亚投资建立公司还属于国际化试水的话，那么从在美国创建工业园的这一刻起，则是张瑞敏下定决心将海尔打造成国际化大企业的开始。

创建海尔二十多年来，张瑞敏很少有情绪失控的时候，可当美国海尔工业园奠基仪式开始，中国国歌奏起来的那一刻，张瑞敏说自己真的是"非常非常激动"！

当然，海尔将自己的厂建到美国，无异于一个小木匠将自己的木匠铺开到鲁班门前，"激动"的不止是张瑞敏一个人，国内、国外的许多专家学者的各种质疑声雀起："张瑞敏疯了吧？"更有甚者，非常悲观地替海尔盖棺定论："海尔完了！"

他们给出了许多强有力的理由：成本太高，美国工会组织非常健全，工人不好管理；卧榻之旁岂容他人酣睡？海尔一定会受到打压；人才的问题，企业文化融合的问题，等等。

《道德经》里说："夫唯不争，故天下莫能与之争！"张瑞敏的思想当中，有一个很重要的内容就是不争。面对外界的各类质疑，张瑞敏只是"倾听并加以学习"。不管是来自何方的质疑甚或谣言，张瑞敏都秉承"不争"的道家理念。

后来，在"20年·1000亿元·世界的海尔"的研讨会上，张瑞敏最后总结了一段话："如果没有来自方方面面的对海尔的质疑甚至个别的恶意中伤，就没有今天思考更加冷静、思维更加缜密、心理承受能力更强、可以更加有能力驾驭复杂局面的海尔，我认为这是好事，这些质疑不管对错，对海尔都是一种提醒，我们会更好地思索这些问题。'生于忧患，死于安乐'，一片赞扬声中企业不可能很好地生存……对质疑最好的回应就是发展。"

2006年7月，张瑞敏参加国资委《中外名家》论坛，他的开场白是一个漂亮的比喻——"有很多人说海尔目前在国内还算是一个比较知名的优秀企业，其实，有一句俗话叫做'台风来了，连猪都会飞'。大家从表明上看是这只猪很厉害，其实不知道是台风的威力大。我们海尔就是那只'会飞的猪'，如果不是国家改革开放的市场环境好，我们也很难做到今天的效果。"

在整个演讲过程中，张瑞敏没有很多大牌名家常见的指点江山、挥斥方遒、眉飞色舞、口若悬河，和一些名家惯用的口头语如"我认为……"等等居高临下的架势，而是自始至终非常谦和，包括回答观众问题的时候。

比如，当有观众问道："张总您作为国际知名的企业家，自己也在一天天衰老，但还在这样为海尔拼命，您最大的愿望是什么？"张瑞敏简单而又干脆地回答道："我最大的愿望就是能够创中国真正的世界名牌！"这决不是他一个人的沽名钓誉和故作姿态，而是一个本土企业家最朴素的奋斗理想和毕生追求。

为什么张扬的海尔背后是谦和的张瑞敏？对于这一点，张瑞敏的话能很好地解释。他说："《周易》中有一个卦名叫'谦卦'，说的就是人要谦虚，要能够虚心接受不同的意见，就像老子所说的那样：'天之道，不争而善胜，不言而善应'。"

倾心于信息化再造 >>

《能阻挡我们的只有我们自己》这篇文章里，张瑞敏向我们描述了这个"新顾客时代"："信息化时代"是"即时即需"的时代，是顾客时代的开始，企业时代的结束，话语权已由企业交给顾客。企业唯一能做的便是"时刻准备着"，要时刻为顾客的下一个需求而不断优化和创新。由此，海尔开始了基于"信息化生存能力"的变革——信息化流程再造，用 1000 天实现流程系统创新，完成 2000 到 2500 个流程的构建，产生一条管理的流水线。

张瑞敏认为："随着全球化和信息化突飞猛进，将来只会剩下两种企业：一是全球化企业，二是为全球化企业打工的企业。名牌企业就是食肉动物，打工的企业就是食草动物，食草动物再大，也只是食肉动物的食物。"

海尔进行信息化再造的目的是打造卓越运营的商业模式，建立从目标到目标、从用户到用户的"端"到"端"的卓越流程，形成一个"卓越运营"模式，为用户提供卓越的服务。这是海尔施行信息化革命的主要目标之一，全球资源迅速汇合到这个信息化流程中，又迅速把满足用户需求的产品送到用户手中，为用户提供一流的价值，卓越运营得以实现，企业获得巨大能量，海尔全球化战略得以迅速推进。

追溯世界企业管理变革，100 年中大致可以分为三次。第一次是 100 年前的美国的变革者费雷德里克·泰勒，它集中体现的是时间动作、技术优化。第二次是 20 世纪六七十年代风靡日本的管理革命，它将美国的技术优势转化为自己的管理优势，创造了全面质量管理、看板管理等等。遗憾的是这两次管理革命中国都错过了。第一次错过是科技滞后，第二次是中国人的心思没有放到这个地方。这也就是为什么改革开放初期，企业进行管理整顿的原因。当然，今天回过头来总结，那样的整顿还远远达不到泰勒 100 年前的水平。

到了现代，第三次企业管理革命已经悄然到来，海尔人首先抓到了，那就是1998年流程再造。2007年4月26日，海尔开始的信息化流程再造是对上次再造的深化。张瑞敏在海尔集团的再造大会上说，海尔信息化流程再造的本质，就是使企业和顾客之间零距离，就是永远以顾客为中心。企业如果不以顾客为中心，而是以自我为中心，就是死路一条。再造对每个海尔人意味着什么？就一句话，再造意味着自我开刀，自己给自己动手术，通过现在的自我手术，重塑一个新的自我。

对于张瑞敏在海尔发起的此次信息化流程再造，道路并不是一片坦途，但张瑞敏说：“中国哲人说的一句话：‘只要找到路，就不怕路远。’今天找到的再造这条路，如果是一条正确的路，就要坚持端到端、客户到客户的理念和流程。这个路不管多远，我们一定会完成，一定会达到！”

海尔集团企业文化中心　赵蕊蕊

中国品牌大师

段永平

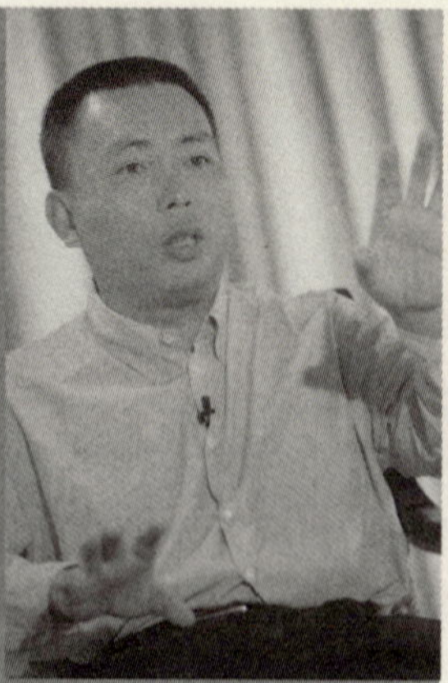

大师语录 >>

曾经很爱开快车，但后来意识到这样非常危险，自己开车的最终目的是为了安全到达终点。如果没有安全保障，开快车又有何意义呢？同样道理，一味追求企业的做强做大和开快车差不多，企业存在的最终目的应该是致力于做个百年老店。换句话说，首先应该比谁做得久。

美国投资界叫他“Mr. Duan”，他自称是一个“独立投资者”。除了在家办公，他在美国没有专门的办公室，他也早已习惯了不穿西装不打领带的生活。

这是那个曾经叱咤中国商界的“标王”段永平吗？

四年前，段永平移居美国，从经营步步高的轨道上脱身而出，令企业平稳过渡，接着又在投资与慈善领域里初试身手，这一系列尝试却让他把大多数中国“同行”抛在了后面，也在点滴重塑着中国新移民在美国主流社会的形象。

就在一退一进之间，段永平更新了自己的人生设计。

脱轨者 >>

这是硅谷地区一处寻常的公司所在：像中国普通的高科技园区一样，一幢幢平房或小楼掩映在一道道矮草丛后面，楼房外标示着每家公司的 Logo，OPPO——那四个圆溜溜的字母——是其中之一。

段永平也很寻常，在这里，身材不高、略微发福的他是一个在加州四处可见的寻常中国人。OPPO 是段永平在美国的公司。

十年乃至更长时间以前，段永平即凭着打造出小霸王和步步高两个知名品牌、拍下央视“标王”等经历而早早名扬中国商界。而现在的他，也不过 45 岁，似乎正值一个企业家黄金年代的开端。

但“江湖”已远。段目前最主要的社会身份是在美做一个“独立投资者”。作为“独立投资者”，目前除了在家办公，他在外没有专门的办公室，他也早习惯了不穿西装不系领带的生活。

也许在广东东莞，步步高电子有限公司还为他保留着董事长办公室，但即便如此，那更像是已被段永平搁在身后、搁在大洋彼岸的一个符号与象征：毕竟，这里与那里，隔了十几个小时的飞行；毕竟，段称他现在只是每年回去两三趟开开董事会，偶尔打打电话，已经完全脱离了他一手创立的步步高的日常运营。

同样，他也不插手 OPPO 的经营。在段永平的解释里，OPPO 是个和步步高截然两分、独立注册的两家公司、两个品牌，却也不能说它们完全没有关系，两家公司在股东关系与中国市场的营销上，是高度重合的。

在美国，段永平是少数中国新移民的一员：他们正当盛年，是中国 20 世纪 90 年代后大搞市场经济后新兴的、成功的弄潮儿。他们既全然摆脱了遥远历史里那些从落后贫穷中国远渡来美的、不通英文的老移民形象，也不是在美求学后就势留下、白手起家的学生一族。和他们同时进入美国的，还有他们从前在中国创造并拥有的大笔财富。他们受过的良好教育，更重要的是不安分的企业家精神、既往的商业经验(尽管也许放在这个资本主义巅峰国度来看是有限的、中国本土化的)，有可能使他们既有的财富在美国继续增值。而比在美国赚钱更进一步的是，他们还逐渐加入到美国的慈善大军里，散财之道，渐趋自如。要知道，做多大规模的慈善、做什么样的慈善，也许是作为一个富人在美国是否最终主流化、能否得到普遍尊敬的重要标志。

美国媒体上曾有观点认为，印度移民作为一个群体在美国达到的成就、拥有的影响、主流化程度是亚洲移民中的典范，中国在美移民历史虽长、数量虽众，长期以来却新意欠奉。那么，在最近二三十年发生巨大变化的中国，向世界各地输出的“移居人口”——他们的形象、在当地的影响，会不会也在渐渐变迁？就像自小移民美国的雅虎创始人杨致远、YouTube 联合创始人陈士骏是令华人世界感到骄傲与亲切的符号，中国大陆移民形象也有可能被像段永平这样已然拥有财富、自信与阳光气质的新兴商人或其他专业人士点滴重塑。

当然，段永平们对美国（移民）社会的改变还在潜流之中，甚至要隔代才能体现，而 2006 年年中，段永平代表他的家庭慈善基金在 eBay 上以 62.01 万美元拍下和巴菲特共进午餐机会的消息传回中国后，却直接冲撞着中国社会、商界、慈善界的某些观念。

这顿饭是巴菲特近几年每年都会举行的一个义拍，竞拍成功者为这顿饭掏的“饭票”将捐给旧金山一个慈善机构。“有些人说你这顿饭钱怎么不捐在中国，而捐到外国——谁说这对于我来讲是外国？我在这里生活，我住的地方离我捐的机构开车只要几十分钟，这怎么能叫外国呢？再说难听一点，我捐哪儿这事儿关你什么事啊？！”段说。他将携夫人及几个朋友赴纽约与巴菲特共进午餐——其实这也不是他第一次当面聆听巴菲特的“耳提面命”，作为伯克希尔·哈撒韦公司的股东，他前两年就去奥哈马参加过哈撒韦的股东大会。

“又有很多人说你花了这么多钱划不划算……我一听这话就知道和这人谈不下去了。我又不是把跟巴菲特吃饭这事当成生意。我就是想给他老人家捧个场，告诉世人他的东西确实有价值。他不是缺这个钱，我也不是为了吃这顿饭，不是像有些人想象的我为了去他那儿讨一个秘方、锦囊妙计，哪天掏出来一看，就能发大财。这都是胡扯。我就是觉得好玩。Just for fun.”

62 万美元，和世界第二富人的一顿饭，Just for fun?！这话搁在灿烂的加州阳光下、for fun 者众的美国讲甚合时宜，可如转换语境，一放到中国互联网上，无疑是给国内互联网上那些焦躁愤怒、批评咒骂的人们心头火上浇油。可是段永平一副泰然自若的派头，压根没打算去迎合或者安抚什么社会情绪，他甚至会举出“我好多年前就(花钱)跟老虎伍兹打球”的例子来说明他自掏腰包跟巴菲特吃饭不过是他一贯的作派。

如果说每个人的社会角色无形中确实存在一个预设的轨道的话，段永平常常会是那个突然脱离轨道、自行另铺一条的人。从他 1995 年突然辞职离开小霸王另创步步高，到他 2002 年淡出做得好好的步步高跑到美国来只是因为简单的理由：为了跟妻子、小孩团聚，段永平自陈每个决定都是出于他的本分与本心，并不在乎大多数人是不是也在这么做、也会这么做。同样的道理适用于他后来的投资。段对《中国企业家》说："很多人在做投资的时候，很在乎别人怎么看(这家公司)，满意不满意，真正的投资者是不在乎、绝对目中无人的，他眼里盯的就是这家企业，不看周围有没有人买。"

应该说，段永平认定"自我感受"、"快乐"是一个人人生中最重要的事并不是美国给他启蒙的，尽管美国的环境也许强化了他这个观念。在移居美国之前，在很多场合，段都说过类似的话："有些外在的东西是外人对你的评价，但你自己是不是感到很快乐？我觉得这个特别重要。快乐人生才是最大的财富。我见过太多的例子，很多人是因为有了钱以后变得不快乐了，而我个人认为如果一个有钱人因为钱而不快乐是很愚蠢的。"不同的是，他那时还没有突然会从中文里蹦出句"Just for fun"等英语的口语习惯。

而真正有意思的是，放弃了在国内商界的奋斗也放弃了在国内的荣耀与影响力去"追求个人快乐生活"的段永平，几年之后，所做的事情，无论是投资，还是慈善，竟又成为国内媒体界与商界乐于追逐、探讨的题材：他从实业经营转向投资，怎么能做到现在看起来还不错？他判断公司、决定投资与否的标准在哪里？慈善与他的投资如何关联？他做慈善的工具与方式又是什么？

当年，段永平那句"敢为天下后"的经营理念曾在中国商界广为流传，直到今天，段永平在某些方面仍然如此，相对保守与悲观——比如他个人对中国企业大胆出手、搞国际化收购这样的具有先锋性质的试验避之唯恐不及；但在另一些方面，他从经营步步高的轨道上脱身而出、令企业平稳过渡，接着又在投资与慈善领域里初试身手，这一系列尝试却让他把大多数中国"同行"抛在了后面。

独立投资者 Mr. Duan>>

最近一两年来，在美国某些投资论坛、特别是华人投资者集中的论坛上，有一个名字、或者莫如说是一个 ID 会被论坛上的人偶尔提及：Mr. Duan，或者 Fastisslow。有人会分析 Mr. Duan 的投资个案；有人则问：嗨，Fast is slow，请问你对最近网易的表现如何看啊？

如你所知，Mr. Duan 和 Fast is slow 就是段永平(特别是后者，Fast is slow 的 ID 随着段永平用它来拍下与巴菲特的午餐已变得地球人都知道了)。凭着对网易

(NTES)众所周知的成功投资，以及在中国实业界享有的声名、比一般投资者更丰富的企业经验，Mr. Duan在美国一部分个人投资者中颇有名气，有时甚至有几分神秘。

不过，段早两年前可能还会在雅虎财经留言板或者某个论坛上露露脸，现在他已不怎么再到网上去回复、参与讨论了。段自己解释说，以前主要是为了练英语，现在回头再看原来的一些发言，很多都是写的错话，不知道自己在说什么。其实他应该感谢互联网。通过网络、BBS，初来美国的段永平结交了几个有相近投资理念的朋友，有的后来还在现实中见了面，段承认："他们对我帮助很大。"

他的确是全球追随巴菲特投资哲学浩荡队伍中的新兵。段永平接触巴菲特价值投资理念至今不过六年历史，而且他描述自己选择与投资企业的手法也相当简单。

从1989年到2000年，段永平始终埋首于实业，相继打造出小霸王和步步高两个品牌，对股票市场从来没有碰过。"没有工夫去研究，也没有什么兴趣，觉得投机气氛比较浓。"2001年，段永平的美国绿卡突然被批下来这件事对他的生活与事业是一个强烈的转折暗示。"绿卡是2000年我太太帮我在美国申请的，我以前以为拿到这个东西需要很多很多年，没想到半年就批下来了。其实我也没有很好的准备。但怎么办呢？批下来了又不能不来，因为在和太太结婚前我就答应过你要嫁我我就去美国，否则人家也不嫁我。不可能让太太在美国，我在中国，那还要这个家干什么？"段永平的妻子是他20世纪80年代末在人民大学读研究生时认识的校友，1993年到美国摄影界闯荡，2000年时在美已稳定下来并颇有成就。于是在心理缺乏准备的情况下，2001年年中，段永平拿着绿卡到美国初次"落地"。

"那个时候我就想，我将来要在这里生活的话，我来这里干什么？我也不能整天在家里呆着。"他想到了投资。但是一开始他很迷惘，对投资这个"翻手为云覆手为雨"的东西摸不着头绪，不知道那些操盘手成天在忙什么。他看了一些讲投资的书，里面讲K线图分析，讲涨跌概率，讲如何测市，看不懂。这时他看到一本巴菲特谈投资的书，里面说，"买一家公司的股票就等于在买这家公司，买它的一部分或者全部"，"投资你看得懂的、被市场低估的公司"，懂了。他觉得这就是在讲他当年为什么会自掏腰包投资步步高的道理，仅仅因为他相信这将成为一家不错的公司——步步高创立时，他个人在里面占了70%多的股份。"我投资任何一家企业应该跟我当年投步步高是一样的，不同的是从前做步步高投资的同时我自己也在做经营。"

他说："其实在看巴菲特之前，这些理念本来就在我脑子里，只是一看巴菲特也这么想这么做，而且靠这个做成了世界第二富人，我有了信心。不然不一定下得了手。你能理解吧？人们做一件事往往需要别人的肯定。"

那时，段永平已在琢磨着能否在互联网泡沫破灭后的"废墟"里淘金。因为他相信互联网本身并不是泡沫，“这个东西我们天天在用，怎么会是泡沫呢?”他刻意跟新浪、搜狐、网易、联众这些中国互联网公司接触，了解情况(有趣的一个细节是，有一次，时任新浪CEO的王志东带着茅道林、汪延、曹国伟——后来证明是新浪历史上的四任CEO——跟他一块吃饭)，也试水性质地买过这几家门户的少量股票，但段永平对这些公司的模式与未来还是将信将疑，看不太透。

这时有一天他秘书接到了网易丁磊电话，丁磊说想找段永平聊一下。关于这件事，丁磊曾经在他的一次演讲中也提过，2002年网易推出网络游戏《大话西游2》，营销是块短板，所以他想中国谁的营销做得好，他去请教他总可以吧。于是就翻开通讯录，找到段永平的名片。不过段、丁二人对这件事的时间回忆得不太一致，在段永平记忆中，这是2001年、他买网易股票之前的事。“丁磊不是来找我买股票的，他都不知道我是谁，我不知道他听谁说可能我对企业的理解还有些意思，所以来找我。那时候他觉得自己有一些问题，我比他大十岁，做的时间比他长，是过来人，教教小兄弟，吃个饭喝个茶，对我来说很简单。”何况段永平也正好想了解互联网，于是两人很快就见了面。这段时期网易从经营状况(2001年全年亏损2.3亿元人民币)、股票价格(掉至1美元以下)到公司形象(美国投资人对其提起诉讼，面临摘牌危险)全面处于谷底。一番长谈之后，听丁磊说网易要集中兵力搞研发、做网络游戏，段永平说：“你们的想法很好啊！如果这个公司像你说的那样，现在这个价格显然是不对嘛!”

做游戏机出身的段永平知道游戏市场有多大。虽然他无法预测网易做网游一定能挣多少钱，但是“没有道理比我1995年做小霸王时还少。那时我们就做了差不多以亿元计的营业额”。他去查网易的财报，看到网易每股价格只有8毛美金，却有2块多的现金。他心里动了一下。而对于网易面临的法律风险，“很简单，付点钱，请几个律师根据法律规定与以往已判案例来测算一下这个案子如果网易要赔、要摘牌，概率是多大、要赔多少钱”。拿到律师的评测，段永平心里有谱了。

这就是他一举动用两百万美元，在每股1美元以下投资网易的开端。网易股票后来一飞冲天是大家都知道的事了。在2006年3月经过一拆四的股票分割后，2007年2月份网易的股票价格在20美元左右。而根据2006年11月的SEC文件披露，段永平在网易的个人持股仍有534余万股，占4.21%，另有1.81%、234多万股放在段永平的家庭慈善基金Enlight Foundation名下。

另一个较成功的投资例子是Amerco(UHAL)。UHAL是美国一家主作拖车租赁的公司，分店遍布全美各地乃至加拿大，相当有规模。2000年左右，由于这家公司旗下的保险业务进入高风险的风投领域，给这家公司带来每年1亿多美元的损失；此外它还因扩张过度而负债急升。2003年6月，UHAL进入破产保护。就在此前后，段永平以每股3.5美元左右的价格吃进UHAL股票。

段永平坦承，除了网易，包括UHAL在内的其他好几只赚钱的股票都是朋友推荐给他的。但这并不意味着段永平自己没去做功课。“就跟卖产品一样，做投资也要走访市场。”除了请会计师与律师来分析公司报告，他自己还特意打电话以及跑到 UHAL 的店里去打听与感受这家公司的业务与服务。段的结论是，这家公司价值被市场严重低估。尽管处在财务困境中，但是 UHAL 的核心业务仍然清晰，在市场上有稳定的竞争力并且现金流持续充足，只要它断臂求生，退出高风险的风险投资领域，同时出售部分商业地产，它的财务数字马上能够得到改善。

事态的发展给足了段永平面子。2004 年年初，UHAL 解除破产保护，其后股价一路上扬，2006 年一度冲升过百元关口，现在(2007 年 2 月)则稳定在 80 多美元以上。

据段说，他买进的 UHAL 股票现在还持有三分之二。“光这一家公司，没仔细算过，可能就赚了七八千万吧。”

但是这并不是指他个人赚的钱。事实上，据他说，他个人在这只股票上的投入不多。他指的，是“我们”赚的钱。

哪个“我们”？段永平承认，在他美国“独立”投资的后面，实际上有团队支撑。步步高下面有一个几十个人的“投资部门”，但是投资用的资金并不是步步高的(他说步步高只买过一只股票，就是万科)，不过段不肯说资金具体来源，只表示，他手上可动用的投资资金，除了他个人的，一部分来自步步高投资部门，一部分是他熟识的朋友的账户。

他掰着手指数了一数：“现在我手上替朋友掌管的帐户数目，有十三四个吧，有大有小。最高峰时还不止这个数。管他们的钱远比管我自己的钱多。别人都奇怪，我怎么能管住这么账号，记住这么多密码。其实我是很随意的，我不会专门帮他们寻找一只股票，那就累了。我是一看这只股票便宜，忽然想起谁谁谁还有一个账号在那儿，然后查一查还有多少钱在里面，就把钱买了这只股票，便扔在那儿。好多账号我半年都不进去一次。”

“我经手的账号还没有亏过，”他说，其中一些账号，“最多时候有七八个，给我时是亏的，现在全部都在慢慢往回赚。”

有的账号，如果由亏至盈、赚平了，按照相关法律该交所得税了，段就还给人家；最近，一些资金额比较小的账号，他也不太爱管了，他觉得做小账号让他紧张，小账号可能意味着人家所有的闲钱都放在这里，他怕一旦亏钱对人家的影响太大。

“我只觉得做这东西好玩，好玩的同时还可以帮到别人。大家在一块儿都开心，反正闲着也是闲着。我 for fun 人家 for money。”当然，稍后你可以了解到，这也是段永平筹集善款的重要渠道与手段。

“所以我有时候说‘我们’‘我们’，‘我们’到底是指谁，我也不知道是指谁，就是我们这帮人。加州、德州、西雅图，甚至国内的朋友，都有。”

这么来看，Mr. Duan 在一定范围内被人关注、讨论，其投资动向成为某种风向标，并非空穴来风。但是段并不认为有所谓的“圈子”存在，只是少数几个朋友有时会在一起交流一些信息、或者对某只股票的感觉：有可能得到别人确认，也有可能被人家说服劝阻。

有一次，段跟朋友们说，他买了一只股票，“但你们别跟啊，我最主要的目的是想做做董事，知道一家美国上市公司是怎么运作的”。段的目的达到了，但是他这笔投资也彻底输掉。一名追踪 Mr. Duan 投资的投资者在网上总结道，“只有死人才不会犯错”。同样是低谷公司、面临破产绝境的公司，UHAL、网易，段永平投对了；FreshChoice，投错了。

FreshChoice 是一家曾挂牌纳斯达克的美国餐饮公司，在其发展的顶峰时期，它在加州、华盛顿州和德州共拥有 58 家连锁饭馆，尤其在加州有一定市场影响力。2003 年 10 月，该公司发布公告称，段永平成为该公司七名董事之一。在此前半年时间内，来美国刚定居不久的段永平陆续购入这家公司 104 万股，成为该上市公司最大股东，占 27%左右。

段永平入股时，这家公司的经营情况与股价已处颓势，且负有较高的债务。但是段永平注意到在每股 1.5 美元的股票下面，还有六七毛钱的现金流。“我想两年就回本了，这么便宜的事情为什么不干呀。”于是吃进，成为第一股东，并且要求成为董事。但段永平以第一大股东的身份进去之后，发现语言的障碍使他根本没有办法和其他董事、管理层顺畅、自如地沟通。“他们有些举动，比如继续扩张、给产品涨价，我做产品这么多年，明知道是错的，是非常愚蠢的快速自杀，当场即会阵亡，但我也说不上话，完全影响不到董事会的决策，何况有些决策是在我进去之前他们就定好的。”在管理层错误的指挥下，FreshChoice 的营业额急速下跌，短短几个月内，现金流由正变负。公司最终破产、换股东、摘牌。

段永平承认这是他到美国后一桩典型的失败投资。当然，一百多万美元的损失对他来说尚可承受，“我捐钱都不止捐这个数目”。他说他对这桩投资的期望本来也不是放在赚钱上，而只是想进入一个五脏俱全的“麻雀”看看美国公司到底怎么运作的。“算是交的学费。因为我投资的规模都比较大，如果对美国上市公司完全没有概念那就比较盲目和危险了。”他从这个案子中得到的体会是公司好坏不但跟经营层而且跟董事有密切的关系，所以决策投资的时候得关注董事的背景以及他们的决策治理风格。此外，“我还赚到的一点就是看到了美国公司破产的运作过程，这一点他们挺让我佩服的。中国公司如果要面临破产一定是‘溃败’，但他们的破产从头到尾非常有序，也没有影响到正常的经营。”

进入公司做董事，是段永平参照巴菲特做法的一次尝试，这样可以近距离观察甚至介入公司决策管理中。但是内部人的身份对于灵活买卖股票是个制约，“做董事对于个人投资者来说不是一件非常舒服的事情”，所以段永平对再去出任某家公司董事有所顾忌。“目前为止，我一家公司的董事都没有做，但以后很难讲。现在有一家美国上市公司在请我……有可能吧。”

“我是这样做投资的”>>

步步高的投资小分队有一个重要的工作，就是泡在网上玩游戏，玩网易的游戏以及竞争对手的游戏。中国网民现在流行什么游戏，游戏公司将要推出什么游戏，游戏中会出现什么问题，每家公司怎么处理这些问题，是急功近利的还是比较长远的做法，我们的人全知道，能看出每家公司非常非常多的问题。

我自己也玩，每天花在游戏上的时间至少两个小时。我七八岁的儿子很佩服我很会玩游戏，一看我在玩，就说“我也要玩”，听到的回答往往是“爸爸在工作”。我儿子到现在都没搞清楚“为什么爸爸玩游戏就是工作，我玩游戏就不是”。

但我就是这样做投资的。

投机，我也不是没有过，但就是为好玩，just for fun，只是玩玩而已。人家要跟我讨论股票，我都要跟人说清楚，是讨论投机还是投资？是 for fun 还是 for money？如果 for fun 没有什么可讨论的，买你喜欢的就好了，反正你也不会把房子卖了扛着钱去拉斯维加斯。我曾经在邮轮上用两百块钱玩了三个晚上，赚了两千块钱。如果你作为投资的故事来讲，三天翻了十倍，这叫什么故事?! 但你敢拿几百万这么赌吗？不敢。所以投资是另外的讲法。

我从头到尾真正投资过的公司最多五六家，卖掉了一些，我持有的公司一般在三家左右。巴菲特的哈撒韦一千多亿美元市值，也才投十来家。我不怕集中，我不是一般的集中，我是绝对的集中。

找到被低估的公司本身是一件很难的事。我做投资最基本的概念就是来自马克思的“价格是围绕价值上下波动”。价值就是这家企业 The Whole Life 能够赚的钱折现到今天，价格就是现在市场表现出来的那个过高或者过低的玩意儿。怎么去评估一家企业是否被低估，团队我认为当然是重要的，还要看你这个公司有没有很好的文化，一个企业真正的核心竞争力就是企业文化。沃伦·巴菲特曾经向股东推荐了几本书，有一本书是《杰克·韦尔奇自传》，你去看那本书，你会发现韦尔奇对企业的文化问题是很在意的，所以你可以想象巴菲特对此也很在乎。他不是像有的人说的只看财报。只看财报只会看到一个公司的历史。我从不看财报，至少不读得那么细。但是我找专业人士看，别人看完以后给我一个结论，对我来讲就 OK 了。但是我在乎利润、成本这些数据里面到底是由哪些东西组成的，你要知道它真实反映的东西是什么。而且你要把数据连续几个季度甚至几年来看，你跟踪一家公司久了，你就知道他是在说谎还是说真话。好多公司看起来赚很多钱，现金流却一直在减少。那就有危险了。其实这些巴菲特早说过，人们都知道，但是投资的时候就会糊涂。很多人管他们自己叫投资，我却说他们只是for fun，他们很在乎别人满不满意(这家公司)，真正的投资者绝对是“目中无人”的，脑子里盯的就是这个企业，他不看周围有没有人买，他最好希望别人都不买。同样，如果我做一个上市公司，我也不理(华尔街)他们，我该干吗干吗，股价高低跟我没有关系的。所以我买公司的时候，我有一个很大的鉴别因素就是，这家公司的行为跟华尔街对它的影响有多大的关联度？如果关联度越大，我买它的机会就越低。华尔街没什么错，华尔街永远是对的，它永远代表不同人的想法。但是你要自己知道自己在干什么，你如果自己没了主见，你要听华尔街的，你就乱了。

我的逻辑就是巴菲特的逻辑，原则上没有什么差异。差异是他熟悉的行业不等于是我熟悉的行业，所以他投的股票不等于是我要投的。去年他投了一家公司，我看了半天都没有看懂，果然，他投了以后，那支股票可能涨了50%、60%。人家问我是否着急，我说不着急。为什么？因为这不是我能赚到的钱。反过来讲，比如我投网易这样的公司，这也不是他能够赚得到钱。再比如Google，巴菲特也没买。因为他对这个生意不了解，不了解没有赚到钱是正常的，没有什么好后悔的。如果你不了解也敢投，第一你也守不了那么久，80块买的，可能100块、120块也就卖了，其实你也赚不了钱；其次如果你四处这么做，可能早就亏光了。正因为没有在自己不熟悉的行业和企业身上赚到钱，说明你犯的错误少。我的很多成功的投资，好像行业根本不搭界，但是对我来说是相关的，就是因为我能够搞懂它，知道管理层是否在胡说八道，企业是否有一个好的机制，竞争对手是否比他强很多，三五年内他会胜出对手的地方在哪里……无非就是这些东西。看懂了，你就投。比如我也曾赚过松下股票的钱，7块钱买的，涨到20多块卖了，放了大概有两三年的时间。就是因为我是做这行，我做企业的很多理念来自于松下，我也拜访过他们公司，也知道他们的缺点和优点，觉得这个公司不可能再低于7块了，而20块让我觉得可买可不买、可卖可不卖。所以，你做的投资都是跟你过去的经历有很大的关系，你能搞懂的东西有很大的关系。你的判断跟市场主流判断没有关系，两者可能有很大的时间差。我判断的是它的未来，而市场是要等企业情况好了才会把价格体现出来。

成长率对我来说没有任何意义。投资的定义在我来讲就是拥有一家公司的部分或者全部，最简单的概念就是“拥有”。假设某家公司去年每股赚一块，今年赚两块钱，成长率百分之百，有人说明年可能还会再涨。后年呢？后年不知道。你如果是你自己的钱，把这家公司买下来，你会买吗？你说只要后面有人买我的股票，你就会买。这就叫投机。对于投资和投机的区别，我有一个最简单的衡量办法，我没注意到是否巴菲特也这么讲过，就是以现在这样的价格，这家公司如果不是一个上市公司你还买不买？如果你决定还买，这就叫投资；如果非上市公司你就不买了，这就叫投机。就像我当时买网易我为什么能够在那个价格买到

(那么多量)，因为 NASDAQ 有个规定，一块钱以下的股票超过多少时间就会下市，所以很多人害怕下市，就把股票卖出来。在一块钱以下就卖了。因为他们怕下市。你知道我为什么不怕呢？这就是我投资的道理。我买它跟它上不上市无关，它价格低于价值我就会买。步步高就没有上过市，但我因此就把公司卖了，这没道理啊，很荒唐，你说我创立公司后只是因为它不上市就卖了，那我开公司干吗？

这些确实是我骨子里的东西。

但是很有意思，我现在只投上市公司，因为投上市公司是我去“找”别人，我要非上市公司也投，有很多人来找我，我嫌烦。我现在不是一个职业的投资人，我不愿意别人来烦我。

New Money>>

“投资是我的爱好，慈善才是我的工作”这句话，段永平 2006 年年中回国时已数次向媒体表白过。“爱好”，很容易被人理解成是种可有可无、聊以遣怀的东西。但实际上他的投资与慈善密不可分。

2005 年，段永平和妻子刘昕成立了家庭慈善基金 Enlight Foundation。如果从 2002 年年底正式移居美国来算，2005 年是段永平到美国来的第三年。

“2005 年，我觉得自己想清楚了。”段把他拥有的一些股票捐到这个基金里，基金的主要慈善方向是教育领域。但他不肯透露这个基金总值多大。仅从网易和九城数码(NINE)这两家段永平持股的公司文件显示，Enlight Foundation 在里面均有一定股份，在两家公司的持股价值加起来，现在超过 5300 万美元。

在加州，个人所得税里含联邦税和加州州税(如果年收入超过百万还要加一个百分点的富人税)，加起来就是 45%；如果是长期资本收益所得，即超过一年的投资收益，联邦税可降至 15%，但加上州税也还是有 25%。而如果把股票直接捐给慈善基金或者组织，最多只用交 2%。

除了税制的刺激，段永平说他眼看着这钱越来越多地积在手里，怎么想怎么觉得是一个祸害、一个麻烦。“我和我太太的观点都差不多，钱不能都留给小孩。作为家长来讲，给小孩最大的支持就是要让他有一个足够受教育的条件，如果再有条件备用，就希望他万一不慎的时候，他不至于穷困潦倒。但实际上这些钱都需要得很少。”段的儿子快八岁，女儿还不到五岁。他有时会想，他本人固然是那种“谁要给我一堆钱，同时我就变得不开心”的人，认为“赚钱本身才是有乐趣的”，但他儿子将来长大了会不会想“爸爸是不是对我不好，为什么不给我钱”？所以他从现在就在给他儿子讲一些道理。“我这一生从企业的成长、投资的过程中享受到很多乐趣，给小孩留下一堆钱只会剥夺他将来的乐趣，最重要的是让他们自己去赚。”

“‘老中’总是想奋斗一辈子是为了儿子，老美在这一点上相对想得开一些。”段永平说，“其实我们碰到‘钱’的时间也不长，用英语讲是 new money,不是 old money，所以对‘钱’的理解也不一定很深刻，但基本的认识，已形成了。”

从网易和九城的情况来看，段永平捐给 Enlight Foundation 的股份均为他个人名下股份的 40%-50%，也就是说段把自己最初在这两家公司的股权大致捐了三分之一出去。

“我觉得做慈善没有什么了不起的，我们就是想解决自己的问题，要说什么伟大的贡献、榜样，纯属胡扯，我从来没想过要给谁做榜样。”

只要自己心里想通，捐很容易，但慈善之难最难在怎么让基金有效率地长期运转下去。照有关法律规定，慈善基金成立后，每年必须以基金价值的一定比例把钱捐出去。“现在我跟我太太的任务就是一年至少要捐出去上百万美元，否则就要从基金里打税，交给国家。我现在是替政府保管这笔钱，替政府赚钱，替政府花钱。所以为什么我说慈善是我的工作，的确比较痛苦。”段羡慕巴菲特，可以一次性地捐给盖茨名下基金，让盖茨去运作，关于钱的运作效率，这个世上还有谁比世界首富更让巴菲特信任的呢？“但是我来的时间比较短，我还找不到一个人把钱全部交给他让他去打理，如果能找到这么一个人，像我把步步高交给弟兄们一样，我就比较潇洒了。”

拍下巴菲特午餐机会的 62 万美元，是 Enlight Foundation 掏的；段永平所居住地区的学区、医院，有 Enlight Foundation 的捐赠；段永平和丁磊联合向斯坦福大学捐建一个总值 400 万美元的基金，帮助那些从中国大陆来、需要资金援助的一年级学生，有 Enlight Foundation 的一份；段丁二人再度联手向浙江大学捐赠的 4000 万美元，分别是丁磊个人的 1000 万美元、Enlight Foundation 及段永平募集到的资金共 3000 万美元。接下来，Enlight Foundation 还将向段永平父母从前工作的单位做一笔图书馆捐赠。

和段永平相比，丁磊是中国的 new new money。他的财富干净、阳光，个人时有醒目的散财之举却相当低调。他跟段永平熟了后，知道段在慈善方面有一些想法，便跟他说，要有什么好的想法和项目，他愿意一起做。段永平说：“丁磊也是觉得钱留给自己没有用，他不是一个显摆和奢侈的人。他没有那么多时间去找慈善项目，所以我一般找来，我投，他也投。”

段永平的慈善不是从到了美国之后才开始的，但是到了美国、自己建立了慈善基金后，他才体会到两个国家的慈善环境的悬殊之别。

他讲了一个细节。在 eBay 上拍下巴菲特午餐机会后，他不期然地通过 eBay 账号收到数封陌生美国人的邮件，信里大致都是一个意思，他们知道这笔钱将捐给旧金山葛莱德慈善机构，他们特此向 Fasstisslow 表示感谢。这些人一个也不认识段永平，看上去和葛莱德似乎也没什么关系。段永平觉得有点感动，更加吃惊。他想起在国内捐钱的数次经历，“有时被人看成怪物，别人要么是很怀疑的态度、从头到尾没有一句谢谢，要么是钱捐出去后最后怎么花的也没人告诉你，要么是他请你吃鲍鱼海参住总统套房显得比你捐钱的人还大方……”总之，“闲言碎语比较多，捐一处钱后大家老讨论你该不该捐这个、为什么不捐那个?”

段永平对此很不以为然，“作为捐钱的人，我没有办法知道哪个去处是更好、更合理的，我只能把钱投到自己能看到、感觉到被需要的地方。为什么人们总爱评价别人慈善该不该、捐多捐少，却很少因此而想想自己是不是也有可能为比自己更加穷困的人做点什么呢?”段永平说，“慈善这个东西，确实要有很多年文化(滋养)，才能做起来自然。”

其次，从操作上，中国社会没有建立起推动慈善事业、与慈善事业相呼应的配套政策。Enlight Foundation 这种股权性质的家庭慈善基金模式，是断然难移植到中国来的。比如，通过美国资本市场上一些金融工具的运用(比如期权交易)，Enlight Foundation 不用出售旗下股权亦能获取现金，从而有钱可捐，这在中国目前根本做不到。在此可以提到，段作善事的另一个资金来源，就是上文提到过的，他替朋友作义务投资的那十几个账户。是的，是义务，在接管之前段永平就声明：“你别管我买卖，也别着急，别问我，输赢都是你的”，但是有一个要求，“赚了钱后你不能把钱都自己吞了，到时候得拿出一部分来作善款。”善款比例没有硬性要求，但大概是赚到钱的 15%-20%。段永平笑着说，“虽然拿钱很心疼，但是他们大致都拿出来了，有些人赚了钱高兴了还会多拿一点。其实最后你要说不捐怎么办，我一点办法都没有，因为钱在你的账上。”“所以为什么有时是我‘筹集’善款呢，就是这个意思。”

段永平当然不是巴菲特。所谓的“段菲特”称呼，既低估了伯克希尔·哈撒韦这家上市公司投资模型与技巧的复杂程度，也掩盖与模糊了段永平的个性与偏好。国内投资界有人评价道，“段永平对巴菲特只是局部的学习”；还有人说，“目前看来，段永平做得不错。但他还需要时间来证明自己。要知道，巴菲特的成功是让每股净资产在 40 年里保持了年均 22%以上的增长速度。而段永平目前的成功会不会有偶然性、周期性呢?”

段永平自己说，“我这五年肯定要比巴菲特的增长率高得多，几乎每只股票的复合增长率都有十几二十几倍甚至几十倍。但是这不等于我水平比他高。”看上去，他心里清楚，无论是投资还是慈善，他都有太长的路要走。要不然，他怎么会想到借与巴菲特午餐的机会问他这样的问题：“你 40 多岁时，当你有很多钱却没有投资目标，或者当你找到目标手里又没有钱的时候，你是什么样的心情?”段特意强调，他不是想问巴菲特会怎么办(谁都知道这没法办！)，他是想问巴菲特 40 岁时的“心情”。这会把这个 77 岁的老人牵到怎样的回忆里?段永平是想以此得到什么共鸣和确认吗?就像他六年前因为看到巴菲特的成功经历，才敢确信自己的投资观一样?

最后，你是不是还想知道一点段永平未被大加披露的投资消息呢？可以告诉一点：一个是上文提到过的九城数码(NINE)，一个是他逆巴菲特意见而行买入了一只“航空股”。目前来看，前者走势不甚明朗，而后者价格在他买入的两年内又是增长近十倍。可是无论哪个，都不能因为是段永平投了所以成为你也出手的理由。段表述过类似的意思，无论是投资还是慈善，他都只是在表达自己的愿望，“自己去做自己想做的事情。”

此外，在某次演讲上，曾经有人问他对在座的人有何忠告，他说：“如果一定要说，那就是‘享受生活’，那是人来到这个世界的目的。”

《中国企业家》李岷

李东生

大师语录 >>

中国要成为世界强国必须要有自己的跨国公司，我们要成为第一个敢于吃螃蟹的人；没有敢于成为先烈的勇气，就不可能成为先驱。

这是痛苦却不可避免的重生。

正如经历了长途迁徒，鹰发现自己浓密的羽翼已经难以再支撑长途的飞行，老化的喙和趾甲难以捕捉到猎物的时候，它会选择飞上悬崖，在那里完成一次蜕变、重生。

TCL 经历了近年国际化并购的残酷洗礼之后，在舵手李东生的带领之下，也义无反顾地踏上了重生之旅。

2008 年 3 月 14 日，北京早春的枝头已经萌动绿芽，TCL 集团董事长兼 CEO 李东生在参加全国“两会”的间隙，平静而又喜悦地告诉笔者，“TCL 整体经营开始出现拐点。”当天，TCL 发布了三年以来第一份盈利的年报，2007 年的扭亏为盈终于令 TCL 保住了上市公司的地位。

置之死地而后生。TCL 在生死存亡的边缘，看到了重生的曙光。

国际化的探路者 >>

鹰的重生需要 150 天，而 TCL 的重生却等待了“漫长”的三年。

2003 年 11 月 4 日，珠江白鹅潭畔，晨风轻吹，李东生坐在藤椅上，呷了一口咖啡，望着江面上帆影片片，然后将目光投向了更远方。此刻，他难掩内心的兴奋。因为，他刚刚在身后的广州白天鹅宾馆的玻璃音乐厅里，与法国汤姆逊首席执行官达哈利一起，在 TCL—汤姆逊合资公司的谅解备忘录上签了字。

“全球电子业正在重组，全球领先的公司由中国企业控股”，“这是中国企业第一次在主流产品的合作上获得控股权，在彩电业上我们已经是全球第一，这具有特别重要的意义。”李东生激动的话语言犹在耳。

2004 年 2 月 6 日，李东生被《财富》（《FOUTUNE》）杂志评为“2004 亚洲年度经济人物”。当期封面用了这样一句话来形容李东生——“TV'S MR. BIG”，指李东生成功地让 TCL 成为全球最大的电视机制造商。

2004 年 7 月 29 日，TCL 集团与汤姆逊正式合资成立 TCL- 汤姆逊电子有限公司（TTE）；8 月，TCL 又与法国阿尔卡特公司合资成立 TCL- 阿尔卡特移动电话有限公司。由此，TCL 集团成为全球最大的彩电生产企业，并进入全球主要移动终端产品制造商行列。

鉴于其对于中法经贸合作所起的积极作用，2004 年 9 月 3 日，法国总统希拉克代表法国政府亲自向李东生颁发法国国家荣誉勋章，这是法国政府授予中国企业家的最高国家荣誉。

这位大学毕业后曾以当上车间主任为目标的中国工程师，没有想到自己日后居然改写了全球彩电企业的竞争版图，从而登上荣誉之巅。

1957 年出生于潮州的李东生，是“文革”后中国恢复高考的第一届大学毕业生，1982 年从华南理工大学毕业后便加盟了 TCL。当时公司刚刚草创，李东生是第 43 位员工，他的第一个目标就是，做好技术员，争取当上车间主任！

其后，他一路带领 TCL 切入大屏幕彩电、手机等领域。TCL 紧握市场机遇，在 20 多年间，从惠州一家生产录音磁带的小厂建成一家具有全球业务能力的大型消费电子跨国企业。

也许应了那句古话“福兮祸之所倚；祸兮福之所伏”，李东生在到达人生荣耀顶峰的一年之后，却碰到了他职业生涯中最大的考验。

由于两大国际化并购项目尚处于整合阶段，2005 年，TCL 集团首次出现亏损。更让李东生难以忍受的是，他作出的让 TTE 欧美业务“18 个月内扭亏”的承诺并没有如期实现，这是他经营企业十多年来第一次没有实现自己定下的目标。

2006 年，TCL 更是跌入创业 25 年来的“谷底”。面对上半年亏损扩大至 9600 万美元的欧洲彩电业务，TCL 不得不于 10 月 31 日宣布对 TTE 欧洲彩电业务进行重组，以求为这最大的亏损源“止血”。TTE 欧洲公司随后于 2007 年 5 月 24 日提出清算申请。

TCL 为此付出了沉重的代价，TTE 欧洲业务 2006 年亏损了 25.96 亿元，再加上空调等其他产业的“负担”，拖累 TCL 集团全年亏损近 20 亿元。2007 年，TCL 集团因过去两年连续亏损而戴上“ST”的帽子，不得不面临退市风险。

回顾这场惊心动魄的抢险行动，李东生事后坦言，“2005 年下半年最艰难”，那时“睡不好、吃不好，因为对并购碰到的一些问题，自己当时想不到破解的方法，而我又是一个责任心很强的人”。2006 年，李东生在情绪最低落的时候，大概瘦了差不多二十斤，“这是我参加工作之后体重最低的时候”，35 码的裤腰也变成了 32 码的裤腰，“那个时候，我自己都觉得有点吃不住。”

“作为一个企业 CEO，你对于员工、对于股东、对于社会都承担着责任的。企业没有达到预定目标，这种深深的内疚和自责，是产生很大压力的原因。”李东生当时甚至希望能够找到一个人代替他去做，“因为我觉得这件事好像已经超过了我的能力”。

幸运的是，李东生和 TCL 并没有被这种压力压垮，而且已经从最艰难的时期挺过来了。

鹰的重生 >>

世界上的名牌大企业，许多都经历过九死一生的考验，包括李东生经常挂在口边的、TCL 的标杆企业韩国三星。不过，外界没想到的是，TCL 的绝地反弹，居然是从李东生本人的一篇自省文章开始的。

2006 年 6 月的一天，李东生从国家地理杂志上看到鹰之重生的介绍，觉得特别像 TCL 当时的处境，因此深受震撼。他用了一个上午在办公室一气呵成，写下了后来流传甚广、引起强烈反响的《鹰之重生》。

"鹰是世界上寿命最长的鸟类，它一生的年龄可达 70 岁。要活那么长的寿命，它在 40 岁逐渐衰老时必须作出困难却重要的决定。鹰首先用它的喙击打岩石，直到其完全脱落，然后静静地等待新的喙长出来。鹰会用新长出的喙把爪子上老化的趾甲一根一根拔掉，鲜血一滴滴洒落。当新的趾甲长出来后，鹰便用新的趾甲把身上的羽毛一根一根拔掉。5 个月以后，新的羽毛长出来了，鹰重新开始飞翔，重新再度过 30 年的岁月！"

李东生在文中，以鹰的重生为例来说明 TCL 集团文化变革创新的必要性和紧迫性，并认为，过去四年，企业文化变革创新没有达到预期的目标，也是近几年 TCL 企业竞争力相对下降、国际化经营推进艰难的主要内部因素。

他以自省的姿态，反思了自己在推进企业文化变革创新中的管理失误：一是没有坚决把企业的核心价值观付诸行动；二是没有坚决制止一些主管在一个小团体里面形成和推行与集团愿景、价值观不一致的自己的价值观和行为标准，从而在企业内部形成诸侯文化的习气长期不能克服；三是对一些没有能力承担责任的管理干部过分碍于情面，继续让他们身居高位。

写好之后，《鹰之重生》一文经 TCL 几位核心高管传阅，然后就在 TCL 的员工论坛上发表了。接着的一个多星期里，李东生欲罢不能，又连续写了其他四篇文章——《要经历一次企业组织流程的再造》、《管理者必须为变革承担责任》、《员工的参与是企业文化变革创新的动力》和《国际化是中国企业发展的必由之路》。

尽管外界有人批评李东生有借《鹰之重生》一文推卸责任的嫌疑，但是，无可否认，李东生通过公开自省，终于释放了心中的巨大压力；而且，还得到了员工的强烈共鸣，点燃起企业上下一心、共对困境、彻底变革的激情。

只有冷静下来，才能直面问题的本质。

国际化并购的确令 TCL 背上沉重的包袱。出售给 TCL 之前，汤姆逊的电视业务 2003 年就亏损了 1.85 亿欧元，约合人民币 17.32 亿元，原本就是一个"烫手山芋"。

不过，李东生深刻地意识到："这两年国际化中经历的挫折和困难，证明我们要建立一个有竞争力的跨国企业，要真正走出去，并能够打赢，还有很大欠缺，而最大的欠缺就在我们内部。我们企业内部的观念、体系、系统、流程都要有一个升华和改变。”

就拿欧洲彩电业务来说，TCL 合并汤姆逊彩电业务的初期，李东生将主要精力放在北美业务扭亏上，而对欧洲业务的困难关注不够。2005 年初，欧洲团队作出了当年 1000 万美元的盈利预测，下半年却严重偏离了计划，当年亏损接近 8000 多万美元，而 TCL 总部直至次年 3 月才确认。2006 年六七月份，李东生果断地撤换了欧洲彩电业务的管理团队，并派得力干将严勇和阎飞飞赴欧洲，重新制订欧洲业务重组计划。

欧洲彩电市场迅速向平板电视转型，也给“国际化”进程之中的 TCL“百上加斤”。原来 TTE 欧洲公司的管理体系只适合 CRT 时代，组织庞大、周转速度慢。平板电视的模组价格一年内下跌了 40%，而 TTE 欧洲公司的库存周期是 132 天，意味着价格下跌 12%。“这是灾难性的”，李东生说，另一方面，平板技术开发不足，新品延误三个月，导致 2006 年上半年欧洲彩电业务亏损更严重，“这个教训很深刻”。

这只能说明，TCL 当时对跨国业务的监控能力、全球供应链的管理能力以及对产业趋势的判断，都是有所欠缺的。

因此，李东生在《鹰之重生》系列文章的结语中指出，“虽然业务亏损主要来自欧美业务，但要改善问题，有 80%需要我们提升自身的系统核心能力。”

他以 TCL 手机为例说，国内业务一直很艰难，但通过并购阿尔卡特的手机业务，其海外业务从 2006 年一季度起就实现扭亏为盈，通过并购重组获得的技术、管理和渠道客户资源，使 TCL 成为国内最大的 GSM 产品出口的品牌企业，国际业务增长成为企业成长的主要动力。

“我们是能够通过国际化经营来提高竞争力的。”李东生写道，“国际化不应该成为我们业绩达不到目标的借口，相反是促进我们竞争力提高、团队管理能力提高的压力和动力！”

绝地反击 >>

改变世界最短的路就是改变自己。在冰冷的“寒冬”，TCL 开始绝地反击。

2007 年 TCL 集团召开的第一个重大会议，外界也许想不到，居然是“质量创新大会”。

“质量是落实‘受人尊敬’企业愿景的关键切入点，没有哪一家企业是因为产品质量不好而受到人们尊敬的。”面对 TCL 旗下各企业总经理、部门经理及员工代表300多人，李东生如此训话。

一个不可回避的严峻现实是，由于近年人员流动较大、对顾客需求关注不够等原因，TCL彩电2006年的故障率有所上升；而TCL手机也因质量等问题，其国内销量从2003年的接近1000万部，下降至2006年的不足200万部。对此，李东生在内部会议上直言不讳。

“2006年以来，集团通过一系列的活动，推进和实施文化变革创新。经过多次研讨，我们重新定义了TCL的核心文化理念，首次把‘受人尊敬’作为企业核心价值观写入了企业的愿景，其核心思想就是要使产品和品牌得到顾客的信任，使企业得到社会的尊重，使员工以企业、以自己的品牌为荣。”

李东生在《质量铸造品牌，品牌成就未来》的主题报告中，要求旗下各企业的管理者带头推进质量文化的传承和创新。会议最后，TCL15位产业主管共同宣誓“卧薪尝胆练内功，心无旁骛抓质量”。

尽管这没有海尔集团首席执行官张瑞敏当年当众砸烂不合格冰箱的场面，但也充分表达了TCL维护产品质量“生命线”的决心。

而紧接着在2007年2月初的“TCL集团全球经理人大会”上，李东生开始“亮剑”。强化业绩导向，务求全年扭亏为盈，成为大会主题。19家受考核企业的负责人均签订了2007年责任状。李东生发话：责任书就是军令状，“失了街亭就该斩马谡”。

当时，其实已经有人“下马”了。TCL海外业务“开荒牛”之一的易春雨，已不再担任TCL新兴市场业务中心总经理，2007年7月31日他辞任TCL集团副总裁。与他几乎同时辞职的还有曾有TCL“少帅”之称的TCL电脑业务原总经理杨伟强，不久，TCL电脑业务也易手他人。

易春雨早在1998年就负责组建TCL集团国际事业部，并带领TCL第一批“远征军”开赴越南及东南亚其他区域市场，在国际化经营拓展方面积累了近十年工作经验；他还曾同时兼任TCL新兴市场16家海外分支机构的董事会主席。

无奈，由于日系厂商退出CRT彩电，在发展中国家降价倾销，2006年国际市场CRT彩电价格下降50%以上。TCL的新兴市场业务由连续5年的持续赢利转为亏损。

李东生不得不要求重整新兴市场：在印度等一些未来有潜力的市场放慢扩张步伐，稳定投入；对一些市场价值不确定的区域，选择收缩或退出；同时要求减少应收账款和存货。

同样收缩的是电脑业务。2007年6月，TCL重新调整了定向增发方案，不再按原计划向电脑业务增资1.5亿元。同年11月29日，TCL以6000万元，转让了它所持TCL电脑科技有限公司82%的股权，从而避免将TCL电脑当年3000多万元的亏损并入TCL集团的财务报表。

对于鹰之重生，李东生曾说，“就我个人而言，就是如何让自己的心态发生变化。如何从感性管理走到理性管理，这是我的一个痛苦转变，就像拨掉羽毛、磨掉喙一样。”

TCL 鼎盛之时，各路诸侯均名震一方。TCL 手机的万明坚、TCL 电脑的杨伟强、TCL 海外业务的易春雨……如今，“诸侯”们纷纷离去，TCL 彩电原来的负责人赵忠尧、史万文，现在仍为 TCL 集团的副总裁，不过已分别“换岗”去负责部品集团、物流与服务业务群。

2005 年 6 月，在美国有超过 13 年无线通讯领域工作经验的刘飞，接替万明坚出任 TCL 通讯的 CEO；2007 年 9 月，曾在飞利浦工作长达 28 年的梁耀荣，获任 TCL 多媒体的 CEO，越来越多具有国际化背景的人才担当要职。

李东生的管理思想也发生了深刻的变化。2004 年 6 月 2 日，李东生带领他的核心团队亮相广州，为招募全球 2200 名人才造势。论及团队协调，李东生当时说，一山不一定不能容二虎，关键是在一个大山下，你能提供很多的小山，每个山头如果都有一只虎，他们一起咆啸起来，会是很不得了的事。

时至今日，国际化的磨炼却让李东生坚决摒弃“山头主义”。2007 年 9 月 11 日，在惠州南昆山举行的高层战略研讨会上，李东生深切地指出，过往 TCL 强调授权经营与企业家精神，这在一定程度上也导致了预算与计划管理能力的弱化，今后我们必须强化预算计划和执行力，实行三年滚动预算，同时建立长期有效、公平合理的约束激励机制，减少企业管理中出现的博弈。

2007 年 5 月 28 日，在 TCL 集团 2006 年年度股东大会上，呈现在股东面前厚厚一本的《TCL 集团 2006 年年度报告》的封面上，印着的是一只正在红红烈火中涅槃重生的凤凰。

这只重生的凤凰，正以全新的品牌理念，重新厘定自己的发展方向。2007 年 6 月，李东生启动了 TCL 集团全新的品牌战略：“The Creative Life”——创意感动生活。除去表面字眼，TCL 的核心战略便是回归“以消费者为中心”，要让消费者感动。

李东生曾向记者解释道，过往中国企业具备成本优势，但是随着外资企业纷纷来华设厂，中国企业的成本优势正在逐步削弱。因此，不能再单纯依赖低价格了，必须走差异化的道路，必须提升品牌的溢价能力。怎么提升呢?

“我们需要一整套系统来落实”，李东生说，简而言之为“三力一系统”，即设计力、品质力、营销力和消费者洞察系统。首先要设计出具有时尚、亲和使用体验的产品；其次，品质力则需关注消费体验的每一个细节；营销也必须以消费者满意度为导向；而贯穿“三力”的便是消费者洞察系统。

李东生说，“我们过去的成本、速度等优势，一下子就被国际品牌的品牌优势所汰换。如果我们希望 TCL 能在中国的土壤上基业长青，或是能赶超国际品牌，那么我们能凭借的最大机会，就是我们比别人更了解我们的消费者。”而 TCL 消费者洞察系统的特色就在于“洞悉人性，察觉需求”。

返璞归真 >>

衣带渐宽终不悔；独上西楼，望断天涯路；蓦然回首，那人却在灯火阑珊处。以这几句古诗来形容李东生对国际化事业追求境界的变迁，可以说再适合不过了。

令他欣慰的是，经历国际化的艰苦磨炼，2008 年 3 月 15 日，TCL 终于迎来了三年以来的首份盈利年报。2007 年，TCL 实现净利润 3.10 亿元，结束了过去连续两年的亏损，摘掉了“*ST”帽子，正式步入良性发展的新阶段。

不过，TCL 集团 2007 年实现销售收入 390.63 亿元，比前年下降了约 20%。过去一直强调规模的李东生，现在显然更明白：盈利比规模更重要。

而 2003 年 7 月，李东生曾在 TCL 内部发表《龙腾寰宇虎跃神州——通过‘龙虎计划’建立 TCL 国际竞争力》的演讲。他提出，TCL 未来十年的发展目标为“创建世界级的中国企业”，今天起就必须以世界级企业的标准要求自己。

在论及世界级企业的标准时，李东生将主要业务的生产规模和销售收入达到全球前列，放在第一位。他说，“大”不一定“强”，但不“大”一定不“强”。因此，TCL 定下了 2010 年达到 1500 亿元销售收入的目标。所谓“龙虎计划”就是彩电和手机业务三五年内进入全球前五名；家电、信息和电子照明以及部品、文化产业三五年内做到国内领先。

如今，“龙虎计划”没有再被李东生提起。相反，李东生 2007 年在经理人大会、新入职大学生誓师大会等场合，却多次强调“有所为有所不为”。

继出售了电工和智能楼宇、电脑、低压电器等业务之后，2007 年年底，TCL 将集团的管理架构进一步精简为“4+2”模式，即多媒体、通讯、家电、部品四大产业集团和房地产与投资、物流与服务两个业务群。李东生坦言，这就是为了让资源投放更集中。

在回归核心业务的同时，李东生更强烈地认识到，必须创建自主品牌。“无论是国际市场还是国内市场，供大于求的矛盾越来越突出。品牌在成为开拓市场、占领市场的重要武器。”

李东生在其发表于 2007 年 9 月《求是》杂志上的一篇文章中更深切地指出，国际市场竞争从表面看是品牌的竞争，是信誉的竞争，是营销的竞争，实质上是企业治理能力、核心技术能力、行业控制能力的竞争。自主知名品牌的打造需要靠研发、靠技术、靠管理、靠企业文化。

目前，经过整合汤姆逊彩电和阿尔卡特手机的研发资源，以 TCL 工业研究院为核心的关键技术研发平台和专利管理体制已经初步成形。2007 年，TCL 自主研发的动态背光、自然光两项液晶电视核心技术及近百项相关技术获得国家专利，并已申请国际专利。其中，动态背光技术还授权给日本和台湾的芯片公司，这是TCL 第一个对外授权许可的自主发明专利。

治理结构方面，李东生大力吸引具有深厚国际化背景的人士进入 TCL 及旗下公司的董事局，完善科学的决策机制。这两年，曾在美国哈佛大学费正清东亚研究中心从事博士后研究的韩方明、法国 HEC 管理学院会计与管理控制系的终身教授，现任中欧国际工商学院会计学教授等，就任 TCL 集团的董事。

如何培养国际化人才梯队、点燃团队二次创业的激情，李东生也在反复思考。

在国际化最艰难的时期，TCL 于 2006 年 10 月 9 日起正式启动了旨在培养中层骨干梯队的“精鹰”工程。李东生坦言，TCL 实施全球化战略的瓶颈之一就是缺乏国际化人才。而国际化人才队伍，最重要的是来自企业内部的培养和提高。这几年的实践证明，仅仅依靠招募外来国际化人才是远远不够的，最重要的要靠企业内部自身的培养。

2007 年在与一期百名“精鹰”学员对话时，李东生还坦诚地指出过去几年TCL 激励机制上的缺憾——1996 年，TCL 提出了授权经营、股权激励的经营机制，这使得经营者可以分享经营过程中创造的资产增值的一部分。正是这种机制，在早期激励了员工，使得企业爆发出极大的活力。这个机制当时设定的有效期限是5 年，至 2001 年已经过期，乃至 2004 年 TCL 上市之后，产生了两种后果：一是2001 年后加盟的高管没有享受到股权的激励，而产生了不公平的心理；二是股权的增值部分，高管必须离职才能使其变现。结果，曾经产生积极作用的机制变成为负面因素。

所以，TCL 的激励机制再次“回归”长期激励。2008 年春节前后，TCL 在香港的两家上市公司 TCL 多媒体和 TCL 通讯同时推出“金手铐计划”：TCL 多媒体投入 5000 万港元，对 200 名经理奖励该公司合共 2%的股权；TCL 通讯也以 3900万港元购入约 1.2 亿股该公司股份，奖励 100 名骨干员工。这两个股权激励计划同样为期 10 年，以留住人才、激励骨干。

TCL 近年的国际化之路充满了荆棘坎坷。不过，风雨过去见彩虹。2007 年，TCL 的品牌价值首次突破 400 亿大关，达到 401.36 亿元，并保持了全球第四大电视生产商的地位。2008 年第一季，TCL 继续保持盈利势头，获得净利润 4.49 亿元，扣除非经常性损益后的净利润为 3018 万元；5 月 19 日，TCL 集团（000100.SZ）事隔一年半，重新被纳入深证 100 指数。

“创建自主品牌，需要有持之以恒的精神支撑。创造中国的自主品牌，需要靠企业日复一日地积累，需要始终不渝的坚定信念。”李东生此言发自肺腑。

我们仿佛看到，一只化羽重生的鹰，在国际化的征程上再次展翅翱翔。

《第一财经日报》王珍

梁稳根

大师语录 >>

行业竞争力优于企业竞争力，要懂得怎么做一个行业的老大。

在很多人眼里，三一集团是个谜：民企身份的三一集团，生产的主导产品建筑机械、路面机械、挖掘机械、桩工机械、起重机械、煤炭机械、港口机械等的年产值已超过100亿元人民币。核心企业三一重工已成为市值高达620亿元（2007年10月22日）的中国工程机械第一股。而2005年前，放眼全国，三一重工却并非如雷贯耳。

让它声名鹊起的是两个事件——2005年第一家推进股权分置改革、2006年炒作收购徐工事件。这两个看似不搭界的事件，却有着异曲同工之妙——紧紧扣住了国家的政策趋向。前者让三一成为证券市场的宠儿，后者则让三一成为了是次资本收购的最佳男配角。湖南人“敢为人先，好勇斗狠”的政治天赋是有目共睹的，但一个企业的运作却也能紧紧把握政治的脉搏，这不能不让人称奇叹服。

在很多人眼里，三一集团的创始人梁稳根更是个谜：从砸掉铁饭碗到白手起家艰苦创业，从一度陷入绝境到成为湖南首富，从私营企业主到民营企业家再到十七大代表，梁稳根的成长经历，使他成为属于我们这个时代的新闻人物。业界说他是“创业英雄”，学者称他为“改革英雄”，同行赞他是“创新英雄”，而他却自称“是大个体户”。

这其中，就难道没有一些必然的因素？

管理学家吉姆柯林斯在《从优秀到卓越》一书中讲了一个道理：为什么看起来很笨的刺猬能够战胜狐狸，因为刺猬专心于一种能力的培养，而狐狸之所以不能胜利源于它太聪明，只想通过“计谋”获得胜利。

梁稳根就是这样一只“刺猬”，创业22载，他一直潜心于产品力的修炼。诚如他所说：对个人而言，产品寄托着每一个三一人的理想与追求；对我们企业而言，产品则承载着三一所有的荣誉与梦想；对我们国家而言，产品是雄厚国力的物化表征；对人类社会而言，产品是时代进步的标志。

发现产品力：品质改变世界 >>

梁稳根是恢复高考后的第二年考入中南大学金属材料系的，1983年，他被分配到兵器工业部洪源机械厂工作，两年后下海。梁稳根后来回忆说，当时他曾做好了失败的准备，“如果经商失败了，我就去做两件事：一是写一本书——《此路不通》，以此来告诫像我们一样冲动的年轻人；二是一起到落后的山村去当先生，教书育人”。

“我们贩过羊，失败了；做过酒，也失败了；做过玻璃纤维，仍然失败了！”不喜欢向外界谈及其创业史的梁稳根，却喜欢在说他创业之初的艰难时，提到那勉强换回路费的几只羊。

梁稳根掘得的“第一桶金”是选择了焊接材料作为突破口——这正是他的特长，其基地设在他的老家——湖南娄底涟源。

20世纪90年代初，面对当时国内巨大的基础建设投入，梁稳根捕捉到重工制造领域巨大的市场潜力，并成为挺进该行业的民企第一人。1993年，三一进军长沙，梁稳根将他们的企业更名为三一集团。

三一重工创业之初，梁稳根曾十分迷茫。他曾经在同在长沙的远大空调的示范效应下，准备进军中央空调领域，但几番波折后，梁稳根放弃了这个在他看来市场规模还不够宏大的行业。后来经过几个月的市场调查，三一惊奇地发现一片壮阔的蓝海呈现在面前，他发现高压力、大排量才是中国混凝土机械市场应该增加和创造的两个新元素。

大家都知道蓝海战略里有四个步骤：剔除、减少、增加、创造。那么三一是如何找出增加和创造的新元素的？首先三一发现国内的建筑物普遍比较高，因此建筑方很看重混凝土输送的高度，甚至把它当作混凝土机械商实力的象征。

更重要的是在商混不断普及的今天，混凝土机械并不为施工方所有，而是为商混公司所有，他们为了提高效益，要缩短工期，必须要大排量。因此高压力和大排量就是中国这个特定市场下的蓝海。随着这两项元素的增加和创造，三一的市场份额节节攀升，到2006年已经达到了58%，成为混凝土行业的“泵王”。

与此同时三一又增加了稳定性、可靠性、智能化、节能等新元素，产品的售价在比第二名高出一定比例的基础上，市场占有率仍然遥遥领先，牢牢占据中国第一品牌的地位，这些都源于三一给客户提供了价值。2006年的调查发现，客户的利润是三一制造商的两倍，这就是最好的证明。

混凝土输送机械蓝海的发现，更增加了三一继续寻找蓝海的信心。结果三一又在桩工机械和大吨位的起重机械领域发现了新的蓝海。被国外视为禁区的青藏铁路施工，创造了一个中国神奇，而这一神奇的创造者当中不乏三一人的身影。按传统的施工方法，要打好地基必须破坏冻土层，而这正是施工的禁区。三一的旋挖钻机巧妙地解决了在不破坏冻土层的情况下把基础打深、打牢的难题。青藏铁路的成功，奠定了三一桩工机械的中国第一品牌地位。

同样，在高吨位的起重机领域，三一发现尽管市场的需要量不是很大，但价格很高，一台动辄千万元。更何况随着国内核电站、大型发电站的蓬勃发展，需求也在逐步地攀升。三一人通过几年的努力终于拿下了这一蓝海，首例400吨的履带起重机被誉为“神州第一吊”，继而又推出了900吨，2009年即将推出1600吨。

产品领域蓝海的不断开阔，使三一把它延伸到了服务领域。工程机械的使用直接关系到工程的质量、工期、造价等，尽管这些年中国工程机械的水平有了很大的提高，但与世界巨头相比还是有一定的差距。要保证施工的稳定性和可靠性，施工质量、工期和造价，哪怕是一丁点儿的差距，三一也用超值服务来弥补，这就是三一的蓝海。

三一实行了保姆式的服务和增值性服务，保姆式服务包括终身维修，24小时随叫随到和分享技术进步以及定期保养；所谓增值性的服务包括了培训操作手、管理的输出、巡检与供应商联手、一对一的培训等。尤其是三一推出的ECC系统，利用GPS全球定位手段进行监控，大大地提升了三一的服务水平和服务手段。

这些年三一能够后来居上，成长为工程机械行业的一棵大树，不仅仅是因为他们的经营思想暗合了蓝海战略，更是因为他们发现了产品力。

每个人都会思考一个问题——“怎么活着才有意义”；每个企业也必须清楚——“如何经营才有社会价值”。如果连自己存在的理由和价值都找不到，哪里谈得上生存和发展呢。

有记者问及三一应该如何发展，向社会贡献什么才最有价值，才能赢得社会的广泛认同，真正实现产业报国的理想?

梁稳根答道：对于以制造业为主的三一来说，在致力于用高新技术改造传统产业的过程中，不断追求和创造出品质卓越的产品和服务，并以此来促使行业升级换代至世界一流水准，引领行业发展，进而广泛影响人们的生产、工作或生活方式，为人类文明的进步做出贡献。这才是三一应该不断追求的核心价值。简而言之，就是通过创造卓越品质推动人类文明的进步，即“品质改变世界”。

打造产品力：中国制造的世界高度 >>

基础工业的落后，必然要让中国工程机械行业走过一段曲折辛酸的历史。在20世纪90年代，国际工程机械知名企业开始大举进军中国市场，对中国工程机械行业产生了巨大的冲击，传统企业的倒闭、合资企业的不欢而散，有些子行业几乎遭受了灭顶之灾，挖掘机、混凝土机械等就是典型。

当时，中国的泵车特别是长臂架泵车市场几乎被国外品牌所垄断，国外品牌的市场占有率高达90%。用惯了高品质的洋产品，客户对民族品牌产品有着苛刻的要求，这对国内企业是一个巨大的挑战，只有全方位地超越，才能打败国际知名品牌。以三一为首的民族品牌在与普茨迈斯特、施维英等国际知名品牌的对抗中展现了不凡的魅力，发起了一场民族品牌保卫战。

早期面对国际巨头对核心技术进行控制的局面，梁稳根做出大胆决定，采用通用元器件取代专用元器件，终于打破技术垄断，拥有了自主的知识产权。当时国内 37 米的泵车臂架需从日本进口，进口一个臂架要花 130 万元，通过自主研发，三一重工自产的泵车臂架成本价只有 30 万元，竞争力自然无敌。

时至今日，在中国混凝土输送设备市场，国产产品早已替代进口，而三一重工则以 45%以上的份额遥遥领先。随着臂架等核心技术的研制成功，特别是随着近年来混凝土泵送技术的产业化，中国的泵车市场，民族品牌与国外品牌终于乾坤倒转，市场占有率分别由过去的 10%与 90%，转变为 90%与 10%，其中三一的泵车就占据了国内市场的 55.6%，成为同类产品的第一品牌，全球排名三甲之列。

“在一个充分竞争的产业里，产业的平均利润率会不断下滑，没有自主知识产权，单靠简单的加工制造是难以拥有持续赢利能力的。”梁稳根说，“三一重工这些年产品力持续强大的法宝，就在于坚持不断的技术创新。”

从一家做金刚石轧机的小型民营企业发展到今天的规模，三一的技术研发速度公认是国内工程机械行业最快的，这与其投入力度密不可分。三一多年将销售收入的 5%投入技术创新，是行业平均水平的 3 倍以上。

投入最大的是人才，原北京自动化研究所液压所主任易小刚在跟三一进行项目合作时，三一想尽办法吸引其加盟，现在他是“三一的股东和技术负责人”，任三一集团首席科学家和第一副总裁。

专利检索可以发现，三一在发明专利与实用新型专利申请量上均两倍于同行业第二的中联重科。2007 年 9 月，三一在三一工业城展示自己研发的 66 米长臂泵车，并获得世界吉尼斯总部颁发的“世界第一臂架吉尼斯世界纪录”证书。

臂架技术是混凝土泵车的一项关键技术，世界上能够生产 56 米臂架泵车的也只有大象、施维英、三一等少数几个工程机械企业。这台 66 米泵车拥有 15 项核心技术，填补了世界这一领域的很多空白。

美国自由女神像代表着“自由的高度”，埃及金字塔代表着“文明的高度”，耶稣象征“信仰的高度”，祈年殿寓意着“荣耀的高度”，2007 年 12 月 10 日，三一重工则以 492 米的现代建筑新高向世界证明了“品质的高度”。

当天，上海环球金融中心宾朋云集。万众瞩目之下，三一重工的 HBT90CH 超高压拖泵将混凝土一次泵送至 492 米的施工高度。至此，享有“泵王”美誉的三一泵刷新了自己 5 年前在香港国际金融中心创下的单泵垂直泵送 406 米的世界纪录。

对此，惯有学者风范的三一集团首席科学家易小刚放出豪言：“三一泵目前泵送 800 米高度不成问题。”易小刚充满自信地说，三一泵还将不断刷新自己创造的纪录，即将迎接的挑战包括 610 米的“世界第一塔”广州电视塔、98 层的欧洲第一高楼俄罗斯联邦大厦等。

为打造强大的产品力，梁稳根精心设计了三一“四创”、“六高”的创新体系。

“四创”即技术创新、管理创新、营销创新和文化创新。

首先是技术创新。技术创新是先导，是尖刀，它构筑的是一流的产品。

第二是管理创新。通过管理创新提升传统产业。三一已全面实施 ERP。

第三是营销创新。营销创新以拓展国内外市场为目标，充分利用当地资源发展三一产业，由跨国经营向跨国公司转变。所谓国际本土化，就是利用三一的核心技术、三一的品牌，充分整合当地优势资源，汇聚在三一品牌之下。

第四是文化创新。三一把文化创新作为基业长青、打造百年老店的根基。三一文化的核心理念是：品质改变世界、帮助员工成功、一切为了客户。

在上述“四创”中，蕴涵了一个“六高”的良性循环体系，集中体现在技术创新上。

第一，高投入。包括硬件上的高投入、软件上的高投入和激励上的高投入。

硬件上，2006 年一座占地面积 17000 平方米、总投资 3600 万元的研发大楼在三一落成。这是目前中国业内建筑面积最大、设施最先进的专门用于工程机械产品研发的建筑。

软件上，三一研发人员以计算机三维设计为基本工作手段，采用 CAD、CAE、PDM、CAPP 等先进技术，实现全过程交互式并行设计、研究、开发，所有技术人员都可以通过强大的研发平台进行异地同步设计。目前，三一的研发力量足以支持每年 150 亿元的销售规模。

激励上，三一实施股权、期权、研发项目激励措施，极大地调动了研发技术人员的积极性。近年，先后有 30 多位研发项目带头人获赠公司股票。在他们之中诞生出了百万富翁、千万富翁、亿万富翁。

第二，高人才集聚。三一通过一系列卓有成效的激励措施，尤其是“帮助员工成功”等理念汇集了一大批工程机械行业精英。在思想上重视的同时，更重要的是人才晋升渠道的通畅，这是三一高技术人才聚集的法宝。

第三，高创新成果。正因为汇集了行业高素质人才，三一不断推出具有国内和世界领先技术的研发成果，创造了一系列的“国内第一”和“世界第一”。

第四，高转化率。三一将实施专利战略，加强专利保护当作提高科技水平，保持自身优势，参与市场竞争，开拓并占领市场的重要手段。近年来，三一主导产品混凝土输送泵、泵车所申请的 58 项专利已 100%转化为生产力，成为三一重工新的经济增长点。

第五，高品牌。2006 年初，三一重工摘取了国家科技进步二等奖，三一商标被认定为“中国驰名商标”，混凝土泵车系列被评为“中国名牌”，拖泵被评为国家免检产品。三一集团以 16 个百分点的涨幅位列品牌“2006 中外品牌美誉度涨幅百强榜”49 位，为中国工程机械行业唯一一家上榜企业。

第六，高收益。高投入、高人才集聚、高创新成果、高转化率、高品牌最终带来了高收益。2007 年，三一集团实现销售收入 135 亿元，超过上年 65%，实现利润 40.2 亿元，为历年利润总和，海外销售收入突破 2 亿美元。优良的市场业绩，凸显了三一行业领跑者的风采。

高投入——高人才集聚——高创新成果——高转化率——高品牌——高收益，这是一条逻辑性极强的良性循环链，如此生生不息，循环不已，促进着三一不断创新发展其产品力的历史性进程。

对于企业做大做强的愿景实现途径，梁稳根倾向于依托自身造血功能拾级而上，而不是依靠并购。“我们整合其他企业文化、公共关系的能力相对于开发企业核心产品的能力不是很强，而且，我个人认为，我国并购重组的法律文化环境还不成熟。”梁稳根选择的自力更生道路注定崎岖坎坷。

“我是一个有梦想的人，三一要成为一个标志性的企业。在资本市场，要成为一个标志性的企业；在行业内，做一个有着极强竞争力极强品牌优势的企业。”语毕，梁稳根站起身来凝视窗外，旁若无人。

正是为了实现这看上去犹如天方夜谭的宏大目标，以梁稳根为核心的三一团队十年来一直过着苦行僧的生活。

尽管三一重工的董事高管都驾乘奔驰 S320 上班，但他们的座骑更多时候只是为了彰显公司的实力而已。因为，他们数年来都无一例外地住在长沙郊外公司大院的“高级”筒子楼里，每天晚上 10 点准时睡觉，早上 6 点准时起床，一如当初艰苦创业时的模样。每天早上 7 点半雷打不动的早会（中层以上干部参加），中午高管亦在一起用餐，只有晚上这些“苦行僧”才有机会和家人团聚共享天伦之乐。

“企业要参与国际竞争，中国的企业家必须要付出比欧美发达国家同仁更多的努力，因为我们自身的素质和视野显然还不够。这是很辛苦的事，但就像母亲抚养孩子，除了责任还有快乐。”对于为何要如此不尽人情地发奋图强，每天坚持一小时学习一小时运动的梁稳根有此解释。

提升产品力：从世界工厂到世界级企业 >>

至 2007 年，国内工程机械行业依然企业众多，同质化竞争导致的价格战异常激烈，大家都面临“成长的烦恼”。世界工程机械 50 强中虽有徐工、中联、三一等 7 家中国企业，但总销售额约 650 亿元，仅占全球 50 强销售总额的 6.5%。摆脱低水平竞争的压力，走出微利困局，是所有中国工程机械企业的愿望。

梁稳根应对此种竞争形势的策略，与他非常欣赏的华为任正非极为相像：发挥民营企业的速度和效率优势，大力技术创新和拓展新业务，同时依靠成本优势和产品质量在广阔的国际市场挖宝掘金。

“人类因梦想而伟大，人生因梦想而富有意义。我的梦想是种植一块中华民族工业的试验田，铸造中国的世界名牌”。

现在，梁稳根目光所及都是世界一流的企业，他所要做的就是不断缩小与这些企业的差距，并最终超越他们，让三一早日成为世界500强。梁稳根说，三一重工主导产品即将涵盖混凝土机械、黑色路面机械、履带起重机械、挖掘机械和桩工机械等五大类系列工程机械，力争在这五大类产品上都做到国内第一，成为真正的中国工程机械行业的标志性企业，成为世界级的工程机械王国。

有一次，梁稳根对全体员工讲了这样一个故事。

国外有位富豪，在临终前往保险柜存了100万美元，剩余财富全捐给了社会。这位富翁同时提出一个问题：穷人最缺少的是什么？如果谁答对，将获得这100万美元。

结果，一个年仅13岁的小孩得到了这笔巨款。他的答案只有两个字：梦想！

梁稳根对此极为推崇。在他眼里，任何伟大的成功都不会降临到一个安于现状、不思进取的人身上。幸运的机会，只会光顾那些敢于梦想、敢于创新的人。所以，“三一”信条的第一条就是：人类因梦想而伟大。

在21世纪人类文明的盛宴中，13亿人口的中国再也不能依赖日本的相机、美国的软件、德国的混凝土泵。三一作为第一家进入重工机械行业的中国民营企业，在通往世界500强的路上，会迈出怎样的步伐？

“三一不但要将产品销往世界各地，还要将工厂建到工程机械制造业的发达国家去！”这就是梁稳根当下之思路。梁稳根认为，国际化经营不是企业发展的捷径和目标，而是循序渐进的突破，是实现企业目标的必由之路。

2006年11月23日，三一与印度马哈拉斯特拉邦政府签订协议，由三一在孟买附近的普纳投资6000万美元建设工程机械制造基地。这是截至目前中资企业在印度最大的一笔直接投资，这一项目还得到了国家主席胡锦涛的特别祝福。

三一在印度项目达产后，可形成年产混凝土泵车60台、拖式混凝土输送泵150台、混凝土搅拌站50台、混凝土搅拌车350台、平地机150台、其他工程机械产品300台的生产能力，预计投资收益率可达30.40%。

2007年9月12日，三一重工与美国乔治亚州政府正式签署投资6000万美元建设工程机械制造基地的投资备忘录。根据协议，三一将在美国乔治亚州桃树市征地1600亩，投资6000万美元，建立美国研发、制造中心，生产三一成熟的、具有质量和成本竞争优势的产品，进一步辐射加拿大、墨西哥市场，计划五年内实现5亿美元的产能。

“我们为什么要到美国建厂呢？”梁稳根解释道，“把工厂建到当地，就是为了更进一步贴近市场。说得简单一点，就是为了更准确了解当地客户的需要。我不知道北美的客户需要什么样的机器，北美使用的工程机械和中国工程机械是不是一样的”？

“如果中国的菜和北美的那个菜是不一样的，我们的厨师就要到美国去做。要做出符合北美口味的那个佳肴，来满足北美客户的需要。这就是为了满足特定客户的特定需求，也是为了抢占更大的市场。我们除了在美国、印度建厂，还准备在比利时、欧洲和巴西这些地方投资建立我们的工厂。”

许多中国企业在海外扩张过程中都遭遇到了挫折，甚至造成灭顶之灾。三一投资海外，会一帆风顺吗?

梁稳根深有感触地说，在美国，除了签证问题，最大的问题应该是企业文化冲突。但欧美市场作为全球最大的市场之一，三一不能放弃，所以再难也要去。他说，去的方法有两种：一是通过并购北美企业，二是自己去办企业。

梁稳根认为，自己征地办企业，经营会更加顺利。目前，三一进入美国或其他国家，都是采用本土化策略，派一名董事长，挂一面中国国旗，员工皆为北美的人才、印度的人才，或欧洲的人才。这样，就会减少经营上的文化冲突。

领袖必须具备三种素质，一是对事业炽烈的热情，二是有某着精神和理想的支配，三是具有超级的判断力和洞察力。只有这种情、意、知三者平衡地结合在一起的人，才有资格做好领袖。领袖人物拥有一种明亮而刺眼的光辉，一种不再对别人察言观色的从容，一种无须声张的厚实，一种并不陡峭的高度。

毫无疑问，梁稳根在三一更多扮演着领袖的角色，而不像企业家，更不是商人。他不把赚钱放在第一位，虽然公司拥有大片土地，但却对做房地产赚钱的简单游戏不屑一顾。

梁稳根以领袖的高于企业家的功利人生的姿态，凭内心的兴趣和永不衰减、永无止境的梦想，伴随三一风生水起!

然而，打江山容易守江山难乎。因为没有国产泵车，所以有了全力以赴的37米泵车；因为有了世界纪录的刺激，所以有了66米的新世界纪录。当将新的世界纪录揽入怀中时，压力也自然而然地转到了自己的肩上，如何让自己的脚步永远成为别人方向的引领，梁稳根和他的三一或许需要在新的高度思考新的起点：66米传奇之后，路在何方?

在2008年初召开的三一集团三亚董事会上，梁稳根喊出了口号：到2012年，三一集团销售收入将达到800亿至1000亿元。“保守点，也要达到800个亿。”这或许就是他产品力的下一个高度。

《21世纪经济报道》夏晓柏

三一重工集团宣传部　李翼

牛根生

大师语录 >>

从无到有，满足个人，这是小快乐；从有到无，回馈社会，这才是大的快乐。

自2005年卸下CEO一职，他添了几样新爱好：打网球、打高尔夫。早上八点，穿着运动服的他做完早操，打算在接待完记者后，去网球中心松松筋骨。这间位于行政楼的董事长办公室，他的脚已经有一个月没跨进来。

若是记者问他有关蒙牛现在内部管理问题，他会提醒你："我现在只是董事长，运营方面的问题，你该去问CEO杨文俊。"外部战略问题、品牌维护、做慈善公益事业，才是他现在的工作重心。

你依旧能看到他频繁地出现在央视的商业财经节目，他拍环保公益短片，到泰国去考察，在美国哈佛大学谈社会责任……

不管出现在什么地方，牛根生依然三句话不离"蒙牛"。

一家特殊的企业>>

这是一家很特殊的民营企业，这个人也是一个很特殊的民营企业老板。

蒙牛是一家民营公司。在发起的第一天，公司的创始人们就按筹措资金的比例分清楚了各自的股份。照前副总孙玉斌的比喻："蛋糕还没开始动手做，还在画饼的时候，我们就分好了。"

此外，它的做派像是一家国字号的企业，更确切点说，类似一家"合作社"：公司内部实现"三权分置"——党委是与董事会、经营班子同级的部门；公司在成立不久就设立工会，员工们享受诸多"单位"式的福利——成本价的公司自建员工住宅、各项补贴、免费午餐等40多项福利，等等。

蒙牛的企业文化也带着浓厚的单位色彩。在蒙牛员工住宅区，职工公寓的布置整齐划一，朝南方向的玻璃阳台直通客厅，白天一律拉开帘子；阳台玻璃上贴着"五好家庭"的标示。在蒙牛内部，有集体婚礼，最大的一次规模达136对(据知是"全球最多")，搞家庭建设。

公司内部宣扬的是"财聚人散、财散人聚"的思想。牛根生对自己的部下一向慷慨，动辄拿出几十万、上百万，他还制定每一级干部要关心到"下三层"、向他们常送礼广散财的规矩。

乍一看，三资企业的经济制度，和社会主义的意识形态，在蒙牛这里找到了一个结合的模式。也只有读懂了这一层，才能真正理解蒙牛是家怎么样的企业，明白牛根生究竟是个什么人。

对于蒙牛的国字色彩，牛根生归结为"血缘"。蒙牛管理层的每个人都是从一出校门就进入国营厂工作，从来没有接触过民营企业。“等我们一下子从国营企业被免职，出来做企业，所作所为，都是学国营企业的那一套做法。”唯一的区别就是国家没投入一分钱。

牛根生认为，相比所有人缺位的国有企业，蒙牛才是真正意义上的公众公司——资本社会化，生产社会化，管理层需要对股东负责。

蒙牛内部设立的党委和工会，能很好地帮蒙牛统一内部思想。员工若是对公司有了不满，习惯找党委、找工会，这比西方现代企业中天然的劳资对立自然强得多。另外，可以想象得到，在中国现实环境里，一家设有“党委领导”的民营企业是有生存远见的。

有意模糊“蒙牛”这个品牌的民营属性，则是在当时环境下的一个市场策略。在很长一段时间里，有关民营企业制造假冒伪劣产品的新闻充斥报纸和电视台，大部分消费者们认为，国字号的产品能让他们更放心。

当然，它还是一家“民”字号的企业。亲兄弟，明算账。蒙牛创业伊始就把丑话撂到前头——关于利益分配问题，关于直系亲属不得进公司问题。那个时候，大家没想到“无形资产入股”的概念。谁拿出的钱多，谁占的股份就多。前总工程师邱连军就谦虚地认为，自己才能不是最突出的，就是因为当时相信跟着老牛没错，拿出60万家底，结果成了10位大股东之一。

在草创阶段，受创业梦想激励的合作者们很少会去计较利益得失，也没有多少利益可以计较。待着蛋糕做大之后，利益分配的冲突就在所难免，这往往造成企业发展甚至生存的危机。

蒙牛的管理层都是跟随牛根生干了几十年的老部下，彼此间亲如兄弟。然而，牛根生经常煞风景地提醒他们，没有永恒的朋友，只有永恒的利益。孙玉斌回忆：“他常常跟我们说，不要以为你们现在跟我走得近，如果有人给你们更多利益，难保我们之间最后会越来越疏远。”

1958年出生的牛根生，早年遭际极为坎坷，未满月时被一个背景复杂的家庭收养。在学校里，听着“无产主义”教育；回到家后，曾当过国民党军官姨太太的养母则向他灌输“一家人怎么从一头牛、一亩地勤劳致富，最后成为地主”的财富积累故事。

蒙牛的造势 >>

“透明”经济

在中国企业中，很少有比蒙牛更爱造势、更能造势的了。它似乎很乐意把自己完完全全地摆在你面前。

这本不算奇怪。很多企业在还不知名的时候，为了迅速塑造品牌、打开市场，老板和创始人基本会有一段在媒体上频繁曝光的时期。然而，一旦企业发展到一定规模，这些人就消失在公众视线之外。

曝光率是一把双刃剑。置身于众目睽睽中，就等于把自己放在显微镜下，稍有不留神的，就会引火上身。

就目前看来，蒙牛幸运得很，基本没因为“透明”在媒体上摔过跟头。

蒙牛是首批国家级工业旅游示范点。不管是谁，只要提前预约并带上身份证，就可以到蒙牛的工业园区畅通无阻地参观。工厂在建造之初，就专门设计供参观使用的环形通道。蒙牛总部有一个专门负责对外接待参观的公众和媒体的部门，目前有 13 个专职人员。顺着参观通道，来访者一目了然地看到一包包特仑苏、一箱箱酸酸乳是怎么消毒、罐装、封包、打包、库存的。

在六期的样板生产工厂，唯有顶楼有两三扇门是关闭着的——那是生物研发中心的几个有技术保密需要的实验室。除此之外，蒙牛内部一览无遗。

至于来采访蒙牛的媒体记者，除了例行的蒙牛“全球样板工厂”、现代化牧场、污水处理工程、全球最大的沼气发电项目和员工住宅区等等，你甚至还可以到牛根生自己家里去做做客。

这就是牛根生所谓的“参观经济”。但凡参观过蒙牛的工厂、牧场的消费者，几乎无一例外成为蒙牛产品的消费者；但凡参观蒙牛的诸多学者和到过老牛家的记者，很难不对蒙牛产生一些好感。

这个概念是西式的。牛根生的想法却很超前。早在伊利时代，在他开始当车间主任的时候，他就动手开始做了。在物力有限、条件简陋的情况下，牛根生在加工车间里搞了一个平台，搭了一架铁梯，来访者们顺着往上爬就能看到当时伊利简陋的生产过程。

“我做什么事都喜欢透明，希望别人能够理解。媒体、消费者亲眼来看看，他们就放得下心。”牛根生这么解释着自己，“再造势，如果有虚假的部分，都不会长久。”

企业的个性就是创始人、一把手的个性。

关于蒙牛的造势，牛根生很坦荡地将之归结为自己爱张扬的天性。应该说，他是个张扬于企业十倍的人。蒙牛如今全部资产约 100 亿元（2007 年销售收入达 213 亿元，成为全国乳业总冠军），但是，把牛根生放到千亿身家的企业家群中，他也豪不逊色。

“有心栽花”和“无心插柳”

一群特殊的人，处于一个特殊的时期，在一个特殊的地方，似乎该做成一些特殊的事。

蒙牛创业班底，基本是当时被伊利扫地出门的骨干，他们无论从才干、技术到市场经验的积累都已经很成熟，要做成一个乳业公司不会太难。在与老东家的恩恩怨怨和竞争对手的围追堵截下，在短短几年间南征北战、攻城略地，打造出一个强势品牌，这才是一个奇迹。

“他是一头牛，却跑出了火箭的速度”，这是央视“中国经济年度人物”对牛根生的颁奖词：1999 年白手起家，9 年后把蒙牛的年销售收入做到 200 多亿元，9 年的年均业绩增长达 121%，投资回报率保守估计也在 100 倍以上。

疾速奔跑中的蒙牛，发动的很多次品牌营销大战，都可以成为商学院的经典案例。

有心栽花

2003 年这一年，中国经历最大的一件政治新闻事件——首次载人航天飞机“神舟”五号上天。

有着政治头脑和经济头脑的牛根生敏锐地感觉到，这将是本世纪初中国最大的一笔垄断性资源，混杂着民族自豪情绪、国力展示等等因素，蒙牛要牢牢抓住这个千载难逢的机会。经过送选后，蒙牛牛奶被确定为“中国航天员专用牛奶”。

在牛根生的部署下，一场超大规模、耗资巨大、覆盖海陆空的“航天员专用牛奶告知行动”开始筹划和布局。6 月下旬到 7 月下旬，蒙牛向全国知名广告公司及知名策划人发出征集方案邀请，应征公司达 31 家，经过筛选，共有 15 家入围，接着，又是连续三天马拉松式的比稿。

一边是苦心筹划，一边是惴惴不安的心情——若非等到“神舟”五号成功发射、航天员最后顺利返回地面，消息将封锁，也就意味着蒙牛之前的所有投入打了水漂。

2003 年 10 月 15 日，“神舟”五号在一团烈焰中冲天而起。据《蒙牛内幕》披露，16 日凌晨 2 点，牛根生打开电视机，候着。40 多个城市的候车亭广告在等着，近万家超市的宣传物料在候着，几百家报纸的广告在那里搁着，印好的包装也在那里躺着，蒙牛的几万人手也都等着……

当画面中，航天员杨利伟从返回舱中走出来的时候，身经百战的老牛竟然惊叫出来。

“神五”一落地，四十家核心城市的路牌广告整齐地推出，亿万家超市，数十家电视台播出 30 秒长幅广告，数百家报纸报道……几乎一夜间，蒙牛的航空公益广告铺天盖地袭来，在北京、上海、广州等各大城市的主要路道。

后来等有机会见到杨利伟本人时，牛根生的情绪竟然很激动。他告诉杨利伟，除了他的至亲和领导，我对你的事情最关心，“因为在你身上寄托了我们蒙牛人的心血，还有我牛根生的个人价值实现。”

正如媒体所言，“中国首次载人航天的成功，让人们记住了‘神五’，记住了杨利伟，同时也记住了‘蒙牛’”。“宇航员喝的牛奶”的品质概念甚至打动了老外。在泰国召开的 APEC 峰会上，几个国家的企业当场提出进口蒙牛产品。

这一年，“蒙牛航空奶事件营销”被业内评为“中国十大广告运动”之一。

无心插柳

如果说，“航空牛奶”是蒙牛一朵苦心栽培的花，那 2005 年湖南卫视选秀节目“超级女声”就是一株无心种出来的“柳”。

这是一个后来被商学院、社会学家、各界研究学者反复拿来研究的非常案例，耗去口水、笔墨无数。湖南卫视和天娱传媒出尽风头。然而，2005 年超级女声的最大受益者并不是勇猛大胆电视湘军——尽管七场超级女声总决赛的平均收视率列为第一名，击败了传统的老大——中央电视台，湖南台从超女活动中获得的广告、手机短信等直接受益仅为 1 亿元。

蒙牛才是真正头号的赢家。借着铺天盖地的超女攻势，酸酸乳当年销售量由 2004 年的 7 亿元增长到 25 亿元，增长率 257%，一跃成为中国乳饮料的第一品牌。带着超女概念，蒙牛香港的股价也一度高涨。

整个超女过程，牛根生都没有过问。他到后来都没搞清楚——2005 年超级女声前三甲是谁，张含韵又是谁。其间，老牛还闹出过一个超级大笑话。新浪 2005 网络盛典年度评选颁奖晚会，作为当年被网民所推选的两个品牌人物之一，牛根生去领奖。现场围着很多人，他认出前面这个是龙永图，右边那个是刘德华，但在他的左边，坐着一个面孔完全陌生的短发女孩子。后来，牛根生才知道，这个短发女孩就是 2005 年超级女声总冠军、当年上了《时代》杂志亚洲版封面的超级人气王——李宇春。

按蒙牛内部的规矩，营销费用如果不超过总销售收入的 7%，牛根生不会过问。整个“超女”的营销计划是蒙牛液态奶市场部的功劳。2004 年 9 月底，当时负责液态奶事业部的杨文俊召集部下到他家里，琢磨着怎么把当时销售量尚处第二位的乳饮料搞上去。于是，湖南台向他们推荐了 2005 年的超级女声。

超女后来的爆发，完全超过了蒙牛之前的想象，超出了牛根生的想象。蒙牛的运气太好了，好得让同行、让任何其他行业的企业们妒忌得眼睛发红。

单个事件的偶然，孕育着历史的必然。有人评价说，擅长造势的蒙牛在 2005 年捡到这么大一个宝贝，这只是一个概率问题。

世界潮流概念 >>

经历了“草原概念”、“炒作概念”和“超女概念”，如今，牛根生希望把蒙牛塑造成“引领世界潮流”的国际化大企业形象。从生产、原料、牧场、加工、研发到环保，“全球样板工厂”、“全球最大的畜禽类沼气发电厂”、“万头奶牛国际牧场”、污水处理厂都是从这个概念延伸出来的。他心中有一幅画，这幅画上，山更绿，水更清，天更蓝，民更富……

老牛的确很时髦，虽然不听超级女声，却总能抓得住最新的产业趋势。

他在蒙牛内部牵头做一个18000亩的荒山绿化工程。蒙牛高管根据各自的经济实力，认领荒山，出资负责绿化。在黄沙满地的荒地上，经过几个月培育的苗圃郁郁葱葱，灌溉用水的管道已经铺设好，正准备把苗圃里的各种长绿松苗移栽到因缺水而荒化的山头。值得一提的是，这万亩荒山中，有1600亩是贫瘠的斜坡耕地，农民们在这里广种薄收；牛根生按照国家“退耕还林”的规定，给这些农民补足了退耕款，然后又约定，地的所有权仍然属于农民，而蒙牛高管在这些地上所栽的树的所有权也归农民。

最近的一件事让老牛很是为自己小小得意了一把。不久前，他作为中国企业家俱乐部轮值理事长接待了特地来和中国企业家交流的“全球气候大使”布莱尔。老牛的一番发言，使这位前英国首相听得一愣一愣的。“我跟他说，我去过南极，跟他谈到了南极洲平均厚度达2000米的积冰是个巨大的淡水库，却不再参与地球的水循环。但真要是气候变暖让它融化了，那问题更严重，海平面平均上涨60米，大量的沿海城市将被淹没。”“我还和他说，您在位时，曾经听过布什不少的话；现在您下来了，布什也快下来了，等他下来后，我希望他能听上一次您的话，也做做气候环保的事……但在他做这件事之前，千万别忘了让他在《京都议定书》上签了字后再下来……”

牛根生曾和公司管理层私下谈过企业做公益的问题。他个人觉得，衡量一个企业是否履行社会责任，宜用“行为标准”，而不宜用“动机标准”。做公益也要讲可持续发展，如果只有公益没有收益，只出不入，那就无法形成良性循环，只能进行单向性乃至一次性的“断头公益”；而只有形成“公益——收益——公益”的良性循环、永续循环，才能完成可持续发展的“千头公益”、“万头公益”。

接班人问题 >>

按牛根生三年前的设想，如果条件成熟，2008 年将是他担任董事长的最后一年。

让企业和品牌得以基业长青，是中国所有企业面临的难题。第一代企业领袖完成创业后，为企业找到能力、才干、品格等各方面条件满意的接班人，是这个难题中的关键环节。柳传志有这样的问题，张瑞敏也有这样的困惑。

“相马不如赛马。”牛根生对张瑞敏的人才观颇为认同——企业领导者的要务不是去发现人才，而是去建立一个可以出人才的机制，并维持这个机制健康持久的运行。这种人才机制应该给每个人相同的竞争机会，充分挖掘每个人的潜质。

主管冰淇淋事业本部的孙玉斌和主管液态奶事业本部的杨文俊，是蒙牛内部最有可能成为老牛接班人的两个人选。他们年龄相仿，曾跟着牛根生征战二十来年，从工人做起一直到第二、第三把手，是老牛最得力的臂膀。

在伊利时期，孙玉斌是厂长，杨文俊是车间主任，后来伊利组建液态奶事业部，牛根生就把杨文俊推出去做负责人。在蒙牛，冰淇淋、液态奶两个事业本部刚开始业绩不相上下；到后来，液态奶的业绩越走越好，超过了冰淇淋，前者的规模超出后者约九倍。

业绩是硬梆梆的指标。此外，“杨文俊做事毫不徇私情，强硬，不客气；孙玉斌会顾及情面，有些退缩犹豫”。杨文俊在早期想去做技术，牛根生跟他说，你做技术永远走不到头，如果你去做管理，你可以走到你想要到达的巅峰。“他的思维很活跃，头脑活，反应快，口才好，个性执著、很刻苦，对开创性的东西有激情。但要做技术的话，就需要另外的性格了。”

牛根生的眼光一度不只放在蒙牛内部。2005 年，蒙牛举办了一次面向全球的招聘 CEO。当时，共有 60 个人来自 9 个国家的高级管理人才参与了竞争。蒙牛内部，除杨文俊外，另有两个销售经理、一个奶品事业部的副总。经过层层笔试、面试和现场答辩等等，最后，杨文俊以最高分胜出。

一位蒙牛内部人透露——这次面向全球的招聘是动了真格的，绝非 PR 攻势。

不可否认的是，在蒙牛这么一种特殊的“民企加国企”的企业文化里，外头来的职业经理人很难真正认同和生存下来。牛根生也承认：“企业目前的规模，的确还不适合引进职业经理人。管理人才主要还得依靠内部培养。”

有意思的是，杨文俊走马上任后不久，孙玉斌主动向牛根生提出辞去冰淇淋本部负责人一职。“杨文俊过去一直是我的部下，现在他是 CEO，我是他的部下，我担心在公司管理上会给他带来不方便”。这也是事实，在那一个时期，杨文俊基本不过问冰淇淋事业部的事。

“其实，不会有什么想不通的。牛总辞去总裁时自己才 47 岁，凭他的能力，董事长、CEO 都兼着一点问题都没问题，他还是把 CEO 的位置让出来。”谈到自己主动的退出，孙玉斌解释。

依靠“经济利益保障”，结合同志们个人的“思想觉悟”，特别是老牛自己的榜样力量，牛根生基本顺畅地解决了老人问题，为进入下一个发展阶段的蒙牛扫清了障碍。

“至于我什么时候退下来，一要看大环境的发展情况，二要看有没有人能接替我的位置，三要看着眼百年老店的制度建设情况。”目前，牛根生对目前的权力架构还比较满意，“我们三人形成了一个稳固的三角关系：在董事会，我是董事长，他们两个是执行董事；在党委，孙玉斌是党委书记，杨文俊和我分别是第一、第二副书记；在运营部门，杨文俊是总裁。”

“如果以后有人接任我的位置，譬如杨文俊来做董事长，那他就得放弃现在手头的权，还必须找到一个能顶替他位置的人。如果是在我们三人之外的人来做董事长，那要看他们两个是否认可，如果他们认同，那我就赞成。”“有孙玉斌保驾护航，有我战略支持，问题就不大。”

管理学研究表明，企业发展到一定规模后，危机主要来自决策。

企业第一代创业型领袖的眼光、气量、胆略和才干，后来的继任者们或许真的难以超越。要培养出最理想的接班人，还需要假以时日，再加上一点运气。但是，构建一个架构合理的核心团队和决策制度，是牛根生现在能想得到和做得到的。

天字底下的头一号私心 >>

“传家有道唯存厚，处世无奇但率真。”

这是牛根生最推崇的清末商人胡雪岩的一副对子。当时，牛根生如获至宝，想找人写了，贴在自己家中。琢磨了好久，想给这幅对子配上一个方向性的横批。

看中国商人的传记故事是老牛的爱好。看了《大染房》、《乔家大院》，除了感同身受的击节叹息，他常常感到疑惑——“像陈六子、乔致庸这些这么有本事的人，怎么就没有一个有好下场呢?”

他琢磨来琢磨去，花了好长的时间，终于找到了四个字——“家系国运”。“乔致庸这么有大能耐的人，连慈禧太后逃难的时候，都要由他家接驾，还是没有好下场，那是个必然——那是乱世，连皇帝都在逃难。”

如今，这一副对子和横批就贴在牛根生家的大门上。

近些年，思考中国的近代历史、世界史，成为老牛的新爱好。蒙牛的成功，他牛根生的个人成就，不过是因为遭际一段特殊的历史时期，抓住了时代能给个体的最好礼物——机遇。

人都是历史的囚徒。牛根生觉得自己和蒙牛都很幸运。

在 2005 年年初，牛根生宣布了一个爆炸性的消息，将自己和家人在蒙牛的全部股份捐出，在他百年之后，妻子、儿女只领取不低于北京、上海、广州三地平均工资的月生活费。

三年多来，无论国内国外的媒体记者，在哈佛商学院，至今，还有人带着不解和怀疑，不断地追问他——为什么把所有股份都捐掉？就是巴菲特、比尔·盖茨这样超级富人把钱拿出来做慈善，也不是老牛你这么个“裸捐”作派。

如果说这么做，是为蒙牛和他自己赚取知名度和美誉度，那么，牛根生再懂得造势，这个代价付得也太大了。

辉煌艰深的现代经济学理论之塔建立在两个最基本的前提之上：社会资源是稀缺的，每一个个体都是尽其所能地追求自身效用的最大满足。那么，老牛的真实动机又是什么？

他坦露心机：“这是我的一个私心。我是天下私心最大的人。只不过，我这个私心，别人看不明白”。他认识到，这个社会的财富都是前人积累起的，都白白地让不相干的后人享用着。没人能独占财富，也没有人能带走财富。“秦始皇给自己造了这么大一个墓，清朝皇帝的故宫，现在究竟是谁在用呢？”

人占有不了财富，财富却改变、操纵了很多人的命运。世界上 80%的喜剧和金钱无关，世界上 80%的悲剧都和金钱有关。

但是，在自己生前就把股份捐出来成立老牛基金会，意义就不同了。“等我百年之后，百年蒙牛还在，千年老牛基金也还在。从老牛基金会中受益的人都会记得‘老牛’这个‘千古傻名’，一古脑拿出东西的傻名。你说，最大的受益人不也有我老牛么？”

人的最大自我实现是什么？——老牛说：“从无到有，满足个人，这是小的快乐；从有到无，回馈社会，这才是大的快乐。”

《南方人物周刊》徐琳玲

中国品牌大师

尹明善

大师语录 >>

一个没有品牌的企业，注定是没有生命力的。而质量是品牌的基础，只有一流的质量才能塑造一流的品牌。

55年“一不小心”>>

尹明善55岁入行。1985年他辞去重庆出版社编辑的工作，下海做了个体户。如今，尹“一不小心，成了亿万富翁”。

1992年，尹明善九个人起家创办力帆集团。目前，集团有员工13715余人。2007年销售收入121.6亿元，出口创汇4.096亿美元，生产发动机306万台，专利拥有量4061项，上述四项指标均居全国同行领先地位。眼下，力帆正在大举进攻汽车产业。力帆集团的未来目标是打造“百亿力帆，百年力帆”。

尹明善自称“带着‘原罪’降临在人世上的”，因为出生在重庆涪陵一个小地主家庭。解放初，被“运动”到郊外一座荒山上，在一间被人弃置的茅屋里，尹明善与50多岁的老母相依为命。为了谋生，尹借了5角钱，卖起针头线脑。

12岁时，一个卖鸡蛋的年轻人让尹明善发现了自己的“资本运作天才”——“我发觉我和他的资本流向刚好是相反的，因为我的资金流向是从城里到乡下，他的资金流向是从乡下到城里”。

于是他便和那个年轻人商量，两人的资金合在一处，尹明善把在乡下卖针得来的钱都交给他，这样他可以多收购一些鸡蛋，到重庆他卖掉鸡蛋后再把钱交给尹明善，这样尹明善又可以多进些针头线脑。一年下来，尹明善居然赚了几十元钱，当时可谓天文数字。

有了这“第一桶金”，尹明善放心地离开老母，去重庆求学。

据说直到今天，重庆一中一位老教师见到他时还不无惋惜：如果不是历史的错误，你会成为一名出色的数学家。1958年春天“反右”复查，正在读高三的尹明善因被揭发有右派言论而被踢出学校，1961年升格为反革命，发配到塑料厂监督劳动。朋友反目，恋人断交，从此牛鬼蛇神一做20多年，进步年年无望，运动场场有份。1979年，41岁的尹明善，终于被摘掉了“反革命”的帽子。尹明善说，自己当时就想“我还年轻！姜子牙81岁出山，我今年41岁，一切都并不算晚”。几年后，他开始自己创业。一颗商业明星由此冉冉升起。

“聪明的猫会保持蹲伏的姿态” >>

“我想起一则寓言：一只猫刚走进一间屋子，一阵风吹来，门自动关上，猫被困在屋里。怨天尤人，困兽犹斗是徒劳的，聪明的猫会时时保持蹲伏的姿态，等待一阵风再度吹开这扇门时，一跃而起。我就是这样一只待机而动的猫。”尹说。

“在工厂劳动期间，我有两大怪：一是学什么都特别快，当时学车工是三年出师，我只要一个星期，两星期就可以带徒弟。原因很简单，别人下班休息的时候，我却在恶补有关车工的书籍。第二怪是工作效率特别高，别人给鞋修毛边一天撑死了30多双，我却能修150双，说穿了也不稀奇，我在工作前先花时间设计和改造工具，工具改进了，速度自然有保障……”

“关注我的人都喜欢了解我最辉煌的这一段：我55岁之后，如何从一个万元户变成中国前50位的亿万富翁，实际这只是冰山显露出来的一角。没有前面这些挫折和奋进，也不可能成就现在的我。之所以我没像许多人那样，被历史尘封20多年后，变成一堆‘活化石’，就因为我一直在挑战，向环境，向命运，向自己”。

十一届三中全会让尹明善“开始了堂堂正正做人的日子”。尹明善下海前，曾当过大学英语教师、出版编辑，也搞过企业管理咨询和二渠道书刊批发经营。尹明善回忆说，那时，自己在全国都是最优秀的编辑，所以一当书商就成功了——其策划的《一角钱丛书》火爆一时，发行量突破千万册。

20世纪90年代的山城以摩托车闻名，“嘉陵”和“建设”如两只猛虎雄踞了行业老大老二的位子，此外，还有一大批生产销售摩托车及配件的民营企业，如隆鑫、宗申等等，人称“摩托帮”。

55岁的尹明善此时准备入行。

尹明善自有逻辑。

“当时的摩托车市场热浪灼人，但发动机一直是瓶颈”。国内只有50毫升和70毫升两个型号，其余大多从日本进口。

“当时嘉陵和建设虽然实力强大，但他们不重视产品的技术创新，一款车要卖十多年”。尹断言，只要力帆能够造出嘉陵和建设没有的新东西，力帆就不愁打不开市场。短暂的原始积累过后，尹明善有了500多万元资金，他拿出50万元搞开发，研制出全国第一台100毫升四冲程发动机。消息传出，浙江钱江集团主动上门要求一年包销8万台。接着尹明善又一鼓作气，投资100万元开发出100毫升电启发动机。尹明善此役搏回3100万元。

20 世纪 90 年代后期，众多摩托车企业在国内市场血拼价格，此时的尹明善已经把目光投向了海外。2001 年，力帆集团出口创汇 2.02 亿美元，在全国摩托车企业中首家出口创汇突破 1 亿美元，成为全国当之无愧的摩托车出口老大。2005 年力帆出口 2.6 亿美元，出口量占到总销售量的 35%，利润却占到 75%。

“创新、出口、信誉好”是尹明善自奉的三件宝。尹明善成了一个异常奔波忙碌的人，他自定时间分配为一年在厂内 1/3、国内 1/3、国外 1/3。

关于足球 >>

给我一个杠杆，我就能撬动地球。

在尹的产业链中，足球是一根举足轻重的杠杆。

“投资力帆足球整整三年，力帆集团花了多少钱？现金 1.7 亿元。”尹明善说，“作为一个民营企业家，有人说我老尹是个傻子，1.7 亿元一年的利息就是 300 多万元，够我尹家人吃好多年了。从这个角度看，钱花得有点傻。但是力帆在买足球俱乐部之前，辛辛苦苦地干了 8 年，全国最多有 2000 万人知道力帆，主要是摩托车消费者。现在知道力帆的至少有 3 亿人，因为中国有 3 亿球迷。我把这个现象叫作：八年寒窗无人问，力帆一球天下闻。这个效果每年花几千万作广告都达不到。”

在尹明善眼中，一个企业从“卖产品”到“卖品牌”是一个质的飞跃。他说：“质量可以复制，服务可以复制，只有品牌不可复制。所以一个企业要千方百计地提高知名度、美誉度。广东惠州的一家企业是力帆争取三年都未成功的客户，可后来对方主动要求订货，原因很简单：能搞足球，说明力帆长大了。”

尹明善举了一个例：“越南市场曾经是日本摩托车的天下，但‘力帆’摩托一度占据了越南市场的龙头地位，为什么？一个重要原因就是力帆俱乐部把越南的头号球星黎玄德租借来踢球，这是第一个越南球员在国外拿钞票。2001 年 10 月他进了一个球，越南全国的报纸都在欢呼，这是一个多大的品牌效应。因为涉足足球，乌拉圭一个客商就认定力帆是一个大企业，我们从此打开了美洲市场。”

关于慈善 >>

“于我自身，于我力帆，于我中国企业家，我要大声诉说：社会，你造就了我们。社会，我们感谢您！社会，我们应当回报你。”尹明善一直积极参加慈善事业，并多次呼吁企业家应该承担更多的社会责任。截至 2008 年 3 月，力帆集团向社会累计捐赠 6084 余万元。

致富思源，富而思进。

“企业家回报社会以何为重？以何为上？答曰：富而思进。把企业做大做强，纳更多的税，提供更多的就业岗位，创造更多的社会财富。积极参与光彩事业，光彩社会之光彩，光彩人生之光彩。”

尹明善历来对孩子有一种特殊的感情，他说，孩子是祖国的未来和希望，少年强则国强。因此，他每到一个地方都要挤出时间去与孩子亲热，询问学习和生活情况，当他看到西部地区还有很多乡村没有学校或校舍破旧的情况后，决定在短时间内捐建 100 所“光彩小学”，让更多的孩子们在宽敞明亮的课堂内学习。于是，从 2005 年春天开始，便实施他的“光彩计划”。截至 2007 年底，力帆已建光彩学校 83 所。

2008 年 5 月 12 日下午，四川汶川发生 8 级强烈地震，重庆市梁平、垫江、荣昌和铜梁也都不同程度发生灾情。13 日一大早，尹明善就自己驾车，到了 200 多公里外受灾的梁平小学。面对断壁残垣，尹明善当即决定：由力帆集团出资，帮助当地两所受灾的学校进行重建，将来让这两所学校的硬件、软件都不比城里的学校条件差，让孩子们能在良好的教学环境中长大。

2005 年 11 月，尹明善荣获由国家民政部和中华慈善总会颁布的“中华慈善奖”，成为重庆市唯一获此殊荣的企业家。2007 年 12 月 28 日，尹明善董事长当选“中国十大光彩人物”。

从政“是另一门学问”>>

2008 年 1 月 12 日，尹明善当选为重庆市政协副主席，成为中国实行改革开放后首位进入省级政协领导班子的私营企业家。当选为政协副主席后，尹明善曾表示，干脆将企业卖掉，以利自己集中精力专心从政，但是有关部门不同意，告诉他说，作为非公经济的代表，不仅要把政务做好，而且还要把企业经营得比以前更好。

由企业家到政协副主席，尹明善说，从政是另一种学问。

从一个什么级别也没有的商人，一步成为高级领导干部而没有任何过渡，尹明善明确表示，由商入仕，对这一巨大的角色变换自己还没能适应：“任务太艰巨，意义太深远。这不仅仅是个人人生历程的变化，而是国家民主政治建设和非公经济发展的大事。”他用“诚惶诚恐”来形容自己的压力之大。

在任期间，各种各样的公务活动已挤占了尹明善的绝大多数时间。有人建议他一些小一点的会就不用参加了，尹明善却坚持，“因为自己的出席不仅代表市里对经济发展的支持，更重要的是一个学习的过程。”尹明善表示已经为力帆集团物色了一批优秀的职业经理人，从而使自己得以从具体的企业事务中抽身而出。

他向外界多次承诺的是，绝不以权谋私。

在每年的全国“两会”上，尹明善都会准备数件提案，“自己参政议政和工作的活力丝毫不会逊于别人。”尹明善说。

总结自己的从政经历，尹明善概括为：发展而非对抗。

对中国非公经济人士进入政界，一部分人曾有这样那样的传言和期盼，他们以为，中国的非公经济人士不会跟共产党走，不会坚持社会主义。“然而他们的估计错了。”尹明善说。

尹明善在多个场合强调：中国的民营企业得以有今天，最重要的就是依靠党的政策。

尹明善指出，更为重要的一点是，作为中国民营经济最强烈的政治诉求——发展，正与党所倡导的和谐社会、全面小康不谋而合。既然政治上的目标一致，就绝不会形成对抗。

尹明善表示，成为民营企业主后，他向共产党靠拢的愿望更加强烈。据说当时全国大约有 10 万党员先入党、后下海成了民营企业主，且可以继续保持共产党员的身份，而像他这样先当企业主之后就不能入党，政策上的悖论让他满腔热情难以变为现实。

“那么，现在非公经济人士最期盼的就是十七大这一系列政策的落实，”尹明善说，“而在现实中，还有很多人，包括许多当政者观念上还有许多疑义。只有把思想统一到十七大的认识上来，并在法律制度上加以完善，私营经济的发展诉求才能真正得到实现。”

毫无疑问，民营企业家是先富起来的群体，那么，他们参与政治，会否形成所谓的“富人政治”。对此，尹明善表示，新的一届党中央上任伊始，便提出了“两个务必”，即务必继续保持谦虚谨慎、戒骄戒躁的作风；务必保持艰苦奋斗的作风。作为改革开放的受益者，私营企业家必须意识到当前分配不公、收入悬殊的客观存在。“我们在广大民众的目光中生存，骄奢淫逸、为富不仁，只能引起社会不满乃至对立。”所以“两个务必”对民营企业家来说适逢其时，不该花的钱不花，而是投入到产业中去。

“如果这两个问题解决不好，我这个试点就失去了意义，”尹明善说。对自己人生角色的变幻，尹明善用了八个字来概括：意料之外，情理之中。

家族企业50年不变>>

家族是企业的资源还是障碍？家族企业用人是任人唯亲还是唯贤是举？家族企业谁说了算？在人们对家族企业的一片诟病声中，身价4200万美元的重庆力帆集团老板尹明善却挺身而出，为家族企业辩护，捍卫家族企业的合理性。

尹明善估计，中国的家族企业制度还会延续50年。与许多民营企业的老板一样，尹明善是家族企业的维护者：任人唯亲为了稳定，任人唯贤是为了发展。当然，家族企业是指家族控股，并非家族管理。

为什么是家族？

尹明善的答案是：家族成员是不动产和最可靠的资源。

为什么对家族成员如此信任？尹明善觉得这有太多的理由。最直接的就是法制还不健全，不能保护你的商业机密和知识产权。"让他人掌握你企业的技术核心机密，很危险，他完全可以随时拿走，造成企业不稳定。我国的法律对此没有明文规定，商业机密拿出去是正常的，不拿出去反而不正常，我只有靠家族才能稳定，家人背叛的可能性小，稳定的成本就低。"

第二个影响尹明善用人的是：家族企业是把宗族当资源来用的，家族成员是一个不动产和随处可取的可靠资源——之所以如此，是因为容易从家族成员处获得信任，然后获得资金以及经验，甚至还有一些无法说清楚的无偿付出——尽管这些付出有些后来就成为家族企业内部利益纠纷的因由。

在外部环境还不如人意的情况下，尹明善就靠自己想办法了："这叫贤亲并举。任人唯亲是为了稳定，任人唯贤是为了发展。"尹明善说他从不唱高调说我一个家里人都不用，他认为他的这个做法"最符合中国的实际"。

尹家成员在管理核心层不到5%，总裁、副总裁大概十多个人中，他家成员有两个。几位财务总监都是非家庭成员。

企业内部如何监督？尹明善的办法是老子看管儿子。

尹明善很清楚人们对家族企业的质疑。"为了稳定，你就会走向极端，认为'忠诚'比'才能'更要紧，如果再发展下去就会出现'无才'比'人才'更可贵了。这导致了许多家族企业人才匮乏、用人不公、企业内部没有好环境，最终丧失企业竞争力和人心。"

尹明善的办法很中国式：责己严、责人宽，对自家人更严。"比如待遇，同样的工种，我的家人拿钱少，外人拿得多。因为我跟他们讲清楚了：你的饭碗可靠，少拿一点没问题，他们的饭碗不一定可靠，虽然他拿得很高。如他有什么不忠诚就炒他鱿鱼。家里人没法炒，比如我儿子，只能调离岗位，不可能不让他做我儿子。我尽量说服我的家族成员尊重非家族的成员，让他们掌大权。”

尹明善认为，在企业内部也应有监督亲属的机制，比如俩弟兄之间的平衡。但现在是尹明善唯一的女儿远在英国读书，妹妹就不监督哥哥。“我太太、侄子、侄女婿都可以起到这个作用。但最后还是我自己在监督和管理，所以什么样的先进制度到最后还要靠人。”

尹明善承认自己是企业的精神领袖，“他们对我有很大的依赖，所以我的决策争取不出错，说话要特别留心，好在我的大错误很少，小错误难免。能做到今天是因为我勤于动脑，思虑在先。人家三年五年才能认识到的事情我们早就想到了。在 1992 年时我就谈创新，那时还没几个人说这个词，我们已经拼命干了。我今天能长这么大就是我开发了许多新产品。”

民企第一债>>

在中国，民营企业借债的名声并不算好，曾经臭大街的“三金”、“三乱”酿出的连锁事件更加让老百姓揣紧钱袋。“他们还不起不会有政府担着”，这是不少国人对私企的惯性思维。

怎样打破信任的坚冰？尹明善的解决之道是做了再说。

力帆探路始于 1999 年。

1999 年 6 月 24 日，经国家计委和重庆市计委批准，由人民银行重庆营业部监管，中信证券承销，急需资金的力帆发行了首期总额 5000 万，年利率为 5.8%的三年期无记名企业债券。资金用于两个项目：摩托车发动机改造及新型发动机开发，以形成发动机 150 万台和摩托车 50 万辆的生产能力。力帆在可行性报告中称：这两个项目总投资为 1.488 亿元。其中力帆以自身积累资金投入 7134 万元，本次发行债券 5000 万元，其余部分由企业自筹资金解决。

当时力帆与重庆市计委“大胆创新”推行了偿债准备金制度——从发行债券的第 19 个月开始，力帆在每月的销售收入中提取部分资金，作为本金及利息存入兑付债券的商业银行，每月存入额度逐步递增。前 3 个月每月存入 100 万元，最后两个月达到 500 万元和 670 万元。

一期债券连本带息力帆付了 5870 万元。力帆并不否认这是个保险但吃力的做法，“所融资金实际使用时间远远不到 3 年，必须使这笔资金每年产生 15%的效益，否则本息支付都很困难”。

但“借钱”的效益也是明摆着的。随后几年内，力帆建成了检测设备、发动机组装线等 40 余条，连同理化计量大楼等土建项目，已基本完成原可行性报告中的 1.4 亿元投资。摩托车及发动机产量年递增 50%左右，大大超过了预测产量。

但值得推敲的是，按照现行的《企业债券管理暂行条例》，民营企业并不在放开之列——力帆如何绕过这道政策壁垒？

采访中，重庆市计委资金处詹处长抖落一段往事——“力帆首期债券发行时虽然额度较小，不由国家计委批准，但考虑到其所有制性质比较敏感也有一些争议，我们上报了国家计委征求意见。国家计委指示：可以做，不争论、不宣传。为支持其发展，采用了一些‘模糊处理’的办法”。

债券的发行因此是在一种半地下的状态中“秘密进行”。但“公众认购非常踊跃，”詹说，“力帆在当时已经很有名气”。且相比当时2%的存款利息，5.8%是一个不低的回报。“这次发行带有试点性质，各方面评价积极，方向是对的”，“偿债准备金制度以前我们搞了十几年，这是第一次成功，风险控制较好，债券现在顺利兑付完毕”。

现在，尹明善揭晓了他梦想中的那个逻辑链条：发行债券背后更深层次的动力是什么？尹明善并不讳言外界关于力帆发行债券“是为上市资产打基础”的说法。

积极筹资谋发展 >>

2007年12月，在中欧国际工商学院参加“中国汽车产业高峰论坛”的重庆力帆控股有限公司董事长尹明善透露：到2015年，力帆需要再往汽车产业上投资45亿元，以达成年产40~50万辆的发展目标。重庆力帆将把摩托车业务、汽车业务和集团持有银行股打包置入上市公司实现集团的整体上市，从而实现汽车产业上的融资。

“现在我什么都不怕，就怕资金链断裂，所以，我们必须兢兢业业去算企业每一笔账，企业的生命太宝贵了”。

迅速做大做强，不是力帆轿车事业发展的快慢问题，而是生死问题。其推动力则是巨额资本。“作为一家民营企业，力帆筹集巨资的可能性只能寄托在资本市场。”

尹明善承认，利用自有资金去发展，已经无法做到企业迅速做强所必需的资金要求，必须寻找新的融资渠道，所以通过加快力帆上市融资步伐，再加上发行公司债和向开发银行借款等。尹明善说，在2015年前融资40亿元还是有希望的。“中国民营企业获取资金，是相对困难的，以前是小企业的时候，可以将每年赚的钱不断积累还用不完，但是汽车行业绝对不行，必须尽快打开资本市场大门。”

2006年力帆营业额达到103.95亿元，同比增长34%以上，其中作为绝对主力的摩托车产销业务，利润为1.8亿元。由此可见，单靠自身积累，力帆轿车要脱胎换骨几乎不可能。单是力帆已经启动的为年产15万辆车设计的二期工程，投资就达到14亿元，而其生产1.0～2.0L排量发动机的工厂也正在加紧建设，到处都需要钱。

尹明善十分羡慕国有汽车企业的实力和财力，“我们不能与一汽动辄数十亿元打造民族品牌的大手笔相比，但是小有小的活法，大有大的难处，力帆有自己的生存之道。我们都是从做小个体户上来的，每天都知道自己口袋里有多少钱。”

力帆后来，如何居上？“我经常讲这个话，世界经济史是一部后来居上的历史，明朝的时候中国是老大，后来被超越了；西方世界最早是西班牙、荷兰，后来是英国、美国，其实汽车发展史也是一部后来居上的历史，最先做到‘后来居上’的就是丰田，福特如今只有眼看着。中国老讲那句话，改变不分先后，造车不分早晚；因为我们有市场支撑。”

各种好坏参半或存在争议的因素，在尹明善的口中，都成了“利好”：燃油税出台？“相信它对自主品牌是一种支持。”交通拥堵？“鼓励买车、限制用车，是中国政策今后的发展方向，这是发达国家目前的现状所证明了的，所以，今后的相关产业政策对生产商没有太大影响。”民众购买力不强？“要提醒大家，好多人的收入无法统计；中国城市的白领大多有第二职业的收入，报上披露，一个普通中学辅导了四年的老师收入12万，12万可以买2.0的力帆轿车了”……

虽然坚信市场对汽车产品的庞大需求，但尹明善说自己已经避开了京津沪等一线城市的市场。“在那些市场，我是打得赢就打，打不赢就跑，”尹明善说，“避开是为了将来更大的发展，再说现在我也去不了啊，去了也是鸡蛋碰石头啊。”

力帆目前在广大的县级市中网罗消费者，爱引用毛泽东讲话的尹明善，走的是“农村包围城市”的路线，这也恰好是力帆摩托车产品目前畅销的一个市场。尹明善的解释是，县级市消费者，最看重产品的性价比而非品牌，但大城市的消费者55％看重品牌，在世界消费者中所占比例最高，既然这样，面对拥有豪华含金量的合资品牌，“力帆只好老老实实在县级市中拓展，那些合资品牌的利润率，远远高于自主品牌，如果华晨宝马是100元1斤，力帆520不过是35元1斤。就凭品牌，外资就轻松赚了钱。”

如何包围城市？尹明善把宝押在技术研发上，他认为这大约也是后发者可以赶超实力悬殊对手的重要路径。

“虽然重庆力帆的新车研发还比较脆弱，但企业目前已经有4000余条专利。我们是中国近年来4万家民营企业中拥有专利数量最多的。2007年力帆与英国利卡多公司签约，用1400万元去购买其数项发动机专利”。

现在的尹明善，出入已经坐进宽敞大气的中级车力帆620里，喜欢特立独行的这位老人，以这种姿态来象征自己与企业的共进退。

“当企业产值做到100亿美元时，我可以考虑写自传。”尹明善笑着说。

《南方都市报》 陈习龙

鲁冠球

大师语录 >>

只要你尽心、尽责、尽力去做一件事情，当别人工作5天，而你365天都不休息，别人在过年初一，而你还在接着干，那么你一定能成功，这就是我的成功秘诀。怨天尤人没有出路，消极悲观走向死路。天上不会掉下馅饼，地上没有免费的午餐，我们只有扎扎实实地干，一切都是干出来的。

胡润在他的《我和百富榜》一书里这样描绘和鲁冠球的一次见面："鲁冠球，两人对话竟动用两个翻译。"

鲁老一口萧山土话，不仅让胡润这个"中国通"一头雾水，就连胡润的中国助手听得也是云里雾里。因此，在见面的时候只能先让鲁冠球的秘书翻译成普通话，之后再由胡润的助手用英语讲给胡润。

起初看到胡润这样的描述，我觉得不以为然。"毕竟他是老外啊。"我心里想。直到与鲁老坐下来面对面聊天时，才真正体会到胡润当时的感受。

面前这位老者虽年过六旬，但精神却非常好。尽管他的萧山话有些让人听得不大明白，但他却讲得抑扬顿挫，底气十足。讲到兴奋处，他还会用一只手拍着我的肩膀，俯身凑近，用另一只手摇晃着大拇指大声地说："要有实力！"

当问到鲁老究竟什么时候会退休时，他掷地有声地回答："死了，病了，不能动了，脑子想不了就退。真的，我们这种人只要脑子在动，只要活着的话，就肯定在想事业。"

鲁老说："我真羡慕你们这些年轻人，知识面广、眼界开阔。像我，连普通话都不会讲。但是我能吃苦、肯干，到现在我也没有停止过学习，因为我知道，只要活着就不能停下来。"

风云篇：常青树梦想造万向汽车 >>

从胡润到中国制作百富榜以来，"鲁冠球"这个名字就从来没有在胡润的榜单上消失过。在 2007 年胡润百富榜上，鲁冠球的个人身家为 110 亿元人民币，这一数字比 2006 年时又增加了 20 亿元。鲁冠球所创建的万向集团不仅仅是通用、福特、克莱斯勒等世界 500 强企业的供货商，他在资本市场缔造的"万向系"，更是以 194 亿元的资产控制额，被称为中国内地资本市场控制榜第一家。

作为连续三届的全国人大代表，3 月 12 日下午，这位在中国企业界驰骋 40 多年的"常青树"，在"两会"间隙接受了本报记者专访，向记者勾勒了万向的过去、现在和未来。

20 亿投资农业

40 多年前，鲁冠球在钱塘江的荒滩上开始创业。今天，他并没有忘记依然生活在这片荒滩的人民。于是，他从田野走向世界，又从世界飞回田野，用工业赚来的钱投入农业发展。短短几年间，鲁冠球组建了万向三农集团，大踏步控股参股农业上市公司，还组建先进的远洋渔业船队，带领近海几千渔民奔赴印度洋、太平洋、大西洋，开辟远洋捕捞基地。目前，万向集团累计投资农业产业超过 20 亿元人民币，涉农员工 9000 多人，直接带动 40 多万农民就业，受益农民近 300 万人。

面对这样的成绩，鲁冠球充满自豪，他说："世界上历来就是富人赚穷人的钱，现在我们要倒过来，穷人要赚富人的钱。我还要把外国人的钱赚回来反哺中国的农业。""改革开放 30 年，农民生活大变样了，但离真正的富裕生活还有很长的距离。农业是中国的基础，只有农民富起来了，我们才能真正走上共同富裕的道路。"

与某些人不同，作为一名企业家、一个投资者，这位 63 岁的老者在记者面前显得非常坦诚。他毫无避讳地说："投资农业也要赚钱，因为凡是不能赚钱的东西都不能做。如果投资农业不能赚钱，那这项事业怎么做？怎么才能推进？但我们投资农业产业是让农民和我们一起赚到更多的钱，共同富裕。"

打造"万向系"

就在 2008 年两会开始前，鲁冠球的万向集团又刚刚斩获了进入破产重组程序的 S*ST 兰宝的实际控制权。至此，鲁冠球的"万向系"在国内资本市场所控制的上市公司已经达到四家，名正言顺地成为国内资本市场控制榜第一家。

1994 年 1 月 10 日，鲁冠球和他的万向集团迈出了其资本市场的第一步，万向钱潮正式在深交所挂牌上市。当时，万向钱潮首次发行 3000 万股，发行价为 3.8 元，首日开盘价为 8.4 元。初涉资本市场，万向便得到了丰厚的回报。

此后，万向又陆续成为承德露露的第一大股东以及华冠科技(后更名为万向德农)的第一大股东。此外，万向集团还相继参股中色股份、航民股份、兔宝宝等上市公司。至此，"万向系"的版图不断扩张。

除了在资本市场收获颇丰外，"万向系"的实业发展也异常迅速。去年 7 月，万向收购了通用、福特和克莱斯勒的"零级供应商"、年销售额超过 80 亿美元的美国 AI 公司 30%的股权，成为其第一大股东；10 月 31 日，万向又拿到了朝鲜最大铜矿 15 年开发期 51%的股权。此外，万向系的投资还涉及金融、新能源、资源等数十个行业。

一个仅有初中文化水平的人，是如何掌控这一庞大的资本帝国的？在民营企业正为如何多元化烦恼时，他又是如何先人一步的呢？

直爽的鲁冠球拍着记者的肩膀打趣地说："我一辈子都不会说普通话，只会讲萧山土话，我这样去和外国人谈判，他听不懂我我也不明白。"说完，鲁冠球和记者都笑了，但他立刻又略带严肃地说："企业要发展，靠的是人才，只有丰厚的人才储备才能应对各种问题，这正是万向的成功之道。"

鲁冠球举例说："我们在和朝鲜政府就共同经营惠山青年铜矿一事进行谈判时，我不懂矿。怎么办，我就收购了中国矿业国际公司，他们有这方面的专业人才和经验，让这些人才为我所用，自然也就取得最理想的成果。”

“你只要有实力，你只要有思想，有这个本事，什么都可以搞。关键是你有什么样的实力。”鲁冠球说。

改革的受益者

1962年开始创业的鲁冠球从来不承认自己是商人，他说：“我不承认我是浙商，我不是商，我是名正言顺的企业家，中国改革开放后第一代企业家。”

但无论鲁冠球是商人还是企业家，他的成功轨迹，却是改革开放30年来所取得成就的真实写照。对于改革开放，鲁冠球确实感触颇深，“正因为有了改革开放，万向才有今天，我是改革的受益者、实践者，也是见证者”。

“1969年，我创办人民公社的农机厂，到改革开放前我们还没有倒掉就已经算很幸运了。”回忆起过去，鲁冠球感慨地说，“改革开放对万向而言，最大的看得见、摸得着的实惠就是市场经济。20世纪90年代，企业发展到一定规模我们开始偷偷摸摸地走出去(国外)，但现在国家大力支持我们走出去，万向的国际业务也从国际营销转向国际生产，实现了优化配置国际资源。”

鲁冠球坚定地说：“如果没有改革开放，哪里有我们的今天，讲得大一点，改革开放就是把国门都打开了，大家都可以走向世界，自由发展。而这在我刚刚创业时都是不敢想象的。”

社会责任人人平等

根据胡润发布的2007年中国慈善榜，鲁冠球及其家族2003年到2007年，几年间共向教育、扶贫等慈善事业捐赠善款达到2760万元。胡润说，他之所以制作这个榜单，是为了让人们了解中国民营企业家在事业上获得巨大财富后，他们承担了怎样的社会责任。而在今年两会上，社会新阶层代表的这些富人们有怎样的社会责任也成为外界热议的焦点。

而鲁冠球作为新阶层界元老级人物，他对于企业家的社会责任则有着独到的见解。“社会责任是全社会都应尽的责任，只有每个人主动履行社会责任，这个社会才会发展成为一个繁荣、清洁的社会，才会拥有新鲜的空气、纯净的水源……大家才会有一个安全、宽松的生活环境。而且，它不单纯是在中国，更应该是全球的眼光。”

在鲁冠球看来，要做善事首先要能赚钱，如果连自己都不能养活，那谈何帮助别人呢。但并不是只有钱多了才能去做善事，因为一万块钱可以用于慈善事业，一个亿也能做慈善，无非是数字多少的问题，只不过财富多了可以去做更大的慈善而已。

面对外界对于富人做慈善目的的议论，鲁冠球坦然地说：“企业必须要有社会责任感，承担更多的社会责任，比如做慈善就是一种责任。对于一个成功的企业来说，这是必须要做到的。科学发展观就教会我们如何科学地赚钱和持续地尽社会责任。一个成功的企业家，他是必须具备社会责任感的。”

“常青树”仍有梦想

梦想对于很多已经年过花甲的老人来说可能是一个和过去时联系在一起的名词。但鲁冠球却有一句名言：我的梦想是有朝一日看到“万向制造”的汽车。而他也正在为这个梦想不断努力着。

“万向制造的汽车一定是最环保的清洁能源车，其实万向电动车在杭州等地都已经开始试用，但现在我们还没有拿到发改委的整车生产目录，因此上市只是时间问题。”鲁冠球胸有成竹地说。

其实，多年来鲁冠球一直在为自己的汽车梦不懈努力。2005年酝酿已久的广州汽车集团股份有限公司正式成立，鲁冠球的万向集团以3.99%的持股量，成为广汽集团的第二大股东。而广汽集团也表示，在全面结合本行业面临的竞争和发展战略后，最终选择了全国汽车零部件龙头——万向集团。

鲁冠球笑谈，万向现在还差一点，如果多了一点就是方向了。“我一直在为这一点努力着，但确实很难。”

如今，稳坐中军帐的鲁冠球正谋划着一个更大的梦想。把万向一些高新产业带到美国上市，这或许是他在资本本性驱使下所梦想的真正海外资本运作本土化的开始。

如果从打通国内和国际两个资本市场的通道来看，鲁冠球其实已经是国内民营企业家中的先行者。对鲁冠球来说，财富排行榜只不过是社会对万向的又一次认可。39年来，万向潜心经营，荣誉也纷至沓来，一切看似水到渠成的事情，对鲁冠球而言则是他永不放弃、永不满足精神的最好回报。

成长篇：四十年商海大潮屹立不倒>>

“弄潮儿向涛头立，手把红旗旗不湿”，能在商海的大潮里驰骋四十多年屹立不倒，恐怕满中国数，也数不出几个人来。鲁冠球当仁不让，算是其中一个。

总结鲁冠球的成功，离不开三句评语：远见卓识、积极进取、敢为天下先。当文化大革命左倾风潮正席卷神州大地时，他便东躲西藏开始了创业之路；当众人唯恐被割“资本主义尾巴”时，他先后变卖了祖父、父亲和自己的房子，将命运押在了盘下的公社农机厂上。

从4000块创业到每年数百亿元营业额，鲁冠球说，这一切都是干出来的。“我们农民过去因为穷受人歧视。后来我深刻地认识到，只有富起来，并且为这个社会干出点东西，才能被社会所承认。”

“地下黑工厂”的尝试

1945年鲁冠球出生于普通农家，父亲在上海一家工厂工作，工资微薄，他和母亲住在贫苦的乡村，日子过得很艰难。鲁冠球居住的宁围乡与杭州市仅一江之隔，望着对面都市的繁华，鲁冠球那时的梦想就是进城做个工人，改变自己的命运。

15 岁初中毕业后，为减轻家里的负担，鲁冠球主动辍学。16 岁时，一个偶然的机会，他被介绍到萧山县铁器社。3 年学徒生活中，鲁冠球对每天接触到的各类机械工具倾注了很多感情，他的技艺也有了很大的提高。

"'大跃进'的时候城市缺少劳动力，就从农村招了不少农民进城，但后来赶上三年自然灾害，用个现在的词说，就是农民工又'下岗'了，只能回到农村。"鲁冠球说，他就这样被打发回乡。

在很多关于鲁冠球的报道中，创办宁围公社农机厂被普遍看做是鲁冠球创业的开始。但实际上这已经是他第二次创业。20 岁时的鲁冠球已经有了第一次创业经历。

回到宁围后，鲁冠球向亲友们借贷了 3000 元买来了一台磨面机和一台米机，创办起一家小型米面加工厂。但在那个年代，就是私办这么一个小小的米面加工厂，也是不允许的。"米面加工厂没敢起名字，更不敢四处宣扬。但就靠乡亲们的口口相传，也引来不少生意。"谈起自己 20 岁时的初次创业经历，鲁冠球仍然显得有些得意。

但好景不长，没过多久小厂还是被发现了，并被扣上了"地下黑工厂"的帽子，被迫关闭。所有机器设备被强行贱卖。最后，鲁冠球不得不将刚过世的祖父留下的三间老房子变卖，才好不容易还清了办厂时所欠下的外债。

回忆起过去那段难忘的创业经历，鲁冠球感慨地告诉记者："没有人会相信，60 年代为了创业，我先后三次将祖父、父亲和我自己的房产都变卖了，六年间搬了七次家，每天东躲西藏，为的只是干出一番自己的事业。"

艰难的原始积累

第一次创业几乎让鲁冠球倾家荡产，他很长时间都吃不下饭、睡不好觉，整日闭门不出。让他感到特别痛苦的是，父母血汗换来的钱就这样化为乌有，他成了败家子的典型。不过，他也在第一次创业找到了"感觉"，不服输的他一直在等待机会的出现。

1969 年，蛰伏多年的鲁冠球终于等到了机会。"当时，国家批准每个人民公社可以开办一家农机厂，我一听到这个消息就立刻去申请了。"年仅 24 岁的鲁冠球再一次跃跃欲试。

终于，鲁冠球借了 4000 元钱，带领 6 个农民一起，办起了宁围公社农机厂。起初，没有地方买原材料，鲁冠球就蹬着一辆自行车每天过江到杭州城，走街串巷收废旧钢材。

在那个铁桶般的计划经济年代，生产什么，购买什么，销售什么，都由国家下达指标，如果指标之外的物品流通便属"非法"。好在聪明的鲁冠球有过米面厂的痛苦经历，他吸取经验东钻西闯，好不容易找到了一条能够让农机厂活下来的缝隙——为周边公社的农具提供配套生产，比如饲料机上的榔头、打板，拖拉机上的尾轮叉，柴油机上的油嘴，要什么做什么。

之后的10年间，鲁冠球就是靠作坊式生产，生产犁刀、铁耙、万向节、失蜡铸钢等五花八门的产品，艰难地完成了最初的原始积累。1978年农机厂竟已有300号人，年产值300余万元，厂门口更挂上了宁围农机厂、宁围轴承厂、宁围链条厂、宁围失蜡铸钢厂等多块牌子，到这一年的秋天，他将宁围万向节厂改名为萧山万向节厂。这也成为今天万向集团的前身。

其间，除了管理工厂，他还办起了农场、养鳗场、蛇场。总之，只要是他认为能赚钱、做得了的营生，他都想尝试一下。

十年添个零

农村开始实施承包责任制后，一直想大干一场的鲁冠球手更痒了。1983年，他把自家自留地里2万元苗木全部拿出来抵押，承包下萧山万向节厂。

事实证明，鲁冠球是有眼光的。承包第一年利润就超额完成了154万元，以后年年超额完成承包任务。第一年完成承包后，政府奖励他44.9万元，他却把钱全部用在了工厂培养人才和建造乡村小学上。到1985年，鲁冠球放弃的奖励达300万元之多。他的仗义和善行令他名声大噪，1985年被评为全国新闻人物，1987年被评为全国十大农民企业家。

虽然这时的鲁冠球在全国已经小有名气，但民营乡镇企业想要在商界立足仍不是一件容易的事情。早在1980年时，全国汽车零部件订货会在山东胶南县召开。得知消息后，鲁冠球立即叫上销售科长，带着满满两卡车的“钱潮牌”万向节产品赶到了胶南。但大会组织者拒绝乡镇企业入场。千辛万苦赶到胶南却被拒之门外，销售科长一下就泄了气：“这不是瞧不起人吗？乡镇企业怎么了，难道我们是后妈生的？”同来的工作人员也提出收兵回去算了。

鲁冠球安慰着大家：“不就是不让我们进去谈嘛，但没有说不准我们在外面谈。我们可以在场外摆地摊嘛。”地摊摆了，“钱潮牌”万向节在订货会上一炮走红。此后，鲁冠球一直坚持薄利多销，“钱潮牌”产品牢牢占据了全国65%以上的市场。

1990年10月，经浙江省人民政府批准，万向集团正式成立，鲁冠球成为万向集团的法人代表。1994年1月10日，这是令鲁冠球终生难忘的日子。万向钱潮股票在深圳股市上市了。7年前，就是因为万向是一家乡镇企业而被有关部门无情地拒绝股票发行。而今天鲁冠球的努力终于得到了认可，万向也由此开始了新的发展。

20世纪70年代，万向集团前身实现日创利润1万元，员工最高年收入突破1万元；80年代日创利润10万元，员工最高年收入突破10万元；90年代日创利润100万元，员工最高年收入突破100万元。鲁冠球告诉记者，“万向计划到

2009 年力争日创利润 1000 万元、员工最高年收入超过 1000 万”。从而实现他“奋斗十年添个零”的目标。

稳步迈向世界

1984 年春，万向的产品在广交会上得到了外商的青睐，美国派莱克斯公司定购 3 万套万向节。这一订单在当时被称为中国汽车产业的“出口第一单”。紧接着，美国舍勒公司也与万向签订协议：5 年内每年至少 20 万套。舍勒公司是始创于 1923 年的美国汽车配件巨子，拥有世界上最多的万向节专利。

“要和外国人打交道，就要学习别人近百年的先进管理经验。”鲁冠球说，1992 年万向把人员派往美国，真正感受到了与国际市场的差距。比如，美国一家同行企业只有 250 人，年生产 400 万套万向节。而当时的万向，有近千名员工，年生产只有 80 多万套。对照美国企业，万向采取了以高起点投入，引进高精尖设备，培育高素质人才，制造高档次产品，企业整体素质得到有效提升。

1994 年，万向美国公司成立，使万向充分利用国内的资源优势，融合美国本土化运作，高起点，迈大步。公司实施了以“股权换市场”、以“设备换市场”、以“让利换市场”、以“无形资产收购”等资本经营与发展实业相结合的运作技巧，先后在美国、英国、德国、加拿大、澳大利亚等 8 个国家建立 19 家公司。走出去的战略不仅扩大了万向的国际市场份额，更为其利用国际资源打开了通道。

2001 年 8 月，万向成功收购了美国纳斯达克上市公司 UAI；2007 年 7 月，万向又收购了美国 AI 公司 30%股权，成为其第一大股东。

当年，鲁冠球创办万向美国公司时订了三大目标：第一，在美国树立万向形象，把产品打入通用、福特、克莱斯勒等主流市场；第二，搜集信息，及时反馈给集团以拓展新的领域；第三，优化组合国际资源，让国际资本为我所用。现在来看，鲁冠球的三大目标都实现了。

有能力超过儿子的可以换

如今的万向已经发展为一家年营业额数百亿元的大象级企业，面对令中国民营企业家普遍头疼的接班人问题，年逾花甲的鲁冠球有自己的见解。

鲁冠球唯一的儿子——今年 36 岁的鲁伟鼎在去年年底刚刚递补为中国共青团第十五届中央委员会委员。1994 年，时年 23 岁的鲁伟鼎便已经正式出任万向集团总裁，负责万向集团的日常经营。

在万向，父亲鲁冠球坐的是 VOLVO——全球安全系数最高的轿车。儿子鲁伟鼎的选择是讲求速度与驾驶快感的 BMW，车如其人。在经营操作中，鲁伟鼎讲速度、有闯劲，冲在第一线；鲁冠球则经常往后拉一拉，严格地掌控着企业的安全系数。

“现在在万向我只做两件事，一是大方向，在大方向规划之内的事容易通过，规划之外的项目就要多进行研究分析，要慢一点；二是选人才，因为选择好的人才，可以带来一个成功的项目。定好了方向，选对了人才，其他的都交给他们年轻人去做了。”对于自己的平稳交接，鲁冠球显得很满意。

“对于接班人，我现在选好我儿子，如果将来有能力超过我儿子的优秀人员出来，只要能够把企业搞得更好，能够为农民多增加收入，为农村富裕做出贡献的，我可能会要调一个，这个是可以改变的。”鲁冠球并不像某些企业家那样避讳谈接班人的问题。“我现在不仅要培养伟鼎，除了他，我还在培养一个两万多人的万向团队，他们都是万向的接班人。”鲁冠球坚定地说。

《京华时报》王京

陈峰

大师语录>>

中国现在是世界航空大国，但距离世界航空强国还有差距，主要是企业间的差距。在未来，希望中国能有2家至3家世界级企业步入全球航空20强。我们要为国家和民族、为民航业走向世界做一点贡献。

1993年4月23日，当海南航空艰难引进第一架客机的时候，大概谁也未曾想到，若干年后，这家年轻的航空公司会成为继国航、东航、南航之后的中国第四大航空集团，并且也是中国最具活力的航空企业。

截至2007年年底，海航集团的运营资产已经超过600亿元人民币，形成了航空运输、机场管理、酒店管理、旅游服务、商业零售和相关产业为一体的大型产业集群，员工超过3万人。

2001年至2006年，海航连续6年入选中国企业500强。2004年、2006年分别入选“上规模500家民营企业”第36位、第16位。

2007年，海航继续保持了强劲增长态势，全年累计完成收入超过230亿元，同比增长27%；海航航空企业群飞行总小时数突破41.07万小时，旅客吞吐量突破1913.47万人次；安全运营品质保持稳定，海南航空公司再夺“金鹰杯”、海口美兰国际机场民航“金樽杯”。历时4年精心筹备的大新华航空有限公司顺利启航。各产业集群相互支撑、和谐发展的宏观格局逐渐清晰，持续、健康、稳健的发展态势已经显现。

2008年海航的目标是：力争运营资产规模突破1000亿元，

说起海航的成功，人们自然而然地想到了一个名叫陈峰的人。

个性张扬 机智幽默 >>

陈峰，十七大代表、海南省工商联（总商会）会长、海航集团董事局董事长。曾荣获亚洲最佳商业领袖，全国劳动模范，“五一劳动奖章”，2004年全国首届“优秀中国特色社会主义事业建设者”等荣誉称号。

当然，还有很多荣誉和头衔，但对于陈峰来说，这些并不重要。现实中的陈峰是机智幽默、具有鲜明个性、充满活力的人。

不久前，陈峰作为新经济代表人士出席中共十七大，期间，他成为众多中外媒体追访对象。一位德国记者向他问起海航暂缓开通直飞柏林和汉诺威的航线是否是因为德国总理默克尔会见西藏达赖喇嘛时，陈峰用流利的英语回答道，“你知我知”，既巧妙地回避了对敏感问题的直接回答，又赢得了主动。

20世纪90年代，当陈峰拿着有关组建航空公司的批文到华尔街去融资的时候，有人问起陈峰的企业总部所在方位，陈峰告诉对方：“hainan（海南）。”

“hainan?”对方一脸困惑。

陈峰拿出地图，指着与海南隔海相望的越南的下龙湾说：“就是当年你们美国人的飞机被揍下来的地方对面。”

对方点点头说：“OK，知道了。”

陈峰的话并非不着边际，“越战”时期，美国战机从南越进犯北越，就曾在下龙湾被击落过，此事曾经尽人皆知。

每当谈起这些经历，陈峰的得意之情溢于言表。

陈峰讲话语速、声调富于变化，有时像在说书，生动有趣，许多人都爱听他讲话。有人夸他胆大，敢作敢为。他却说，山西人胆小，骨子里就胆小。我每时每刻都如履薄冰、战战兢兢。

酷爱读书　从不间断 >>

陈峰的父母是参加过抗日战争的老共产党员。父亲为人忠厚、宽容，他给了儿女们一句话：“不求做大官，只求做大事。”这成为陈峰一生的做人准则。“他们教育我从小就要立大志，为国家、为民族、为社会做事情。”

“尽管家庭条件很不错，但父母亲非常节俭，对儿女的要求非常严格。”陈峰说。当医生的母亲是一个极其要强的人，她会在周日一大早把子女 3 人叫到面前站好，让他们依次回答“长大以后想做什么”的问题。这或许在今天许多年轻人看来有点“酸”，但却对幼年的陈峰有着深刻影响。

陈峰爱读书，并且致力于用中国传统文化结合现代西方的管理理念打造海航的企业文化。这与他从小养成的习惯有关。小学毕业后，陈峰赶上“文革”，15 岁当兵。他学习各种知识，并通过剪裁报纸上的文章，学习哲学、历史、经济学、逻辑学等等。

6 年时间，利用早操结束到早饭开始前的半小时，读完了《中国通史》、《中国哲学史》、《中国古代思想史》、《欧洲哲学史》等著作；再利用每天晚上的时间，系统自学初、高中和大学课程，即使是周日也从未间断过。

1977 年，在还没有多少人意识到英语的重要性时，24 岁的陈峰便开始学习英语。5 年后，中国与当时的西德签署了一个技术合作协议，民航系统有 11 个到汉莎航空运输管理学院学习的公费留学名额，经过几轮考试筛选，在几万人中，只有 11 人入选。除陈峰外，另外的 10 个人都是外语专业毕业的。陈峰说：“我要么不做，想好要做，必定一日不断。”

陈峰同时也是一个快乐的人，作为一个成功的管理者和企业家，他总能在工作或是学习中找到属于自己的乐趣。他爱读台湾学者南怀谨先生的著作，并拜南怀谨先生为师。有一次拜访南怀谨，南给他背了两句古诗：“尘土十分归举子，乾坤大半属偷儿”。他听了后觉得十分有趣，马上把这两句诗写在小纸条上带走了。此后，陈峰每次见先生都带着小本子，听到有意思的话总要记下来回家认真琢磨。

南怀谨先生说：陈峰的确很勤劳，我很佩服他，他比我还用功。

每天晚上陈峰都要用小楷写日记，多年来坚持不辍。他喜欢将自己的书法作品送人，或抄录古诗、或摘录格言，总之与人有益。他自知自己的书法比不上书法家，但却毫不介意。他说：“我的书法当然比不上书法家，但有人说我的字儿有空灵之气，你们不觉得吗？”被问的人当然只能点头称是。

抓住每一次机会 >>

多年来，因为工作关系，本人与陈峰在许多场合多有接触。在接受记者采访时，陈峰对“资本运作高手”的美誉总是显得刻意回避。

他不止一次地强调：“我不是资本操作专家，只是充分运用了中国资本市场发育和改革的机会，为发展海航的事业提供一个资本平台而已。”

他还进一步解释说：“资本运作的高手是把自己的钱不断地呼风唤雨，像索罗斯他就是，恰恰我根本不懂金融也不懂股票。资本运作的高手是不断利用资本市场的机会实现财富和价值的增长，而我是充分运用了资本市场发展的每次机会，来支持我实业的发展。所以我不是资本市场运作的高手，我是实业发展充分利用资本市场机会的高手。中国资本市场的所有机会，我几乎全抓住了——法人股、STAQ（全国证券交易自动报价系统）、A股、B股、外资股、H股，整个儿一个中国股票大全！”

1993年，陈峰利用私募得来的2.5亿元为信用担保，向银行贷款6亿元，买下2架波音737，然后以2架波音737为担保，再向美国方面定购2架飞机。如此循环，巧妙利用财务杠杆，越来越多的飞机飞到了海航。

据陈峰回忆，当时寻找担保银行时，因为银行不懂，他就讲：飞机从海南到北京一张票1000元，可以装150人，来回就是30万元，一天再飞个北京，再飞个广州，去掉成本一天就挣45万元。于是上海一家银行动了心。双方商定使用固定利率结算贷款，仅此一项银行就净赚100多万美元。银行很高兴，问到反担保对象是谁？

陈峰表示，如果还不起钱，就以飞机抵债。作产权登记时，银行自动将本属于自己的飞机划在了海航的账上。这相当于“我不仅借给你钱，还首先把飞机交给了你”，如此这般，陈峰轻松地拥有了两架飞机。

就这样，从银行贷款买一架飞机，把飞机抵押买第二架飞机，再把这两架飞机抵押买更多的飞机，最后形成一个倒金字塔结构。只要有飞机在飞就有现金收入，只要有现金收入能够偿还以前的贷款，公司就能够持续经营下去。银行贷款是海航持续扩张的要素，因而高负债率也就成了海航的一个特点。

所以，有人说，陈峰的高明之处就在于总是在拿别人的钱来玩儿。

1995 年，海航的负债率居高不下，这时必须寻找到新的资金，于是陈峰带上副董事长王健去了美国，在华尔街呆了三个多月，他们最终说服索罗斯，让量子基金控股的美国航空有限公司花 2500 万美元购买了海南航空 25%的股份，成为海航的第一大股东。海航也由此成为首家中外合资的航空公司。

对于索罗斯为什么会看中自己，陈峰也不知道，他把原因同样归结为自己讲述的海航故事打动了索罗斯，他甚至还说过："说明我善良，他看我相貌善良诚实吧。"

不过必须承认的是，尽管陈峰一再强调自己不懂资本和金融，但是他知道怎么跟国际接轨。陈峰对媒体坦言，当时海航有三个制胜条件：第一是海航一开始就建立了国际会计师准则。聘请一流的会计师做审计，美国人看得懂。第二是聘请了美国最大的律师事务所 Skad-denArps(世达律师事务所)做海航的法律文件，美国人相信。第三是在给股票私募的时候，运用了 SH&E(国际航空运输咨询公司)——美国华尔街最权威的评估公司做的评估结果。

"一个企业的发展当中，适时运用资本市场的工具，是必须的。用什么样的金融产品来支撑企业发展，什么时候扩股，什么时候借债，借什么样的债，是现代企业家必须具备的知识。"陈峰说。

面对市场一度的资金链脆弱的质疑，陈峰曾表示："海航就是一个典型的实业公司，飞机这么贵，金融方面的一些工作纯粹是支持实业的发展，大家也应该看到，海航的飞机机身上最早涂有美丽的彩绘，这是国内大多数航空公司所想不到的；它还在飞机客舱里搞起机票抽奖，让你觉得旅途不那么烦闷……"

2007 年 3 月，海航集团旗下的大新华快运航空有限公司在天津揭牌，一举就开通了国内支线航线 78 条，通航城市 54 个。到 2012 年大新华快运还将陆续引进巴西航空工业公司制造的新一代支线客机 ERJ145 和 EMB190 各 50 架，届时预计开通国内航线 450 多条，通航城市 90 个以上，占据中国民航支线航空 90%以上市场份额。

据说在此之后，民航总局的网站上，才陆续出现了民营、国有航空申请成立支线航空公司的公示。民航总局的统计数据显示，中国现有的 140 多个机场中，吞吐量在 100 万人次以下的中小机场占了 72%，但只承担了全国约 6%的旅客运输量。在民航总局和各地方政府支持支线航空的呼声日益高涨的时候，海航却已经在中国的支线航空市场占据了一席之地。

同样是在 2007 年 3 月，海航还在天津开始着手低调介入重组北方最大的近海集装箱运输企业天津海运，悄悄开始构筑自己的大物流网络。

公司治理高手 >>

2007年底，陈峰在一次会议上表示，中国当前面临着外部环境的巨大转变，为应对这种转变，要求中国实现国家转型和经济转型。这首先需要企业向“好公司”转型，即成为具备良好的公司治理和竞争能力的公司。要实现良好的公司治理，离不开制度、文化和共同的价值理念。他说：“管理就是管人，管人就是管心，把制度、文化和激励加在一起才能管好。”

他认为，目前中国公司治理目标具有一定的局限性，主要还是追求股东利益最大化。近期，国际公司治理的理念已经开始覆盖企业社会责任的内容，并为越来越多的公司所重视和力行。公司存在的目的不再是单一地为股东提供回报和以股东利益最大化为目标，而应当承担社会责任，以社会财富最大化为目标，才更符合社会经济发展的需要。

为发挥集团优势，海航创造性地建立了以资源共享为主要目的的“产业板块管理模式”。航空运输板块中的海航股份、新华、长安、山西4家航空公司，从2002年10月27日起统一以HU的代号合并运行，统一徽标，统一航班号，使资本、人力、技术在集团内部得到了优化配置。

“在海航，我实际就管七八个人，加上执行层领导，最多也就20多人。管理的根本不在于告诉干部该去干什么，而是要让干部知道自己该去干什么。”陈峰说，“但是一遇到问题，我会小题大做。比如说员工食堂搞不好，首先要看它的系统有没有毛病；第二看用的人的资历、能力够不够；第三看是不是偶然，是不是因为个人的失误。”

总之，领导者应该会以小见大，从一些小事判断出制度和系统有没有毛病。“逢年过节，总能见到陈峰去接最后一次航班。”

遇到违纪违规的人和事，他处理得又不留丝毫情面。一个给员工和外界印象颇深的故事是：海航创建之初，两名到美国接受培训的飞行员，回来时已是腊月二十九，便直接回家过春节，没按规定先回公司报到，结果立即被开除了。陈峰说，公司的规矩建立不起来，会影响一大批人。惩少而教多，这是严厉，也是善良。

“这个事例还不算什么。我们的一架飞机在飞行过程中出现了事故征候，公司马上做出决定，公司总裁降为副总裁，飞行部总经理就地免职，飞行员改行当搬运工。我不是为了惩罚而惩罚，而是教育，教育本人、教育大家。对所有人严格，出发点是为将来好，为事业好。”

陈峰也是国内较早认识到企业信息化建设必要性的企业家。海航集团于

2000 年成立了海南海航航空信息有限责任公司，负责集团的信息化建设。到目前，已经建立了以海口总部为中心、辐射到全国各分支机构、连接所有业务板块和业务单位、覆盖所有管理功能的大型广域网络——“海航集团 E 网”。海航的网络化办公在中国航空业中是最好之一，70%的工作可以通过网络完成。

在海航集团，许多重要职务都是由非常年轻的面孔担任的。这些年轻人刚刚走上重要岗位时身上都还未除去青涩，但是几年之后，当你再次看见他们的时候，你会惊讶地发现，他们稳重了，成熟了。这些人精力充沛，热情过人。或许，这正是那些老国企中所缺少的最宝贵的东西。

脱去地方“外衣”着眼长远发展 >>

在 2007 年第三季度的财报中，海南航空股份的净利润相比二季度增长 65.2%。如此良好的业绩，陈峰却在一周后选择了辞去公司董事长一职，许多人对此不解，一时议论纷纷。其实，陈峰辞去海南航空股份董事长一职，只是为了运作更高的平台，他仍是海南航空集团的董事长。

为了更好地发展，海航集团将以经营干线为主的海南航空（包含山西、长安、新华 3 家航空公司），而以支线航空为目标的大新华快运公司和以旅游包机和公务机为特色的金鹿航空，以及主营货运的扬子江快运航空公司等编入“大新华”。

有人不解：“海航集团为什么要新成立一个大新华航空？这其中，究竟有着什么样的玄机？”其实，陈峰和他的团队早就感到：“新华”一词的品牌效应要比“海南航空”好得多，后者地域性太强，很难成为全国性的大品牌航空企业。

海南航空要做大做强，要与国航、南航、东航抗衡，非“新华”莫属。但是，也有人认为，解决海航过高的负债率，才是其“借壳”的真正原因。

过高的资产负债率将会影响到海航扩大机队规模所需要募集的资金，而新华航空集团成立后，海航可以借助新华航空集团的“外壳”，不断募集资金并争取 H 股上市，以便获取更多的战略投资者，这对于海航集团快速发展以及规避财务风险都将有一定的积极意义。

不管如何，穿上“大新华”外套，对于海航今后的发展来说不是一件坏事，何乐而不为？

2008 年两会期间，陈峰在接受采访时表示：“海航在飞机购买上，平均每年的引进速度都没有少于 30 架，只高不低。”

更早的时候，他也曾宣称，“大新华”未来 5 至 10 年的发展目标“一是创造中华民族的世界级航空运输品牌，二是为中华民族创造一个世界 500 强企业”。

努力打造优质企业文化 >>

陈峰把制度、人才、企业文化形象地比作窗框、玻璃、粘胶，三者虽独立存在却相互依存。

“制度是刚性的，有缝隙；人才是个性的，需调教；而企业文化是柔性的，正可以弥合缝隙，教化人心。海航要做百年老店，就要用制度和文化把店面建造结实，这样无论谁来做管理者，基础都是牢靠的。”

“海航在过去十几年的发展中，除了我们这个时代和社会方方面面的支持，主要的核心竞争优势是海航的企业文化，企业文化为海航发展创造了极大动力。”他说。

他还用两句话概括海航的企业文化：一是以中华传统文化为核心和西方现代企业文化为精粹，二是以人为本，关爱员工、关爱社会。现代化设施是有形的，文化是无形的。

海航内部有个规定，新员工上班后的第一课叫《做人的学问》，由陈峰亲自授课。他教育员工要“为社会做点事、为他人做点事、为自己做点事”，注重从个人“小我”向社会“大我”转化。

“要使海航成为一个人生的大学校，让每个从这里走过的人都有收获。”他说。

十多年来，陈峰把三分之一的工作时间用于员工培训，由他主编的《中国传统文化导读》员工人手一册，书中从历史文化、精神修养、为人处事等各方面入手，指导员工“有远大的理想、务实的精神和富于哲理的人生”。

鲲鹏展翅 志在高远 >>

日前，在传达中共十七大精神报告会上陈峰表示，改革开放以来，中国正处在一个伟大的时代，取得了辉煌的成就。置身于这样的时代，每个人都要扪心自问，我们应该为这个时代做点什么？为国家、为社会做点什么？怎样才能不虚度一生？

他认为，在中国人的时代，要做好三个准备：全球的视野：今天我们做任何工作都不能仅从一个地区、一个国家来认识，要放到全球的视野来考量；要从国际标准和世界规范的做事方法重新审核我们的法律和制度，企业的管理方法要与国际接轨，各项工作的标准必须改为国际标准；必须提高民族素质。

他承认，一直以来，海航所处的是一个非常严酷的生存环境。国内三大航空集团整合的力度比外界预想的要快，它们已经占领了中国航空运输80%的市场份额，而海南航空市场份额大概只有9%左右。

在这种情况下，海航只有拼命做大。在陆续收购了新华航空、长安航空、山西航空后，海航也的确变得越来越强大，但陈峰却坦言，这离世界级的航空运输品牌差距还很远。

他说，如果我们不在国际标准的学习、人才的培养、中国人的修养方面下工夫，将会面临着措手不及的被动局面。

谈到海航未来的发展，人们常常不得不提到“三七九战略”。海航的发展分三个阶段走：第一步，成为中华民族的优秀航空品牌。陈峰说：“这个目标基本达到。凡是坐过海航飞机的人，以及从海航的各种运营指标来看，都会觉得海航无愧于中国的优秀航空品牌。”

第二步，七年成为亚洲品牌。陈峰表示，随着区域航线的开辟，第二个目标已经基本实现。

第三个目标是成为世界航空品牌。“这个还需要四五年时间。”他说，“因为有三项标准，一规模，二是旅客认知度，三是各项运营指标步入世界二十强。规模上首先要达到250架飞机以上，数量上目前我们才130多架，差100来架；另外，什么时候中国人认为很好、外国人觉得比得上新加坡的国泰航空，这才可以称得上是世界航空品牌。

所以我们还有几年路要走，但是我估计从明年下半年开始，开通美国航线之日，将是海航步入世界航空品牌的开始。中国已经到了置身于世界之林的时代，身为航空界人士，应该有理想为这个民族创造世界级的航空品牌，凭什么新加坡人能做到中国人做不到？决不应如此！”

说起第三步战略目标，陈峰显得胸有成竹：“现在规模还小了点儿，加上订单的在内才有280多架。我早想好了，一年30架，5年就150架，这个指日可待，在我们的进程之中。”

陈峰的自信让他身边的人感到踏实。

“北溟有鱼，其名为鲲，鲲之大，不知几千里也，化而为鸟，其名为鹏。鹏之背，不知其几千里也。怒而飞，其翼若垂天之云……”

“鲲鹏展翅九万里，翻动扶摇羊角。”

期待陈峰带着他的海南航空如鲲鹏展翅，越飞越高，越飞越远。

《中华工商时报》 苏群

中国品牌大师

王振滔

大师语录 >>

我说奥康可以成为中国的LV，很多人不相信，跟我说不要玩虚的。但是我知道，人首先要敢想，才能尽自己最大的努力，抓住发展机遇。

“奥康五到十年后，要去并购欧洲企业。”这是奥康集团总裁王振滔三年前当着全体员工的面立下的目标，当 2008 年 1 月 8 日，奥康与意大利 VALLEVERDE 签署全球战略合作协议时，他的目标提前实现了。

不了解王振滔的人会认为他很高调，喜欢抛头露面，因为他在媒体的“曝光率”非常高。但真正了解他的人就会觉得他是一个很务实的企业家，正如他的企业广告语“梦想是走出来的”，王振滔从一个卖鞋出身的鞋匠能成为今天的中国鞋王，正是靠着这种脚踏实地精神和对梦想的不懈追求。

与温州其他企业家出身不同，王振滔更像生意人，其商人的精明历练始于幼年，他走过的道路并非全是鲜花铺成。用他自己的话说：“我深深地体会到了人间的冷暖，很多别人没干过的活儿我干了，别人没吃过的苦我都吃过了。”在与财富巨子和中国鞋王的对话中，我们也掀起了财富背后的神秘面纱，赏阅到了奥康集团总裁王振滔先生的创业大智慧和时代骄子的赤子情怀……

从“草根”到“鞋王”>>

楠溪江的美丽与贫穷同样出名，15 岁辍学的王振滔就出生在浙江永嘉这块贫脊土地上。少年的苦难与艰辛是生命的金矿，培养了他自强不息的性格。

王振滔说：“有一次村里有一户人家盖房，我去帮忙干些递砖瓦之类的小活，说真的由于我年纪小，叫我干这样的活儿，我心里是不情愿的。看着我有些懒散的样子，一位长者开腔说了句令我终身难忘的话：这孩子长大了干不了什么事的。当时我的脑海里掠过了一道闪电，从心底里说了一万个‘不’。我振作精神，递完最后一片瓦后离开了。”

1982 年，17 岁的王振滔第一次走出温州，出外闯荡世界。1988 年，不向命运屈服的王振滔东拼西凑了 3 万元，创办了永嘉奥林皮鞋厂，开始了他民营制鞋业的艰苦跋涉。经过 19 年的不懈努力与追求，终于发展成为了以制鞋为主业，并涉足商业地产、生物制品等领域、跨行业、跨区域发展的全国民营百强企业——奥康集团，主导产品“奥康”牌皮鞋陆续获中国真皮领先鞋王、中国名牌产品、驰名商标等称号，并成为中国皮鞋行业唯一的标志性品牌。王振滔也被业界称为“中国鞋王”。

从“受辱”到“洗耻”>>

1987年，一场围剿“温州鞋”的暴风骤雨席卷神州大地，杭州武林门一把火把几千双假冒伪劣的温州皮鞋付之一炬。“火烧温州鞋”风暴使许多温州皮鞋厂纷纷易帜，中国经济一个很典型的“原生态”经济萌芽在混乱、无序的市场中自残殆尽。这把火不仅让温州人从此蒙上了假冒伪劣的阴影，也烧掉了温州人的自信心。王振滔把它看成是温州制鞋人的耻辱日。

1999年，在杭州市郊中村，经过数年卧薪尝胆，已经使奥康赢得市场美誉的王振滔和浙江省、温州市领导在那块让温州人蒙羞的土地上，点燃了第二把火，把从全国收缴的假冒温州鞋付之一炬。此举为温州人正了名，也为温州正了名。于是，这把火被载入了温州经济发展的史册。与此同时，王振滔高举起温州制造这杆大旗，挺进了上海滩。20世纪八九十年代，个别温州企业不敢在自己的产品上标注温州字样。2001年3月，王振滔在素有中华第一街之称的“南京路”上开出了温州鞋业的第一家连锁专卖店，在上海引起了极大轰动。为温州企业进军上海做出了榜样。自此，奥康皮鞋的连锁专卖特许经营店像旋风一样席卷了大江南北。2003年奥康已在全国成功开设2000多家专卖店。“温州制造”从此洗心革面，深入人心。

如果说当年的王振滔是勇气过人，倒不如说是他勇于“破时代”、敢于转变思想观念的精神更为人称道。毕竟，那是一个对市场、品牌、声誉等概念并不“尊重”的时期，市场秩序的“混乱”只不过是社会经济蓄势待发的表象。“无知”使得没有任何人需要对“混乱的市场”负责。不过，市场经济基本理念的缺位并不是一个长久不变的状态，能意识到这一点的人往往会脱颖而出，创造新的机遇。在当时，王振滔并没有真正意识到“破时代”的价值，但“唯有哪里跌倒哪里爬起来，以诚信为本质量为本，才有可能使温州鞋重见天日”的“江湖气”倒也很好地契合了市场经济基本内涵的价值取向。

从“国内”到“国际”>>

奥康集团总裁王振滔说：“我最大的愿望就是退休后到世界各地去走一走，希望在世界各大城市都能看到奥康皮鞋的专卖店。”

要成为世界品牌就要拥有世界级的制造。中国加入世贸组织后，中国的制造业受到了全世界的关注。但如何提高中国制造品牌的附加值，是每个企业家面临的大课题。王振滔坚持与国际一流品牌强强合作的策略。2008 年 1 月 8 日下午，在上海国际会议中心举行的“让合作跨越国际让世界自由呼吸——奥康 VALLEVERDE 全球战略合作暨 08VALLEVERDE 新品发布会”上，奥康集团与意大利知名度和美誉度排名第一的 VALLEVERDE 品牌正式签署协议，达成全球战略合作。根据合作协议：奥康集团与 VALLEVERDE 进行全球战略合作并取得 VALLEVERDE 全球品牌经营权，其全球品牌推广与市场营销全部由奥康独立运作。VALLEVERDE 研发中心还继续设立在意大利。双方合作后的首家 VALLEVERDE 中国形象店在上海淮海路开业。

“未来 5—10 年内，意大利、西班牙等欧洲国家的许多顶尖鞋类品牌将为中国鞋企所兼并。未来 5—10 年内，你在世界上许多地方买到的国际品牌可能都是奥康的鞋子，因为这些品牌为奥康所拥有。”王振滔正从维护民族工业的角度出发一步步实现着自己的国际化梦想。

王振滔的“大世界”梦想还有一个 20 多年不了的情结——奥运。2008 年 8 月 8 日，举世瞩目的北京奥运会将盛大开幕，但你不会想到的是，同一天，奥康集团 20 岁生日。这种巧合或许是一种天意，在 20 年前，王振滔或许已经预测到在 20 年后，中国将举办奥运会。人有的时候很有意思，一个当时看似平常的举动，却在若干年后，突然被发现拥有非同一般的意义。王振滔没有未卜先知的能力，但却有非同寻常的洞察力，这种可以称之为幸运的洞察力让他真的打开了奥运会的大门，当奥康集团成为北京奥运会皮具供应商的时候，他知道，他的做了 20 年的奥运梦想实现了。王振滔的更大梦想是借助奥林匹克精神成就如当年耐克般的成功，让民族品牌真正屹立在世界商业舞台上。

从“东部”到“西部”>>

伴随着西部大开发号角的吹响，奥康落户璧山之举，除了带给璧山数亿元资金及生产技术和管理经验外，还可以为当地提供 5 万多个就业机会。王振滔以一个企业家的责任感与使命感积极投入了西部大开发的建设中。他在考察中发现：西部企业经营理念有待更新，制鞋业整体水平不高，企业规模小，档次低，竞争力不强。为此，2003 年 1 月 9 日，王振滔斥资 10 亿元与重庆市璧山县人民政府签约建设占地 2600 亩的“中国西部鞋都”，拉开东部企业家投资西部建设的序幕。在西部鞋都一期工程中，奥康的付出喜结硕果：西南鞋材交易中心、金都鞋业孵化区、红火鸟鞋业生产基地。目前，中国西部鞋都工业园正在进行二期工程建设。

王振滔分析认为，从世界制鞋业的发展历史来看，世界鞋业的中心上世纪五六十年代在意大利，上世纪70年代转移到日本、韩国，上世纪80年代到了中国台湾，上世纪90年初则来到了广东东莞，上世纪90年代末，来到了温州。奥康西进，正处于中国鞋业重新洗牌之时，业内人士普遍认为：奥康投资西部，是战略重心的转移。西部鞋都建成后，王振滔创造了中西部结合、共同发展的西部开发新格局。在王振滔的带动下，使西部鞋都在短期内形成了巨大的规模效益。这是迄今为止，浙江企业家在西部最大的一笔投资；西部鞋都也是西部地区最大的一个民营工业园。

“2002年、2003年、2004年……我们现在转过来一看觉得很有意思，很多事情都是在变化过程中，但对我们来说都是一样的趋势，因为我们做到了很多，因此奥康后面的机会还有很多。”王振滔充满信心地表示。谈到自己成功的秘诀，王振滔认为，“观念是很重要，机遇最重要，要学会从企业发展的某个阶段中去寻找机遇”。

从“沉默”到“爆发”>>

这个多年来一直冲击中国产业界的经济大棒，如今纠缠着中国的制鞋业。2006年10月7日，欧盟正式对原产于中国的皮鞋、童鞋产品做出反倾销终裁，实施征收为期2年的16.5%的反倾销税。

这是一个不公平、不合法的决定，奥康首先勇敢地站了出来。王振滔在接受中央电视台采访中充满豪情：“如果我们这次官司打赢了，从某种意义来讲，不是代表奥康赢了，而是中国整个皮革行业赢了。”有专家撰文评论：奥康的率先之举，表明了温州企业敢于承担责任的勇气，表明了温州鞋业作为全国三大基地之一的力量，也体现了奥康作为温州乃至全国鞋业龙头企业的自信和榜样。

王振滔的事迹并不惊世骇俗，但他一步一个脚印走过的路却清晰可辨。随着事业的成功，他的胸怀和眼界也在逐渐的宽广，从打造奥康品牌、温州品牌、中国制造品牌，到西部鞋都品牌，直到中国最大的财团中瑞品牌……那升腾于心中的炽热情怀一次比一次宽广，并都一一由梦想变成了现实，鼓舞和激励着每一位奋发向上的中国青年。2002年他被授予全国五一劳动奖章，这是祖国对他十几年坚持拼搏、勤劳奉献的最高奖励，他用自己的双手、汗水和智慧谱写了一个青年创业者产业报国的赞歌。就像奥康的广告语说的那样“梦想是走出来的”。远大志向来源于他的品格，无冥冥之志者、无昭昭之名者无赫赫之功。反之，有卓越成就必然有优秀的品德与高尚的情操。

纵览王振滔十多年的发展历程，我们惊异地发现，作为一个以制造业为主的民营企业居然有那么宏大的思路和深厚的企业文化积淀。正所谓骥不称其力称其德也，究其原因正是那一腔怀揣祖国，背负沉重民族责任的使命感使然。

温州鞋业经历了太多的磨难，奥康也是。如今，王振滔麾下的奥康已经看到了蔚蓝的大海，甚至有人斩钉截铁地说：奥康是在激烈的洗牌中第一个冲过困惑区的企业，轻舟已过万重山，从此成熟，从此向百年品牌甚至更高的目标高歌猛进！

从“大智”到“大德”>>

作为温商代表人物之一的王振滔，从来就不缺乏精明的头脑。小时候他学业就好得很，“怎么考都是班级前几名”。后来读到高一，家贫辍学，那年他才16岁。辍学后的王振滔，先后学过木匠，推销过电器、阀门、鞋。直到今天，“单论做皮鞋，中国可能没有几个人能超过我。”王自信满满。即使现在，他仍旧寻找一切机会学习，读完中欧EMBA不过瘾，又去读长江商学院。

“如同大多数温州老板，王振滔文化程度并不高。但是经过多年不懈的学习，主动与外界交流，他的思维已到了很高的一个层面，与科特勒、舒尔茨也能平等对话。”王的一位朋友深有感触。

不过，这个世界上聪明人多得是，王很多时候还是愿意把自己的成功更多地归结为人品、性格使然。

“中国十大策划风云人物”——中国智业界最权威、最高的奖项。2004年6月26日，王振滔成为唯一被授予此称号的浙江籍企业家，也是中国鞋业界的唯一代表。同时与他一同获奖的还有张瑞敏、魏家福、牛根生、倪润峰等不同行业的“重量级”企业家。这无疑是提高企业和老总形象的好机会，公司宣传人员得知这一消息后，打算把这一消息在第一时间报道出来。

当日上午9点，宣传人员已做好了各项准备工作。根据王振滔随行人员在北京人民大会堂颁奖现场提供的情况，王振滔作为获奖代表发言时，引起现场近千名观众的阵阵掌声，现场气氛对此次新闻的操作非常有利。

然而，就在随行人员在现场给宣传人员传照片的一刹那，王振滔却突然改变了主意，立即让随行人员电话通知宣传处：“这次获奖的消息，我们务必要谦虚一点，不能做宣传。”这件事让宣传处人员很不理解，而且当日下午的《温州晚报》及很多门户网站马上就要刊登了，却要把稿件撤下来。

事后，据随行人员透露，在此次颁奖大会上，还有一位获得其他策划奖项的温州籍兄弟企业家，这家企业打算第二天把新闻报道出来，所以，一旦奥康当日把稿件发表出来，这家企业将会失去这次千载难逢的宣传机会，都是温州的企业，要考虑到别人的感受。

“做事要先做人，尽管这是智业界的最高荣誉，我很珍惜，但如果我们当天见报，获得其他奖项的兄弟企业第二天就很难见报，只顾自已，不顾别人，这样做是不对的。”事后，王振滔在讲起这件事时显得很平静。

2007 年 4 月，王振滔出资 2000 万元人民币成立“王振滔慈善基金会”资助贫困大学生完成学业；同时，定下规矩：受助学生学成毕业后，必须资助另一名贫困学生。这种独一无二接力慈善做法，被王称为“种子工程”。

在王的心目中，一直酝酿着这种希望，他曾说：“奥康不追求企业的规模最大，不在乎财富多少，而是在做强做大企业的同时，愿意承担更多的社会责任，为人类的进步而服务”。

《今日早报》魏皓奋　韦开孟

中国品牌大师

张跃

大师语录>>

我们要做世界上最完美的产品和服务，不仅仅是为了赢得市场，也不仅仅是想卖个好价钱，更是为了对得起客户对远大的友情和期待。如果我们因疏忽而造成缺陷，不但损害了自己的利益和尊严，更刺伤了朋友的心。

有一年，远大参与了北京某大型项目空调设备的招标，远大所得的分数排在第一名，距离中标仅有一步之遥。在开标会议举行前，某个重要人物的亲戚找到张跃，暗示，如果远大能给评审小组某个关键人物一笔并不多的辛苦费，远大绝对可以中这个千万元的大标。张跃当场没有说话，回来后，他第一时间指示公司，自动退出该次招标，自动放弃中标机会！

本来，远大的综合评分很高，中标是很有把握的事情，在这种情况下，给某些人员一点辛苦费用，顺水推舟送个人情，对远大以后参与竞标也有好处。但张跃不这么认为，在他看来，行贿不分多少，送 10 万是行贿，送 1 块也是行贿。远大“绝不行贿”的底线在任何情况下都不能丧失。

在市场经济并不十分规范的当下，一些企业为了生存和发展，不得不遵守某些“潜规则”。中央空调这种大型设备的采购，涉及金额往往过千万元，桌面下的交易、给回扣、送礼几乎已经成行规。在这样的风气下，张跃公开誓言远大“绝不行贿”，他严格要求公司的所有销售人员“不得行贿”，在这样的思想指导下，远大丢失了很多个千万级定单。

“如今不搞灰色交易的企业反倒成了另类！”张跃自嘲，“但人有道德标准，企业也有企业人格，不行贿是我们做事的底线。商业行贿对卖方和买方都构成了极大的损害，今天你因为行贿占了一点小便宜，明天就会吃大亏。”

除了对自身要求不行贿外，远大还以同样的标准去选择合作者，如果远大的供货商有行贿的表示，它的质量也会马上受到怀疑，被远大从供货商名单中降级甚至除名。

张跃“绝不行贿”的商业守则可能来自他创业初期的教训。

1980 年代早期，张跃还在经营装修公司的时候，为了得到一笔 80 万的订单，公司送给中间人 3 万块钱。由于不是直接送给对方客户，张跃并不认为自己在行贿，但即便如此他内心依然“很不痛快”，不幸的是，这次“疑似行贿”不久便东窗事发，张跃的公司被检察院处理了。这次事件显然给张跃触动很大。在远大创立以后，“绝不行贿”便给张跃立为了公司的准则之一。

万物之自然为“道”，而万物所得之自然为“德”。对人而言，便是品德。“德”在中国文化中一直处于最高的位置，“有德”既是中国人一出生就应该遵循的最基本的标准，也是中国人 5000 年来追求的最高境界。

很讲传统道德的张跃，在远大空调品牌建设中，打出道德牌，践行着“宁要道德，不要利润”的企业道德观。

了解远大的人都有听闻其“七不一没有”的道德底线，即：不污染环境、不剽窃技术、不蒙骗客户、不恶性竞争、不搞三角债、不偷税不行贿、没有昧良心行为。远大还有四个基本原则：不违规提价或降价、不留尾款、不贿赂、不给营销人员高于 2%的提成。

狂热的理想主义者 >>

氟利昂的温室效应是二氧化碳的数千倍。在被发现会破坏臭氧层前，氟利昂被广泛应用于汽车及室内冷藏、冰箱、电器、空调冷却等方面。当上述产品被废弃时，氟利昂也随之大量释放。这是导致地球暖化、环境恶化、臭氧层被破坏的因素之一。远大提倡环保、节能，因此，只生产使用清洁能源和天然冷媒的“非电空调”，拒绝电空调市场的诱惑，因为张跃“把环保看得比赢利更重要”。

远大将自己定位为“非电空调”，这个市场只占整个空调市场的 3%～5%，而电空调市场规模约 1000 多亿元，这注定了远大的发展规模受到限制，发展节奏受到制约。

由于国内对环保、节能认识不足，电空调几乎一统天下，“非电空调”的应用空间非常小，很多场所的设计师甚至都没有听说过还有“非电空调”，在设计的时候就是按照电空调的结构设计的。虽然，“非电空调”也可以应用在电空调的设计格局中，但由于从设计人员到业主往往都认为更换成“非电空调”太麻烦（其实一点都不麻烦，关键是找一块可以放置大型设备、足够承重的空间就可以了），所以干脆还是选择了自己最熟悉的电空调。

此外，“非电空调”的一次性投入要比电空调高，但运行后对能源的消耗等费用开支要小，很多场所在设计的时候是按照电空调的设备开支预算的，如果要更换成“非电空调”，预算要增加，这也导致很多场所最终放弃了“非电空调”。

再者，“非电空调”使用的助理燃料是天然气等清洁能源，在有些地方，这些能源的供应不足，也限制了“非电空调”的应用。

在国人大都对环保、节能还没有很强的意识，对“非电空调”的消费习惯还没有养成的时候，张跃犹如一位孤独的斗士，带领远大人在与强大的传统消费习惯、传统观念战斗。但是，观念的改变何其难也！

相比之下，发达国家和地区的环保、节能理念很强，远大的“非电空调”在这些市场推广起来容易多了。因此，截至目前，远大的“非电空调”绝大部分是出口的。

1997 年前后，远大的“非电空调”达到了顶峰，市场销售一度达到 20 多亿元。但是，由于国内市场迟迟没有大规模启动，国内市场对远大销售的贡献度一直很小。

一直坚守环保、节能的“非电空调”，拒绝进入电空调领域，严重影响了远大的发展规模。“远大进入电空调领域是分分钟的事情，而一旦进入，远大几年之内做到上百亿是不成问题的。”一名持续关注远大的资深企业人士说。

但是，张跃拒绝这样的成长路径，虽然这样的路径，能让远大快速发展，但是，那条路径不符合远大“把环保看得比赢利更重要”的价值观。

除了氟利昂问题外，目前的电空调还存在很大一个弊端，就是对室内空气造成污染。

一台室内机每天吞吐上万立方米空气，其过滤器、风机和盘管必然集聚大量尘埃，使细菌大量繁殖，严重损害健康，甚至引发肺癌。澳大利亚联邦科学理事会研究表明，全世界人们受到的空气污染93%来自于室内。世界卫生组织和世界银行把室内空气污染作为最严重的环境问题之一。室内空气引起的污染甚至会大于室外空气污染对人体的伤害。

2006年以来，远大潜心研制，终于开发出了具有自主技术的空气净化器，该净化器可以过滤“比细胞还小的尘埃”。2008年开始，张跃在远大“环保”宗旨之上，又加了一条“健康”，他梦想把这样的空气净化器安置到全球所有公共场所和家庭，让人类生活在纯净的空气中。

沉寂几年后，张跃似乎找到了一条符合自己的理念，又能让远大迅速成长的另一条路径——健康。在张跃看来，企业的根本责任不应该是赚钱，而应该是为人类提供高品质的生活。

显然，张跃是一个标准的理想主义者，艺术专业出身的他，在经营远大的过程中，自觉不自觉地将完美、理想赋予到了自己经营的事业中。

距离长沙机场半小时车程的远大城就如一个理想国，但张跃不是一个国王的角色，而是一个设计师，他设计着远大城的建筑布局、远大人的企业文化，更设计着远大的未来。远大城里有个大礼堂，名叫理想号剧场，张跃经常带领数千名员工在这里描绘远大的美好前景，中国乃至世界的大同世界。

不蒙骗客户 >>

在信息不对等、价格不透明之时，企业最容易“蒙骗客户”以挣取高额利润。

远大创业之初，其销售人员也出现过现在被称为“恶性竞争”的手法，通过夸大自己产品的性能、贬低竞争对手，以促进销售。但远大很快作出反思，提出“不蒙骗客户”。

远大将价格以及所有产品信息对客户完全开放。为了防止出现沟通不畅的情况，在与用户拟定合同时，远大就将产品的各种标准罗列出来，包括服务条款细则、未来的产品价格政策、何种情况能降价等等。

远大的产品都有一个完整的档案，上面附有每个零部件的具体数据、使用寿命。通过机组的智能显示系统，用户可以清楚地看到自己每使用一吨燃油能够产生多少能效，当初销售人员承诺的能效比例是真是假一目了然。

远大的价格政策更是全透明。在远大的网站上，有一个公开的价格表，什么设备多少钱写得一清二楚，对于任何客户来说，都不会有额外的折扣。远大还要求员工在客户初次表示有购买念头的时候，就必须将价格表的复印本给对方，并且出示原件以证明。

张跃承认："价格透明政策刚提出的时候，谁都反对。以往不透明的时候，总有因素让对手难以琢磨和决策。现在谁都知道你的价格，对手就比你低一点点，你也不能改，他就很从容地去谈别的东西了。但是我不怕，我对大家说，不管谁反对，价格一定要透明。"

价格透明，客户可以清楚地知道每一台设备的价格，竞争对手同样也可以轻易知道。这当然给远大的销售人员带来很多压力，因为竞争同一项目的时候，竞争对手对远大的底牌一清二楚。但张跃认为这是必须付出的成本，并不会因此而改变，在张跃看来"一个有道德讲感情的厂家，不应让讨价还价的人得到额外降价，使相信厂家的人反而多花钱。"

几年前，张跃在德国出差，正好远大在当地的机组出了问题，他赶紧写了一份传真给厂长，其中有一句是："我们要做世界上最完美的产品和服务，不仅仅是为了赢得市场，也不仅仅是想卖个好价钱，更是为了对得起客户对远大的友情和期待。如果我们因疏忽而造成缺陷，不但损害了自己的利益和尊严，更刺伤了朋友的心。"后来，这句话也成为了远大人的核心理念之一。

别人降价，远大提价 >>

目前，国内的大型直燃机市场已告别高速成长阶段，逐渐饱和并进入成熟期。虽然目前行业中尚无企业能够从经济实力和技术实力等方面与远大直接抗衡，但随着竞争对手数量的急剧增加，远大直燃机的市场份额和利润正在逐年降低。

同质竞争，最常用的手段就是"打价格战"。但远大几乎没有参与过价格战中，相反，别人连年降价，远大却在逐年提价。由于远大燃气空调的性能要求高，部件 90%来自全球采购，10%是远大自己设计、交由国内厂商生产的，因此远大的产品一般比同类产品贵 30%。

张跃对价格问题作出的解释是："远大是在以创造客户价值支撑非电空调这个行业。能源费用的大幅度降低是依靠资本、研发、服务的投入。一台 200 万大卡的中央空调，一年使用的能源平均要200万，一台贵50%的设备，只要每年节省50%的能源，一年就赚回来了。降价和节能孰轻孰重？现在有些厂家一味的价格战，空调卖到了铁和铜的价钱，导致产品偷工减料。无论现状多错综复杂，行业都需要有负责任的企业，来避免行业陷入低水平竞争。”

远大偶尔也有降价，每次降价，必是因为设计上的改进节省了成本。远大决不会为争夺客户降价。

远大在价格表上还标明了降价的指标：一、根据客户历年来的购买总价；二、根据付款的方式、比例和时间；三、下订单时间越早越优惠。张跃说，他设计那个表花了不少心思，就要传达一个理念：客户为我创造价值，我也为客户创造价值。

客户认同我们，及早告诉我购买的需求，付款比例大，降低我的采购风险，增加资金效率，这个降价就是客户应得的好处。

到2007年，远大非电空调以高于欧美和日本同类产品30%的价格，销售到世界40多个国家和地区，国际市场占有率达到了80%。

不让客户“买多了”>>

对于中央空调这种使用25年以上的产品来说，使用过程的能源消耗费用远大于设备自身的价格，如果空调设备的采购，比实际需要的制冷量多了10%，在接下来的二十多年的使用过程中，将浪费大量能源。对于卖家来说，用户买一台制冷量稍大的设备，价格肯定贵点，卖家自己的利润肯定也多点，但是，对于买家来说，实际浪费了大量资源，而这些浪费是看不见的。

远大销售人员的很大一部分工作就是给用户计算精确的数据。当一位客户有意向购买中央空调时，远大的销售人员——在公司内部称之为售前服务人员，会首先了解客户的具体情况，并请公司的服务工程师共同对客户的使用环境、用途进行评估和测算，然后对客户提出购买建议，如果用户要购买的设备制冷量过多，远大的销售人员就要千方百计地说服用户减少制冷量，买一台稍微小点的、便宜点的设备，总之，不能让客户“买多了”。遇到这样为用户着想的卖家，很多买家都会从怀疑远大的目的，到最后对远大信任、敬佩。

张跃认为这是销售者和服务者的区别。正是以服务者、而不是销售者的心态，远大成立了城市建筑节能研究院，让自己不只是空调设备的制造者，更是为客户提供能源节约方案的提供商。90%的情况下，远大销售人员会建议客户购买更小更便宜的设备，因为远大提出的方案注重节能，机组能耗要小于客户初始设计的方案。

不搞三角债>>

对合作者，远大从来没有三角债。张跃说：“我们从来没有拖欠一天银行的贷款。另外对员工的信任就相当多了，包括薪酬、医疗基金、住房基金，包括最近搞的自取购物。我们还对员工进行信用性的教育。有一篇文章就是《没有信用就没有生存》，谈了一个人怎样以信用立足社会的问题。所以员工对公司的信用从过去历史来看也是非常好的。首先一点，没有一个远大的技术人员背叛远大。”

被大多数公司接受的“尾款”，被张跃认为是危害很多产业的严重疾患。留尾款，是大型设备销售中的普遍现象，尤其像中央空调这样的设备，买家大多是房地产商，购买设备罕有先付全款买下的，比较有信用的也要最后留三成尾款年底付清。但是张跃却要求销售人员，必须全款发货，货款不到账，机器不出门。

很多公司并不愿意轻易改变自己的规则，所以，有时候远大的销售人员眼睁睁看着订单丢掉，但是张跃并不妥协。他认为，尾款不仅影响公司财务健康，而且很容易形成三角债。

除了自己要求买方不留“尾款”外，远大也对自己的供货商不拖欠一分钱。

张跃说留“尾款”有可能导致“客户拖欠厂家的，厂家拖欠供货商的。”远大有三四百家供货商，任何一家供货商都可能因为货款问题产生情绪，都可能影响到远大产品质量，破坏整个供应链的健康。

把爱看得比什么都重要>>

在“远大价值观”上，张跃还有这样的表述：在人际关系淡漠、经济生态失衡、金钱影响万物的时代，远大一直以创造客户价值为核心，善待员工，不亏待合作者，诚心扶助饥寒群体，把爱看得比什么都重要。

偷税之所以普遍，是因为所有偷税者都认为自己占了便宜。但是张跃却认为偷税的风险，尤其是对企业诚信文化的破坏，远远大于纳税的损失。“抛开企业社会责任不谈，每个企业都希望建立内部的诚信文化，至少老板不会愿意财务人员欺骗自己，但是如果老板首先要求财务人员通过做假账偷税漏税骗政府，那么财务人员就会回头来骗老板。作为老板的你是否应该反省一下自己的行为？你因为自己经营不善而要求会计偷税漏税，却如何希望你的员工不受你的影响，而保持诚信？”

远大连续10年交税过亿，纳税占总销售额的比例接近10%。

在远大办公室的一侧尽头，有一个员工聊天、休息的小酒吧间，墙上贴着一些近期的奖惩通报。在一张国家税务总局发布的《2005年度中国私营企业纳税百强排行榜》的榜单上，有着张跃的批示："远大人要一起努力，让远大排到第一位。"

远大在这个榜单上排在第18位，远大曾经连续多年排在中国私营企业纳税额的前5名，2002年甚至排在第一名。而事实上，远大的年营业额只有10多亿元，在中国的民营企业中规模并不算很大，只有一些房地产公司营业额的几分之一。

"决不偷税漏税"，在远大并非空话，而是必须执行的要求。

1995年开始，张跃首开中国企业先例，为每个职工开具纳税证明。张跃始终坚信纳税证明不仅能给与每个员工荣誉感，而且最终能激发所有人潜在的责任意识。

"持续地创新、遵守道德，把道德标准提得很高，这一切其实都是为了快乐。人不会孤立地追求一个道德，追求环保，追求健康，我们人本身最原始的东西，是为了追求快乐。"张跃说，因为，远大把道德看得比生存更重要。

《21世纪商业评论》陈和

马云

大师语录 >>

造就一个优秀的企业，并不是要打败所有的对手，而是形成自身独特的竞争力优势，建立自己的团队、机制、文化。我可能再干5年、10年，但最终肯定要离开。离开之前，我会把阿里巴巴、淘宝独特的竞争优势、企业成长机制建立起来，到时候，有没有马云已并不重要。

2000 年 7 月 24 日《福布斯》第一次选择一位中国商人作为封面人物，这个人就是马云。

这个敬业的记者跟了马云 3 天，随后，又发过来 180 多个问题让马云答复。甚至马云在谈话中提到的新加坡和澳大利亚伙伴和朋友，记者都一一调查过。一个月后，马云在香港的大街上看到了已经出版的《福布斯》杂志，“这时我才知道《福布斯》把阿里巴巴评为全球最佳 B2B 网站，把我弄上了封面”。

封面上的马云像一个来自遥远东方的精灵。他精瘦，从他握起拳头的右臂能看到骨骼突起。身着一件红蓝白相间的格子衬衫，透过没有系的第一颗纽扣，能看到里面套着的蓝色衬衫领子。他满面笑容，却摆出一副战斗者的架势，在紧握的双拳之间是杂志白色的大标题：Fighting for eye balls。这个男人笑容灿烂，右腿微弓，身体前倾，做出向前冲锋的架势。

这时阿里巴巴刚刚成立 18 个月。在此之前，没有一个中国商人登上过这本创立于 1917 年的商业杂志。

这一年，孙正义投资阿里巴巴的 2000 万美金到账；阿里巴巴从湖畔花园搬迁到办公条件远胜于前者的华星科技大厦；马云请来了金庸、王志东、张朝阳、丁磊和王峻涛，开始第一届西湖论剑；同样是这一年，马云说：“(欧洲)一个国家一个国家地杀过去。然后再杀到南美。再杀到非洲，9 月份再把旗插到纽约，插到华尔街上去：嘿！我们来了！”

但这一年的惨烈后来广为人知。2000 年 9 月份，马云宣布阿里巴巴进入紧急状态，2000 年年底，阿里巴巴开始裁员。刚刚上任没有多久的 COO 关明生在阿里巴巴全世界各处的办事处和分公司旅行，不是要巡视这个刚刚建立的小王国，而是前去封闭它们。在后来的描述中，经常有“这些人都哭了”这样的语句出现。这些加入阿里巴巴的年轻人没有任何过错，他们真心热爱这家公司，非常诚挚地相信马云勾画的未来。不是他们背弃了这家公司，而是这家公司已经无力承担他们存在的费用。

阿里巴巴的一位高层李博达说，“我只有一次看到马云对自己没有信心”。那天，马云打电话问他：“你觉得我是个不好的人吗？这些人愿意留在公司，现在因为我的决策失误，这些人要离开，这不是我想做的事情。”马云好像哭了，他说。

日后如果有历史学家描述这个细节，他会承认，这是一个非常人性的时刻。

从那之后，或者说从阿里巴巴度过它的第一个冬天之后，我们再也没有看到，马云表现出类似的自我怀疑、动摇和信心不足。

“以前我经常动摇，但现在不会了。”在上海四季酒店的一次闲聊中，马云表示。

将近8年之后，马云已经成为中国大陆知名度最高的商人之一。他的公司刚刚在香港上市不久，并且成为自google之后，最火爆的互联网公司IPO。再没有记者能够对马云进行长达3天的访问。因为上市之时，马云做出承诺，一年之内不会接受采访。

2007年12月17日出版的《财富》杂志亚洲版选择马云作为当期的封面人物。如果将这个封面同7年多前那本《福布斯》杂志的封面放在一起，人们可以明显地看到这个商人自身发生了巨大变化。

出现在这期《财富》杂志封面上的马云穿着黑西服、白衬衣，系一条红色领带。连白衬衣袖口的扣子也中规中矩地系着。他双手抱于胸前，同样瘦削，同样是整齐的黑色短发，但是笑容已经不像前者那样夸张，露出两排牙齿，取而代之的是一种有节制的笑，嘴唇紧抿，目光斜视，嘴角含笑。他的身体也不再前倾，像要急不可耐地发起一场进攻，而是颇有风度，笔挺地立在那里。它们表现出的是两种不同的自信。

同期《财富》杂志全球版选择的封面人物，是炙手可热的苹果公司总裁史蒂夫·乔布斯。《财富》引用吉姆·柯林斯的话，说乔布斯是"商业世界的贝多芬"。在中国，这一荣耀要归于马云。他们都拥有一种经过历练的激情，以及对危机的判断能力。

"我这么多年可不是白过的。"马云笑着说。

马云的判断是，另一次冬天将会降临，"次贷危机引发的连锁反应还没有真正显现。目前大家只是对危机感到惊讶，它的真正破坏性还没有体现出来"。

在他2月份的一次演讲中，马云对阿里巴巴的全体员工说："2008年对阿里巴巴来说是一个艰难的年份。2008年我们不应该把自己弄得非常响，要低调处理。2008年要准备好过冬。美国次贷危机以及整个世界、中国的问题，互联网可能面临另外一次冬天的到来。B2B 2007年年初本来不准备上市，但是年中加速上市，因为我们预感到冬天要到来。从战略储备上来讲，我们已经准备好了过冬的物资，但是我希望所有的员工要准备好过冬的心态、毅力和能力的培养。我不是危言耸听，这次冬天会很长久，但是冬天后活下来的人就有机会赢。"

正如他在第一次冬天来临之前，拿到了孙正义的投资——后来有人在叙述这个举措时，称马云是"力排众议"；他在第二个冬天来临之前，选择将B2B业务在香港联交所上市。

"我预见到了资本市场的关闭。阿里巴巴上市是为了拿到钱，准备过冬。"在不久前的一次谈话中，马云这样说。

但不同的是，如果真的有第二个冬天，这也是在马云的预料之中，他不必再像第一次那样略显失措。

当他面对阿里巴巴的员工演讲时，台下站着的是将近9000个年轻人，他们中有人因为阿里巴巴的上市已经身价不菲，无需再为生计劳碌。他们在为中国最受尊敬的一个互联网公司工作，他们的领导者是中国最受欢迎的商人之一。他们公司的董事会里坐满了全世界最知名的商人。

和 2000 年不同，阿里巴巴上市时超过 200 亿美元的市值让马云成为《财富》杂志所称的“中国的互联网之王”。

“冬天后活下来的人就有机会赢，我们要成为最后剩下来的人。”马云说。

那些没有击败我们的，都让我们更强大。经历过第一次冬天的阿里巴巴在 7 年之后，仅仅 B2B 业务就创造出了一家市值百亿美金的互联网公司；马云希望在他所称的这次冬天过后，阿里巴巴能够成为一家真正的世界级公司。

“依赖大量贷款资金投入的公司会受到大影响，比如沃尔玛。”马云说。在多次演讲中，马云提出“十年内淘宝交易量要超过沃尔玛全球的销售额”。而根据他的判断，投入不多的中小企业受到这场危机的影响会比较小。这也是马云最近一直在传递的观念，包括他在网商大会上关于中小企业如何应对次贷危机带来的经济衰退的演讲。

马云为阿里巴巴过冬做的另一个准备是中文网。“中国的出口会受到美国次贷危机带来的美国经济衰退的影响。我之前就有一个判断，中国加入 WTO 前五年，出口会增加，后五年，进口会增加。目前阿里巴巴中文网站的浏览量是英文网站的几倍，这些浏览量终究会带来商业上的收益。”他说。

阿里巴巴也从未停止过对人才的招揽。马云从百安居将卫哲挖到阿里巴巴，负责 B2B 业务，随着这部分资产的上市，已经让更多人认识到他的远见。“当时我就想，卫哲这样的人，即使要挖，也是我们去挖，阿里巴巴这样一家互联网公司去挖他干什么?”万科董事长王石曾表示，马云在人才使用上的不拘一格让他很有启发。

“我到阿里巴巴做全职，也是接到马总的电话，他说你考虑一下明年全部时间过来工作吧。我说我考虑下，没过多久就答应了。”曾鸣说。这位被认为是中国最杰出的战略管理学者，目前在阿里巴巴的称谓是“总参谋长”。

马云认为自己关于冬天的预言正在逐步得到验证，而阿里巴巴能否度过一个舒适的冬天，并且按照马云的设想，成为最终的站立者，只能由时间来判断。

无论是怎样的结局，它也无损于马云凭借个人的勇气和坚韧获得的荣光。

中国的互联网之王 >>

直到今天，仍然有一种不友善的言论环绕着这个男人。尽管他已经在某种程度上证明了自己，并且用自己的坚持、睿智和机敏征服了大多数中国人——毫无疑问，他是当下中国最具知名度的商人，尽管他从未成为首富，他创立的公司距离相当一部分中国人仍有距离，而且也没有环绕过多非理性的光环，比如环保、太阳能、民族主义或者高科技。

他甚至激怒了一部分人。这些人中有他的同行，也有一些媒体记者。他们为他的傲慢和大众对其魅力的臣服感到不快。很多城市都为自己没有这样的公司创立者感到懊恼，与此有关的讨论四处蔓延。但这种讨论和对这个矮个子男人的迷恋忽略了太多他人的感受，以至于很多互联网明星开始公开表现出对这只出头鸟的不屑。

2007 年 12 月份出版的《财富》杂志(亚洲版)选择他作为封面人物，称他为“中国的互联网之王”，“他推动和促成了自谷歌以来最热门的互联网公司 IPO，打败了 eBay，联合雅虎一起建立了中国最大的网上交易市场”。但这桩自 2004 年谷歌上市之后最火爆的互联网公司 IPO，随后也无法避免因为大环境的不景气而带来的股价下跌。这成为那些对马云不屑之人的口实。“马云有什么啊，股价跌了一半”，从不吝于将自己展现于媒体之前的朱骏，在接受我的访问时出人意料地提起这个话题，他是被上海媒体关于马云的讨论激怒的，或许他想捍卫上海商人的尊严。这也同他个人的成功观有关。说来有趣，朱骏的成功观和马云一直宣扬的成功观相同，他们都认为运气在一个商人的成功中占据很大成分——上帝掷色子，总有人被挑作幸运儿。热爱谈论是非的媒体迅速散播了他的评论。

另外一位曾经成为富豪排行榜上首富的互联网明星在接受一次尚未发表的采访时，评论中国商界的浮躁，说：“有一家企业去年 11 月份在香港上市，市值 200 亿美金。整个中国的媒体为此轰动。但是我觉得你要回过头去看，它到底创造了多少利润，(你会发现)其实屈指可数，但媒体界人人都把它变成标杆，把它当成榜样。”

马云自己讲过的一句话被四处传播，“我打着望远镜都找不到竞争对手”。我看到他在又一次讲这句话时，将两只手举起来，像孩童时期玩战争游戏那样，手指圈拢，比划成一个望远镜模样。“我确实讲过这句话，而且直到今天仍然这样认为，”他说，“但是媒体都引用了我的前半句话，而忽略了我的后半句话，我说，我看到的都是值得我们学习的榜样。”他面部表情丰富，同时借助语气词和手势，把台下的听众逗得大笑：“这家公司不错，我得好好学学，咦，这个也不错……”

对他的傲慢不满的，还有更多的媒体人。很多无从考证的话让他们感到恼怒，比如盛传马云说过，“国内媒体我只接受中央电视台的采访”。这还是在他声明一年不接受媒体访问之前。在他风头最盛的一年，在媒体最热切地想要让他成为封面人物或者特别报道的主人公时，他宣布自己一年之内不接受任何媒体的公开访问。这个诺言得到了严格遵守。在上海四季酒店的咖啡厅内，我随手拿出笔记本放在桌面上，阿里巴巴的公关副总裁王帅看了我一眼，说我最好收起来，因为说好了不是一次采访，而只是闲聊。

当我们坐下，我得承认我被他迷住了。总是有记者和作家对他们的描述对象入迷，哪怕是暂时的。就好像西奥多·怀特无法抵御肯尼迪总统的魅力、韩素音为周恩来折服、汤姆·伍尔夫被罗伯特·诺伊斯迷倒。他们(包括马云)都拥有一种让人羡慕的能力，那就是让与之共处的人感到愉快。但要注意，那不是取悦于人的能力，而是征服谈话对象的能力。

对于马云而言，在这种情况下，他自身的传奇经历仅仅是一个背景，或者是一个脚注，如果没有这些，甚至在他没有取得大众眼中的成功之前，他也一定会是个受欢迎的人。那些和他保持了多年友谊的人都可以证明这一点。他们在谈论马云时，满面欢笑，而不是像大多数知名人物的目睹者一样，一脸不屑或者使用一种神秘的揭露谜底的口吻。我认识的一位早年报道马云的记者说起当年决定去见马云的想法，“无论他是不是会成功，至少他是一个有意思的人，而且真的很努力”。

这种魅力当然并没有征服所有人。我的另一位朋友向我解释他供职的杂志为什么从来不考虑报道马云和阿里巴巴，原因是有一次，这份颇有名气的商业杂志做了一篇中国雅虎的负面报道。结果，当时担任马云助理的王帅给这份杂志的投资人打电话，抱怨说因为阿里巴巴没有屈从于这份杂志的敲诈威胁，所以杂志做了负面报道。杂志主编为此大为恼怒，因为这是针对一个媒体人职业道德的指责。尽管这个说法中有很多值得推敲的地方，但事实是，他们的确再也没有做过阿里巴巴的报道，哪怕是让媒体无法回避的阿里巴巴香港公开上市。

不过，千万不要据此认为，阿里巴巴的公关做得不好。阿里巴巴的公关部门可能拥有最广阔的媒体网络。他们善于经营自己在传媒圈中的人脉关系，在面对一个陌生记者时，都能准确地说出几个大家共同认识的人的名字。尽管马云宣布一年不会接受媒体访问，但是媒体关于马云和阿里巴巴的报道仍然层出不穷。如果换在其他商人身上，马云的这一声明和流传的许多他的傲慢语录，完全可以被当作一种公关上的自杀行为。

那些认为自己富有洞见的媒体人，会认为马云已经被“神化”，而且有些过头。他们对马云的认识是一个“去魅”的过程。他们对马云和阿里巴巴的成功分析得头头是道。一种愤世嫉俗的看法是，马云和阿里巴巴的成功建立在这个社会缺乏信任感的基础上，而这在西方世界是不可想象的。这种说法不无道理，在阿里巴巴的网商大会上，那些被邀请到台上介绍经历的成功网商们总会说到：“还有一个很大的优点是，不用担心回款太慢……”淘宝网的最大优势之一，也在于它对诚信系统的重视。但是，这有什么错呢？把互联网作为交易平台，也并非只有我们这个缺乏诚信的社会才有，eBay和亚马逊早已成功在前。

马云自己对媒体的态度也有些奇怪。他是最擅长利用媒体的商人之一，或者说他总能征服媒体的镜头和语言。但是早年的不快经历让他对媒体始终怀有戒心。在一次不对媒体开放的演讲上，马云对台下的上千人说，不要相信外面对我的描述，我只是一个普通人。“有一次我在飞机上看到一本杂志，第一页在描述一个人，我一看，这个人这么厉害，我得好好学学，翻到第二页，哦，原来是在说我啊!”

媒体对他的质疑和攻击让他不快，对他的前倨后恭更让他在描述时有一种复仇般的快感，“11 月 6 日我们上市，前一天，还有很多人说我在吹牛，在质疑我，可是第二天，所有人都开始夸我。我不明白一天之间我这个人发生了什么变化?”

市面上流行着好几本关于他的书。为了了解阿里巴巴和马云，我阅读了郑作时的《天下没有难做的生意》，沈威风的《倒立者赢》和孙燕君的《阿里巴巴神话：马云的美丽新世界》。“马云这个名字成了图书销售的票房保证”，一个图书编辑对我说。让人吃惊的是，仍然还有人在撰写关于他和阿里巴巴的书，尽管在有限的资料和有限的采访约束下，已经实在再难以对他做出新的解构和阐释。

马云会在演讲时说，不要看这些书。但据说有些书曾经是给阿里巴巴方面过目的。按照马云本人的性格和处事方式，他不会有意为难这些书的作者和希望出版畅销书的书商。更何况，这有益于他个人声望的传播，最终导致的结果就是马云的神化。

他自己也在不断为自己“去魅”。尽管从他的一些言论判断，这个商人狂妄得可以，但搜索他谈话的另一部分，或者聆听他的完整演讲会发现，他总是在说自己是个平常人，并没有过人的天赋，自己的成功很大部分原因要归结为运气。

笑傲江湖 >>

作为一个对商人和商业产生兴趣过晚的记者，我第一次对马云有浓厚兴趣是在三年前。那时，马云已经上过了《福布斯》杂志的封面。这是中国商人第一次登上《福布斯》全球版的封面：一个相貌怪异的中国男人，笑容满面，却拳头高举做出强硬姿态，标题是，“为眼球而战”。“西湖论剑”也已经成为中国互联网世界的盛事，顶尖的互联网明星们像金庸小说中的绝顶高手，聚集在杭州，谈论跟互联网有关和无关的问题。他甚至已经完成了和雅虎的联合，阿里巴巴收购雅虎中国，雅虎全球则参股阿里巴巴，这个交易让全世界媒体都兴致盎然。

但是击中我的不是这些大事件。我参与创办了一本文化杂志，我们在做创刊号，雄心勃勃想要让它成为中国最好的。我们在讨论应该让什么人登上这么一本伟大的杂志时，有人说，我们应该采访马云，“他觉得自己像风清扬，张纪中在拍《笑傲江湖》时，他对张纪中说，他觉得自己适合演风清扬”。这是兴趣的最后一根稻草，一个有趣的精灵般的商人比深沉得像政治家般的企业家更让人喜欢。

后来我有机会当面问他，“你为什么觉得你自己像风清扬？”马云回答说，这又是一个以讹传讹的事例。“事实上，是我把张纪中介绍给金庸的。金庸以一块钱的价格把《笑傲江湖》的拍摄权卖给张纪中，也是我牵的线”，他说，“在张纪中拍《笑傲江湖》前，我们一起吃饭，我就问他，你觉得我适合演哪个角色？他说，风清扬吧！我要是真的去演戏，投资者不干了，我老婆也不干了！”

但马云还是把风清扬作为自己的一个ID。还是不断有人称他为风清扬。这个在金庸小说中出现不多的高手，看破红尘，与世无争，但却领悟了一种竞技技能的最高哲学，风度翩翩，神龙见首不见尾，让人捉摸不定。

我第一次见到他本人是在博鳌亚洲论坛上。当他在距离我几米远的地方讲话时，我身边一位记者对我说，他第一次见到马云是在《财富》杂志的一次论坛上，“当马云在台上讲话时，我旁边坐着的一个商人侧过身对他妻子说，‘我最讨厌长成这样的人了，一看就像个骗子’。”这名商人和他的妻子都大名鼎鼎。

必须承认，我们有对商人不友好的传统。当有人过于主动向我们展示一件东西时，我们本能地心生警惕。我们崇尚内敛，社会和组织都不鼓励公众人物率性而为、大胆表达自己的意见。我们喜欢的是所谓沉静型的领导。毫无疑问，马云与此形象截然相反。他口才惊人，从一开始他从事的就是要说服别人的工作。无论是他早期的教师生涯，还是随后的创业。他不断说服人，让他们加入他的公司，投资他的公司，同他合作，相信他，购买他的服务……

《三联生活周刊》的副主编苗炜对我说，他第一次看到马云的录像，是马云到中国足协等体育机构推销他的中国黄页的画面，“我一看，这不是马云嘛！……我怀疑这都是体育记者拍的，不是商业记者拍的。整天守在足协等新闻，一个奇怪的人走进来，大家都觉得好玩”。

马云和他的公司从开始的落魄到现在成为明星，时间并不长，留下了太多的亲历者和旁观者。一个早年曾采访过马云的记者说，有一次马云到上海做活动，完了之后请她和另一个记者吃饭，吃的是日本菜，没想到结账的时候，马云身上的现金竟然不够。“但马云还是有大将之风。他说，我借你的钱来埋单，回头我双倍还你”。回到杭州之后，马云让他的下属送来钱和另外一些购物券，正好是他承诺的数字。

包括《阿里巴巴神话：马云的美丽新世界》的作者孙燕君，他也是马云早年结识的记者之一。这本书中最为精彩的部分，正是从他认识马云开始，而到马云离开北京为止。

正是这些亲历者和旁观者，以及关于他的无数传闻，让这个小个子男人成为一个活着的传奇。这也是马云本人所不能控制的。

演讲天才 >>

在马云的魅力构成中，他的演讲能力应该占据很大一部分。如果马云不是如此擅长于蛊惑人心的演讲，他的公众魅力会大打折扣。在他的领导才能中，说服别人的能力是必不可缺的一项。

我最近一次听到他的演讲，是在 3 月 17 日北京长城饭店的阿里巴巴北京网商大会上。气势恢弘的宣传片过后，主持人和首位演讲者陆续登台，阿里巴巴选中的优秀网商们也纷纷登台介绍自己的经历和经验。

但真正的高潮还是要等到马云的出现。当他身着黑色外套和浅色宽松牛仔裤出现在红色的舞台上时，大厅内的接近 1200 个人一下子静了下来，所有人都看着他在铺着红色地毯的舞台上走来走去，挥动着双手，慷慨陈词。

他以自嘲开场，告诉台下坐着的上千位商人——他们中的很多位会把马云视为偶像，而且大都是阿里巴巴中国供应商的客户——自己只是一个普通人，"实际上在这个公司我是最轻松的，九年来，我没写过一个程序，所做的工作也就是收发和浏览电子邮件……到今天为止，很多挫折我们怎么碰上的，后来又怎么逃出来的，我也没搞清楚"，所以，"以后再看到乱七八糟的书和杂志说马云多厉害，千万别相信"，"(我的成功中)运气是很重要的因素"。

他把自己同台下的人视为同类人，也希望他们把自己视为同类人，他描述自己所做的公司，只是"一个小公司，高速发展，有了大的社会影响力"，但是他为这家小公司设立了一个宏大的目标，"十年内超过沃尔玛全球销售额"。他传递给这些商人的是，在广义上，他的路径并非不可复制，任何人都可以通过坚持取得成功。

他的演讲语速极快，但是却吐字清晰，这确保在场的每个人都能够听仔细。他没有上海人和杭州人讲普通话时的语气和习惯，甚至，他也没有很多人演讲中常有的停顿，以及不自觉的语气词和习惯用语。

他在舞台上走来走去，像一位完全投入剧情的演员。他双手挥舞的每一个动作都似乎有助于他的表达。当他说到"手表"时，他马上就从自己的手腕上摘下自己的手表，举起来给众人看。他非常熟练地使用让在场者感到亲切的词语，比如"不靠谱"，"灭了它"。

他又是一个通俗易懂的警句的创造者，这对他毫无难度，"品牌就是别人都死，你还活着，这就是品牌了"、"中小型企业最重要的战略就是活着"、"该干什么比能干什么更重要"、"找对的人，而不是好的人"、"土鳖必须海水放养，海龟必须淡水养殖"。

在长达一个半小时的演说中，会场内几乎无人出入。后来，他自己对我讲，阿里巴巴全体员工开会，9000 人的会场内，当他讲话时，“有人咳嗽都听得到，即使是看演出也不会这么寂静”。

他能够用最简单、最易懂、最容易被人接受的语言来解释公司面临的任务，或者解释“你们”应该如何去做，或者阐释“我们”身处其中的境遇。比如他对网商们、也就是中小企业主们说，公司的战略应该由三部分构成：“你想干什么、你该干什么、你要干多久”；他在解释自己和创业伙伴们面临的处境时说，“除了工作以外没有爱好，除了同事之外没有朋友”。

我们知道，很多公司的领导者甚至没有能力组织一队小学生排队过马路；我们知道，很多公司的领导者在内部会议时滔滔不绝，但是在公开演讲时甚至口齿不清。而马云如何获得他的演讲能力?

我们在无数以马云为主人公的文章和书籍中可以看到，这个经过三次高考才考上杭州师范学院的年轻人，当年是如何徘徊在杭州的各大宾馆门口争取各种机会学习英语的。英语和互联网一样，成为他成功的最有效途径之一。但是他又如何获得他那杰出的解释能力和激励人的能力?

“我没什么演讲能力”，在上海四季酒店的咖啡厅内，他看着我说，“我的秘诀是，就讲你相信的那些东西”。显然，这不是一个具有说服力的回答。这个回答和马云的很多话一样，透露着他希望传递的诚恳、平常化和举重若轻态度。但这也会被人理解为遮掩和“装”。

经验丰富的船长 >>

这次的见面曲折而艰难，部分由于马云早已经变成众人追捧的明星，部分由于他“一年之内不接受媒体采访”的诺言，当然，他也实在非常繁忙。

当他戴着一顶黑色帽子出现时，我对他开玩笑说，崔健曾经有一次不戴帽子去看一场演出，一个记者问他：“崔老师，您不戴帽子，是怕被别人认出来吗?”他开始笑。

谈话如他所愿，成为一场没有主题和轻松随意的漫谈。他态度随和，有问必答。无论是关于阿里巴巴的一些商业问题——比如对雅虎中国的整合，还是针对他个人的一些问题。

他说自己开会的风格倾向于简短。大部分具有魅力的领导者倾向于将每次会议都变成自己的讲台，而马云说，“如果一个人的发言超过 20 分钟，我会说，等你想清楚了我们再来开会吧”，因为“大家都很忙”。

在同我们的交谈中，他毫不讳言自己曾经犯下错误。他努力给人以坦诚的印象，他是这方面的大师。比如，他承认到目前为止阿里巴巴对雅虎中国的整合仍然不算成功，“收购雅虎中国，我们得到的最宝贵的东西，不是搜索技术，而是并购经验。这样的经验可以保证我们以后再碰到公司并购时，少犯错误”。他开玩笑说，这次并购真的让他明白，为什么人们总是说，“只有买错的，没有卖错的”。

我问他如何保证自己不会犯致命的错误，他的回答出人意料，“我努力不犯致命的错误，但我并不能保证。我唯一能保证的是，每一次错误之后，能够迅速改正”。

但是他已经处在对自己的商业判断能力相当自信的阶段。他说自己像一个经验丰富的船长，能够嗅出风中飘散的危险的味道。“我以前经常动摇，现在不会动摇了……我的信心建立在我相信我们开拓了互联网的商业模式；同时我们相信中小企业的活力。如果这些东西都能够被动摇的话，那么我信心的基础也就被动摇了”。

这位经验丰富的船长嗅出的危险包括由次贷危机引发的经济不景气。在他看来，次贷危机对世界经济的损害还没有真正释放出来，目前我们仍然停留在对事情的糟糕程度表示惊讶的阶段。他在数个场合都表达了自己的这一观点，与此同时，他宣布自己预见到了资本市场对公司的关闭。目前一些大陆公司在美国和香港上市时所碰到的麻烦证明了他的这一判断。“阿里巴巴选择上市是为了拿到这笔钱，然后准备过冬。次贷危机的连锁反应还没有真正出现。”

他描述了自己为何决定将阿里巴巴的招股价定在 13.5 港元。阿里巴巴本能够将这个价钱抬高很多。这会为阿里巴巴带来更多的现金。但是马云说，“在面对诱惑时，一定要坚持原则”。这种坚持带来的结果是，尽管阿里巴巴的股价随后开始下跌，但是相对于本不高的招股价而言，这种下跌显得没有那么残酷。

这种危机会带来何种结果？马云认为有准备的阿里巴巴或可能成为受益者。因为，“那些依赖大量贷款资金注入的公司会受到大的影响，比如沃尔玛”，而“中小企业受到的影响会比较小，正好像每次危机发生时，饿死的都是老虎、狮子和大象，而不是蚂蚁”。阿里巴巴所服务的灵活的、低投入低成本的中小企业将会继续幸存，并且在为自己带来生意的同时为阿里巴巴带来生意。

阿里巴巴为“过冬”所做的另一项准备，是马云已经开始大力推广阿里巴巴的中文网站。“中国的出口会受到美国经济危机的影响。我之前就讲过，加入 WTO 前五年，出口增加，后五年，进口会增加。所以阿里巴巴做了中文网站。目前中文网站的浏览量是英文网站的几倍”。他相信，这既能让阿里巴巴度过风暴，也能够成为它的下一个增长点。

但是真正让他自豪的，或者目前最让他津津乐道的，是他在阿里巴巴创建的一种制度，或者文化。他不断地跟我们强调这种制度和文化的重要性，同时表现出对外界传言和分析的不屑一顾——因为他让自己的几位创业伙伴休假和到国外读书的举动，被媒体解释成为马云的“杯酒释兵权”。我们的文化本身盛产各种阴谋论，任何一种举动都可能会被人认为是别有用心，商业生活中无时无刻不在演练着《君主论》和《孙子兵法》。但马云乐于让我们认为，这只是一种健康的举措，“公司内每个职务都有三到五个人可以顶替上去”，“公司不能被个人绑架”。同时，为个人考虑，“个人也不能被公司绑架”。正像他描述自己和创业伙伴的处境时所说的，他们都是被公司绑架了，“除了工作以外没有爱好，除了同事以外没有朋友”。

他认为自己让创业伙伴休假和读书的做法，是免除了他们被公司绑架的困境。与此同时，这种方法也是让这些杰出的创业者们获得知识更新的机会。说到此时，他开始娴熟地讲述战争的历史，每一次新的技术革命都改变了战争的方式。他描述自己在看到电视直播美军进入伊拉克时的震惊，没有游击战，也没有激烈的反抗，出乎所有人的意料。他不能让自己的经理人在面对装甲兵部队时，仍然采用骑兵司令的作战方法，“骑兵司令要变成装甲兵司令”。

或许马云的真正过人之处正在于此，他能够把每个雄心勃勃的创业伙伴都变成并非不可替代的经理人，并力图使他们为一个理想经冬历夏而不言悔。他像一个公司王国中的华盛顿，试图依靠建立某种制度来保证每个开国兄弟都能够卸甲归田，或者如果乐意仍能够在一种制度中出类拔萃。他的这种“干部轮休制度”让孙正义也大吃一惊，“他打电话过来对我说，这是我想了16年都没敢做的事情”。

“只有这样的公司才能够成为真正世界级的公司，才可以和微软、谷歌这样的公司竞争”。马云从来都不会掩饰自己的野心，这也是很多人认为他总是在夸夸其谈的原因，“阿里巴巴会被微软、谷歌、eBay这样的公司当成竞争对手。他们不会把国内其他互联网公司当成对手，因为这毕竟是一个区域市场内的胜负。”

他会因为对手的强大而心生怯意吗？当然不。他只会把对手的强大当作对自己的赞扬，因为“你越强大，你的对手就越强大”，“做到微软的级别，它就把美国政府当作自己的对手了；而美国政府，则把看不到的地下恐怖组织当成对手了”。

谈话进行得不紧不慢，当需要就一个他认为较为敏感的问题表明自己的立场或者说明阿里巴巴的行动时——比如在谁应该收购雅虎的问题上，他会笑，然后重申，“这不是采访”。

他在短时间内俘获听众的能力再次得到展现。他随和、平易、毫无架子。他主动提出要同我们交换名片，尽管我们都知道这并不意味着能通过一个电话找到他。但这样的举动既出乎意外，又让人惊喜。他的所有傲慢都表现在他毫不掩饰自己的强大上，在其他方面他是待人接物的天才。

《经济观察报》李翔

刘永好

大师语录 >>

做产品是一分钱一分钱地赚，而做品牌是一毛钱一毛钱地赚。

基于对当今中国历史发展阶段的判断，刘永好的预言其实更接近于一种设计：一头是农牧帝国更加强大的产业链；另一头是小农户转变为“小农场主”的体制构建。这位中国农牧业的头号民营企业家对中国农业破局的探求将会牵起多大波澜？

民营企业家的历史判断 >>

2008 年春天，刘永好高调表达自己对中国农产业发展历史阶段的判断：中国的农业已经进入了转型期。并且预言，中国农业一次根本性的升级换代已经势不可挡，规模化、现代化、产业化的发展模式正逐渐成为主流。他甚至宣称“中国农村正在经历第三次变革”。作为中国农牧业目前最成功的民营企业家，刘永好掌握着充分的论据来证明自己的观点。

普通老百姓可能都对 2007 年的猪肉价格飙升记忆犹新。这一年，以猪肉为首的农产品价格异常快速上涨，被认为是国内一轮持续通货膨胀的主要推手。引起这轮涨价潮的原因，既是由于国际市场上玉米、大豆等大宗饲料原料上涨，拉动了生产成本上涨。更重要的原因是，由于大批散养户无法应对日益复杂的动物疫病和市场变化，血本无归之后陆续退出养殖，选择外出打工，导致供应出现短缺，猪价长时间持续高企。大起大落是农业高风险的表现特征。

猪肉是中国人主要的蛋白质来源，猪业是中国最重要的畜牧养殖业，年产值达 5000 亿元，涉及产业链消费链上十几亿人的民生。猪年的热点话题延续到了 2008 年的全国“两会”。新希望集团作为中国最大的猪肉供应商，刘永好被众多媒体包围，一遍遍地被追问对猪肉涨价问题的看法。

刘永好认为，当今农村千家万户的生产模式正在经历变革与转型，这种转型不单发生在猪业。

在他看来，新中国成立后经历过两次农业变革（分别是解放初期土地改革和改革开放初的土地承包责任制）都取得了成功，但是当今中国城市经济与农村传统小农经济的巨大落差，已经不适应中国经济协调发展的步伐，不适应国内外市场对食品安全的要求。

在像新希望集团这样的农牧业巨头的产业链模式中，上游的种苗、饲料由企业提供；养殖环节以合作经营的形式交给农户，其间有专业的技术人员提供帮助；再由企业负责下游的产品收购、加工、销售。养殖环节中“几亩田、一头牛、几头猪、十几只鸡”的小农户占了大多数。在不少地方中国的生产方式经历千百年至今面貌依旧。

说不变其实是农户小规模的、分散的养殖方式的不变，事实上当今中国农村的就业人员与结构已经发生很大的改变。刘永好把它总结为：精兵强将去创业，身强力壮去打工，家属随行同进城。据他了解，全国在乡镇企业就业的人口数量在6000~7000万左右，进城打工的青壮劳动力有1.3亿，随行进城的家属5000万人。总体来说，2.5亿农民离开了农村，已经成为城市消费者。

身为全国政协委员、全国政协经济委员会副主任，刘永好成为一名“明星”民营企业家，近年来，新希望集团的发展战略基调与中央对“三农”的政策指向同步，发展现代农业、支持新农村建设、涉足农村金融、扶持农民合作社。2008年全国两会上，刘永好一下子拿出“以金融资本推动现代化养殖”、“建立新型养猪体系”、“规范屠宰企业税费”、“建立灾后农业生产恢复应急支持体系”等六项针对性极强的议案。刘永好针对三农问题的提案发言甚至得到国务院总理温家宝的肯定。

农村的社会结构与生产方式将发生怎样的变化，不单是政府决策层考虑的事情，作为仍在不断实现高速扩张的有代表性的农牧企业，新希望集团也在不断地进行着思考与探索。所以，与其说刘永好是在“预言”，还不如说这是一种设计。这种设计虽然非常宏大，但是亦与他的“农牧帝国”战略息息相关。

“小农场主”的实现路径 >>

在刘永好最新设计的新希望集团产业链蓝图里，农民参与养殖是非常重要的一个环节，“以一个家庭为单位组建小型农场，一个家庭一年的生产规模是几万只甚至十几万只鸡，300~500头猪，30~50头牛。”刘永好说，产业链上每个养殖户的养殖规模都比原来扩大了几十上百倍，他们的收入将成倍于过去小农模式下的务农收入，这样的农民就摆脱了传统的小农经济，变成了现代农产业链上的“小农场主”。

这个计划，已经触及当前中国农村体制改革中最为敏感的地带：土地与金融。而这偏偏是推进整个产业链计划的最主要的制约。农村的土地是集体的，农村土地的使用权分给了农民。为什么不把土地彻底分给农民，让他们拥有产权，可以抵押和买卖呢？刘永好曾就这个问题请教过一些专家和政府决策者的意见，回答是，如果农民把土地卖掉，一旦在城里失去工作，回到农村就一无所有，出现赤贫，容易产生社会问题。现在不管怎么样，农民回来还有自己的地可以种，还可以生活。

“目前，政府也在鼓励农村土地可以在一定程度上合理流转，我相信土地早晚会集中起来。”他同时强调，新希望没有大量收购土地。“你们去看过我们的农场，农场有一些地，但是规模都不大。更多的是和农民合作。我们只能是一个一个农民去商量，并不是通过拥有大量的土地来种草，种粮食。农民种养，我们来收购。中国现在还不具备大规模集中发展种植业的条件，所在我们在集中精力发展畜牧业。”

刘永好说，新希望集团首先要在畜牧业上实现规模化、产业化，让农民成为新型的小农场主，或者是新型的农产业工人。

与规模化的农户进行合作，无疑更符合大企业的经营效益取向。

如何解决产业链上农民生产所需的资金问题，成为产业链计划的关键。据估算，符合新希望产业链发展要求的规模养殖户，至少要 20 万元以上的资金。由于农民没有抵押物，银行无法提供贷款。为了打通产业链，刘永好决定拿出一部分资金，建立农村金融担保体系。

“这是一种专门针对养殖农户的多方参与的农村金融机构”，刘永好解释说，在这个体系中，企业与政府、金融机构、农民专业合作社等四方合作，成立“专项资金支持一点、政府补贴一点、龙头企业投资一点、农户承担一点”的担保公司，为需要贷款的农民向银行提供信用担保。“我们希望能放大 5~10 倍，我投资 2000 万，放大 5 倍是可以放贷 1 个亿，放大 10 倍就是可以放贷 2 个亿，放贷的这些钱都用来给农民建猪场，建鸡场，买小猪，买小鸡，发展生产，我们不是纯粹以营利为目的，但是它有一定的回报，我们更多的是想帮助农村建立这个体系，这就是我们正在做的事，通过这样的方式，希望能够帮助新型产业链的建设。”

据了解，目前新希望集团在山东、辽宁的三个试点已经起步，前期运作良好。今年新希望要在全国 10 个地方建立这样的担保公司，每个担保公司大概投资 1000~2000 万人民币。目前，刘永好正在频繁地和国外的一些金融机构接触，据称，汇丰银行、花旗银行，甚至比尔盖茨基金会都对这个项目表示极大的兴趣。

担保公司显然不是一个慈善机构，企业亦不可能大包大揽，新希望正在试点的农业贷款担保公司，如何在盈利和公益之间寻找平衡点？“担保公司的目的是帮助农民发展生产，同时维持平衡，略有盈利，但不是以盈利为主要目的。如果没有盈利，将来一旦出现亏损，出现风险怎么办呢？另外，还要支付员工、公司运作的基本费用，而且要给我们的投资者一点点回报，但不是很大。”刘永好认为。

农业风险较高，在灾年，出现问题的时候，在担保公司、合作社、保险公司、龙头企业的支持下，原则上农民不亏本。这靠什么？靠“丰期拨备”，就是丰年的时候多提一点钱入在那个地方，以丰补歉。在刘永好看来，借助金融资本推动农牧产业的适度规模化发展是农业现代化发展的必然选择，刘永好说："我们希望建立一个样板，带动更多的金融机构为农民提供贷款，能够帮助新型农产业链的建设。"

什么样的农民具备成为小农场主的条件？刘永好说，"我们要动员一些到城里打工，干了3~5年的中年农民回乡，一是他们有落叶归根的想法，因为他们往往都已经在农村安家，地在农村，房在农村，妻儿老小在农村；第二，他们已经有了一定的积累，一般有了3万~5万元钱，多的有10万元；第三，他们想从事一个比较稳定的，属于自己的事业，这是最理想的一个群体。我们就是要把他们吸收到新希望的规模化产业链中来，以一个家庭为单位组建小型农场，一家农户就养几万只鸡，养几百头猪。"

加入新希望产业链的农民实际收益将如何？刘永好：农民收入比原来的至少翻番，好的要翻三四番；要高过外出打工30%的年收入。灾年农民不赔本，丰年收入比较高。灾年不赔本靠什么？一靠保险公司，二靠龙头企业的支持，三靠养殖合作社里的以丰补歉。企业与合作社、与农民、与担保公司、与银行都签订了一系列的协定，保证这个互相支持的联合体系。

这一套设计下来，刘永好努力地理清了一条思路，试图帮助一批人实现"从农民到小农场主"的蜕变。

应该注意到，上面提到的"四方担保"之一的合作社，无疑将成农村生产关系中的一股越来越主流的力量。根据2007年颁布实施的《农民专业合作社法》，合作社作为法人从事经营活动。该项法规的出台，寄望通过把农民组织起来，让他们分享除种养之外，包括金融保险、加工、流通、仓储、农资供应等产业链上其他环节的收益。由于农牧企业与农民的合作中利益诉求不尽一致，而且谈判地位不对等，作为农民自己的组织，合作社可以从中发挥作用。那么新希望在打造产业链过程中，如何实现龙头企业与农户的有效对接？

"我们的想法是帮助农民建立养猪合作社、养鸡合作社。由农民自主组织起来，企业可以投不超过20%的股份，在一定区域内，按照我们的产业方向发展。合作社内部互相支持，互相担保，互相制约，企业帮助协调技术问题，种源问题，产品质量问题，还有资金信贷等问题。让农民赚到钱了，什么都好办，农民是最现实的。"刘永好说。

什么样的人适合做合作社的社长？刘永好说，"自己有一定的财产，以前可能作过基层的干部，有一定的能力和影响力，还有一定的实力，再做事情。自己又是大的养殖户，又是村干部，由他来牵头，比较合适"。

农牧巨擘的帝国理想 >>

与农户的“小农场主”之路相对应，刘永好要把新希望集团打造成为“中国嘉吉”。美国嘉吉是全球最大的农产品巨头，其规模在全球500强位列第15名。类似的目标还有全球最大的禽类巨头泰森公司，占美国鸡肉市场的25%，年销售额约在300亿美元左右。这些世界级农牧企业的共同特点是，具备一条完整的产业链。

国情决定了新希望不可能走一条与嘉吉完全相同的发展之路。然而，做规模化、商业化的农业产业链，也是新希望正在做的。并且期待在企业治理结构、行为方法上逐步走向国际化。

2007年，新希望集团饲料生产量800万吨，仍然是中国最大的饲料供应商，同时是中国最大的猪禽及乳业产业链运营商之一。在农牧业中新希望集团还保持着纪录：去年屠宰鸭1.7亿只，全球最大；去年整个禽产业链产量5亿只，相当于“中国每一个家庭有一只禽是新希望提供的”。但这并不是终点，刘永好的目标是全国13亿人每人每年吃上一只新希望的鸡或鸭。同时，一条年屠宰750万头的生猪产业链已经形成，目标直指2000万头。

以中国改革开放30年历史为背景，刘永好的成功之路有足够的传奇，足够的典型，他创办的企业名为“新希望”，可以读出一语双关的寓意：农业，总有希望；中国农业，总有“新希望”。其中既有对农产业未来的向往，又有打造百年老店的雄心，十分精彩。

刘永好说自己是上世纪50年代的人，这代人创业靠的是勤奋、胆量、积极，善于抓机会。关于他创业的故事不少，在出席许多公开活动时，他也乐于与青年朋友交流创业心得。26年前，他是一名月工资38.5元的中专教师。如果当初不创业，现在月薪“可能三千多吧”，他笑着给自己“开价”。

刘永好并不是一个地道的农民企业家。他父亲是成都新津县解放后第一任农业局局长，父亲对农业的感情，可以算是早年刘氏兄弟与农业最初的渊源。

1982年刘氏四兄弟从养鹌鹑做起，后来把新津变成了亚洲最大的鹌鹑中心，有了一条完整的鹌鹑产业链，鹌鹑市场也饱和了。1987年刘永好到广东去购买鹌鹑饲料，第一次看到了正大集团的猪饲料居然要排队购买。于是他乔装打扮，深入到那个公司待了一个星期，发现饲料行业真的是一个富矿，很赚钱。回来以后，他就和兄弟们商量，从鹌鹑养殖转向饲料生产。

直到现在刘永好也坦承，正大集团是他的老师。作为中国第一家外企，正大是最早在中国做饲料的，它把国际上先进的理念带到了中国。

20世纪90年代初，四川人都记得有一个铺天盖地的广告，“养猪希望富，希望来帮助”，这个广告就是最早的希望饲料广告，当时提到希望，可能就是饲料。四川电视台台长到北京去开会，有官员打趣：你们电视台怎么变成猪台了？你成了猪台长。台长说：挺好的啊，不是提倡支农助农吗？

在刘永好和他的新希望集团的26年创业历程中，有代表性的转型有好几次。1995年，希望集团成长为中国饲料工业百强第一名，随后刘永好开始转向产业多元化，涉足房地产、金融、化工、乳业等；2005年，就在房地产市场、金融资本愈炒愈热的时候，刘永好高调并购山东六和集团，被认为是一度走上多元化之路的新希望回归农业的标志，但刘永好一再强调，新希望从未离开农业这个主业。

2007年新希望集团销售收入达275亿元，其中80%来自于农牧业。刘永好说：过去26年，新希望在农牧业的投资差不多50亿元。2008年未来5年，新希望将再投入50亿元，打造现代化的农产业链。

这个新型农牧产业链体系的目标是：通过3~5年的时间，联系帮助全国100个村，帮助和带动约100万农民加入产业链体系，农民的纯收益要超过100亿元，同时把新希望集团打造成“规范、环保、领先的世界级农牧企业”，企业销售额超过500亿元。

2005年至今，以并购、重组为主要形式，整合产业链的圈地运动正在加速。刘永好称之为开放合作的发展之路。2005年，强强联手山东六和，之后集团禽类产业链稳居全国第一，销售规模从收购前的30多亿元达到2007年的170亿元；2006年收购陕西石羊；2007年收购山西大象、广西桂柳；同年10月，与全球500强巨头日本三井物产在辽宁阜新合作养鸡；最具有战略眼光的是，2007年4月新希望对河北千喜鹤集团增资控股，随后该集团成为北京奥运会唯一指定冷鲜肉供应商。

2008年3月初，最新一期福布斯富豪榜新鲜出炉，作为新希望集团董事长的刘永好首次杀入全球富豪500强，中国排名第12位，统计在他名下的财富为237.5亿元。这年新希望农业股份有限公司在深交所上市刚好十周年。

对数字非常敏感的刘永好，却声称对财富排行很不敏感，“从来没关心过，也没有过问过”。在2001年，刘永好成为全国首富的时候，他的座驾仍然是一辆使用多年的桑塔纳。现在他出差，也是偶尔才坐一下头等舱。“我的工资现在一年100多万元，还有民生银行每年的分红过千万吧”。刘总的朴素生活公司的工作人员都有所了解：“按照他现在的消费方式，一天才花不到100元，很节约。他穿的西装1000多元，衫衣、裤子都是家人与同事帮买的，才一百多元。简单发型几十年不变，与家人同事吃饭后会打包……”

对自己一如既往的节俭，刘永好觉得非常自然。他去年到美国拜访了比尔盖茨。他说，在比尔盖茨家里，我们平等地进行沟通、交流。我不会因为他的资产比我大很多很多，而感受到胆怯，没有。现在我觉得自己是在追求一种感觉，大家认为好，员工认为好，我自己认为好，我们在努力，我们在拼搏，我们都高兴地做一件事，这就是我的动力。

新希望集团现在在全国有 290 家企业，刘永好会利用开会的空隙下去进行快节奏的调研。2007 年 11 月在他重庆开会，只有三天时间但他还是把当地所有下属企业去了一遍。有一天上午 8 点钟在重庆，9 点钟在资阳，10 点钟回到成都，11 点钟会见微软的副总裁。他往往是不请自到，从来不给任何一个公司老总打电话。到原料库、到生产线、最后到成品库去，看了一圈，都没有坐下来，甚至问一句话。老总们急急忙忙迎出来，他们的老板却要离开了。

员工眼中的刘总是个个性平和的人，但是对工作要求很高，思维逻辑性很强。他外出喜欢拍照，原来玩长焦的大相机，现在玩卡片机，随身携带。以前他习惯拿个本子来记，现在他会用相机来拍，走到哪里都会拍很多照片，作为存档记录。每到一个农民家里，他一定会问一些数据，然后给他算账，并让工作人员把这些数字记下来。

2008 年 3 月 22 日，刘永好来到自己的母亲曾经执教的成都市新津县顺江中心小学，十年前他捐款 100 万元新建了教学楼。这里也是 26 年前刘氏四兄弟开始艰苦创业的发源地。他说，50 年前，他在这里光着脚丫读接受了人生最初的启蒙教育；26 年前，他从这里开始白手兴家。“看到孩子们在我捐建的学校里学习，他们进步我高兴；看到农民朋友们原来养几十只鸡，现在养几万只、十几万只，他们收入翻番我高兴；每当受到农民朋友热情招待，与他们聊天我高兴……”刘永好以几个“我高兴”的排比总结了自己的幸福观。

《南方农村报》 麦倩明 赵威

何享健

中国品牌大师

大师语录 >>

我的普通话说不好，文化水平也不高，既不像柳传志那样能侃，也不像任正非那样会写，跟媒体接触容易说错话，容易被人误解，给企业带来危害。所以，我不如不讲，少讲多干，把企业做大了，让企业赚钱了，比什么都强。

西装、领带、金边眼镜，浓浓的黑发，得体的举止、从容的微笑、坚定的目光，这一切让他浑身上下透出儒雅之气，让你很难将 50 多岁的他和洗脚上田的广东商人联系起来。在采访正式开始之前，记者提醒何享健：如果说普通话不方便，可以用广东话回答问题。但除了采访前的拉家常，他自始至终坚持讲普通话。

这是一种进步，尽管这种进步可能是以他自身的痛苦为代价。据说，身兼著名家电企业广东美的企业集团董事局主席、首席执行官的何享健的低调是出了名的，一位有名的对话专栏记者曾经从北京飞往上海“拦截”他，但他却在记者下飞机之前“逃”回了顺德。而其中的原因之一，是美的集团内部(包括何本人)认为何享健普通话说得不好，可能有损美的集团光辉形象。但 2002 年 1 月接受我的专访的时候，他已经大部分都说普通话了，而这次的普通话亦有长进。

他在普通话上的苦练内功，印证了美的集团在跨出广东、跨出中国方面的冲动与执著。2007 年，美的集团一改以往的稳健风格，巨资整合云南三家客车厂，并称五年内汽车投资将达 20 亿元，告别了何本人“咬定家电不放松”的座右铭。

不仅如此，美的集团还在以家电为主导、年销售发展到 175 亿元后的 2003 年底提出了“三年 500 亿”、年均增长 40%的相关多元化战略。就在 2002 年 1 月接受我的专访的时候，何享健还曾经向记者介绍了美的的“刹车”战略：年均增长控制在 30%以内，且未来五年可能都这样。

变化何以如此之快？绝对不仅仅是因为何本人的普通话水平提高得快：“中国的外部环境出人意料地好。”改革开放带来的产业转移等好处、入世带来的国际空间、经济增长带来的国内需求，“这些都是我们原来想不到的。”

没想到的还有“我们自己的能力那么大。由于多年来的扎实，用强有力的手段解决了乱投资等问题，建立起了很好的品牌、技术、机制、团队以及文化”，而且广东政府重视民营经济、把美的集团推向了前台，所以只好“因势利导”。

还好，变化往往意味着进步。还有更多的变化。

以上文字是我在 2004 年 5 月《美的集团何享健：广东商人已经改变》一文中的开头几段。之所以把它放在这里，一方面是因为自那以后到现在，我再也没有见过何享健；另一方面则是虽然到目前为止，我仍然是唯一专访过何享健两次的商业记者，但当应承了本书编辑的约稿邀请以后，竟然发现自己对何享健和美的的了解并没有比其他记者多多少，也没有比 4 年以前加深多少。

何享健爱打高尔夫和不用手机的故事被广泛传播，但这能够证明他是“甩手掌柜”吗？他到底是一个什么样的人？他是事无巨细的还是无为而治的？美的历史上几个超前的重大决策中，他到底扮演了什么样的角色？在美的内部，他是令人爱戴的还是让人望而生畏的？我所见到的何享健是常态的何享健么（比如他平时是不是也穿西装打领带、他是否爱发脾气)？他和我所专访过的张瑞敏、周厚健乃至顾雏军、徐铁峰等有什么不同？这一切和美的的品牌、发展是什么关系？

这一连串我现今特别想了解的问题，在我6年前的《美的拐弯了》和4年前的《美的集团何享健：广东商人已经改变》中，并没有令人满意的答案。这让我后悔不迭，甚至羞愧难当。

焦灼不安的时候，我致电一位在何享健身边工作了将近10年的美的高层，他说了20分钟也说不出一个所以然，他说让他评价老板是一个什么样的人，就像让他用一句话评价自己老婆是个什么样的人一样困难。他唯一确定的是，何享健是个复杂的人。

在很多情况下，他的这种判断往往被视为相当于不做判断，因为说到底任何人都是复杂的，何享健也不例外，美的集团更是如此。但这却让我如释重负。2004年初，我曾经奉命为《经济观察报》的3周年立传，但在采访了一个月、整理了无数资料之后，仍然觉得自己对这个报社所知甚少。

要知道，《经济观察报》当时仅仅是只有三年历史、不过200人的小企业，而且，我本人在报纸面市之前一个多月起就一直在这个报社工作。相比较之下，何享健已过花甲之年，美的集团已经有40年历史、拥有3万多直接雇员、750亿人民币营业额。所以，如果能够先将何享健和美的集团回归“复杂”，反倒能有一个正确而良好的开端。

第一次采访何享健完全是“无知者无畏”。如果我对他的低调有所了解，在当时的情况下，我绝对不会萌生专访他的想法。2001年底，我在筹备《经济观察报》“华商名人堂”栏目（该栏目在短时间内成为了《经济观察报》的名牌栏目，但是后来却因为复杂的利益关系而衰落了），时间紧迫，我在2001年初涉家电业时因为写一篇长文《顺德制造》而结识了美的集团办公室的朱源来先生，我把采访提纲发过去没多久，朱源来就反馈说可以采访。

于是，我在约定的日期登上飞往广州的飞机，登机之后，我告诉朱源来说我已经登机，没想到朱反应强烈，让我一定不要去，因为何享健肯定不接受采访，他还要我赶紧下飞机。可是，当时是美国“九一一”事件刚过不久，机场对安全的要求非常严格，乘务员告诉我，登机了就不能下飞机，如果我非要下飞机，那么所有其他乘客都得下飞机，飞机也只能等到进行全面的安全检查之后才能重新起飞。在这种情况下，我只好跟朱源来说，何必因为我一个人影响了大家，就当是我自费到广州和顺德旅游一趟吧。

到了美的集团总部所在地顺德，朱源来说，老板接受采访的几率确实非常小，你既然来了，就先玩几天吧。我说，离既定的栏目推出时间很近了，我不可能再采访到其他人了，如果采访不到何老板，我就死定了。他说那我再努力一把看看。

当天晚上，恰巧美的集团为50对新人举行集体婚礼，朱源来带我去参加，说是感受氛围，实际上也就是去蹭饭吃。没想到何享健也来出席婚礼了。他当时没有讲话（如果讲了也相当于没讲，因为我也没有什么印象），进场的时候有几个人为他引路。许多人远远地看着他，这些人脸上的微笑与其说是因为他的到来而生，不如说是因婚庆的喜庆氛围而发。

他也安静地坐到自己的座位上，一边吃饭一边随和地与同桌的人聊天。但是他坐在那里，在我看来俨然一个大家族的家长，而举行婚礼的100位新人则如同他的子女。他们共聚一堂，犹如其乐融融的一大家子。

何享健所在的桌子离我不远，好几次我都想贸然上前与他搭讪，但是我一直忍到了朱源来再次出现。我跟他说能否借此机会说说采访的事情，朱源来想了想，去跟他的上司、当时的美的集团办公室主任黄健说了好一阵子。酒席散了之后，朱源来告诉我“可以了”，具体时间在第二天。我欢欣鼓舞，正儿八经地感谢了朱源来一番。

到现在为止，我都不知道何享健当时为何答应接受我的采访，要知道，他已经多年刻意不接受任何媒体的专访（在那以后，他也很少接受媒体采访，就连新华社用的稿子也是根据我的采访整理的）。

黄健、朱源来的努力自然十分重要，但是如果他自己来一句“难道你们不知道我向来不接受采访的吗”就可以轻而易举地顶回来。难道是因为他当时心情很好、时间很充裕?

不管怎么样，这是我第一次领略到何享健的善变。

在第二天的专访中，何享健更加实实在在地让我领略了他所理解的“变化哲学”。如果说，在接受采访这件事情上变来变去的最后结果是让我惊喜的话，那么，他谈到的美的集团应该主动减速这个“变化”则让我开始对他另眼相看。当时，美的风头正劲，美的内部的扩张欲望也很强烈，但何享健却冷静地提出“反对过分追求规模、转换经营模式”。

就我来说，我厌恶那些与失信、欺诈并肩而行的“变化”，但并不排斥“适者生存”类型的变化，尤其对能够真正“与时俱进”的人心怀敬意。而与其说何享健善变，不如说他善于与时俱进。

如本文开头所述，何享健2002年提“减速”战略，2003年却巨资整合云南三家客车厂，并称五年内汽车投资将达20亿元；不仅如此，还在以家电为主导、年销售发展到175亿元后的2003年底提出了“三年500亿”、年均增长40%的相关多元化战略。但是，到了2004年，国家实施宏观调控政策，以抑制全国范围过热的投资，他又提出“要控制速度，确保有效增长”。

除了客车以外，所有的投资项目的洽谈全部停止，而且是在未来的两年内都不要再谈，也不要接触。在这之后，不乏有广西、湖北的一些项目找到美的，当地政府均表示将免费提供土地等资源，被美的一概拒绝。就连对家电项目的投资，审查也十分严格。2006年，他开始着手改革曾经为美的高速发展立下汗马功劳的事业部制。

2007年，资本市场高歌猛进，他把橄榄枝伸给高盛，希望借助高盛和资本更快更好地把美的集团送进“1000亿元俱乐部”。在高盛方案被有关部门否决以后，他又启动了再融资方案。

他说：“我们要从做产品到做企业，从做企业到做资本。下一步，我们的企业不光要讲效益、讲现金流，更重要的是看企业的市值，进行市值管理。现在的世界靠的是科技和资本，只要有钱、有科技，就什么都能做到。”

至此，我们可以看出，因为低调所以保守是何享健给外界的一个假象，或者说是外界对何享健的一种误读，实际上，该接受采访的时候他还是出来接受采访，该变化的时候他还是主动变化，该高调的时候他总会在企业内部语出惊人。

何享健只上过小学，之后干过农活，当过学徒、工人、出纳。1968年，他集资5000元创办企业。那是一个根本就不允许有“民营企业”存在的年代，他敢于恢复“资本主义尾巴”，不是迫于生计，就是富于远见。

就算是迫于生计，能在那个年代让企业生存下来，也是需要韧性和足智多谋的。总之，这个举动昭示了何享健的异于寻常。1980年起，何享健的企业由此前的生产瓶盖转而专注于家电制造。

也是那个时候起，他所在的珠江三角洲成了集体所有制企业的发源地之一。俯拾皆是的小企业让何享健感到办企业的安全的同时，更承受了来自市场竞争的巨大压力，他必须带领企业游走于政府和市场之间。

可以想见，在这个时期，善变不但不是缺点，简直就是生存秘笈了。

当然，不断的变化很容易给外界造成不知所措的印象，同时也给会企业本身的发展带来巨大的不确定性。何享健是怎么规避不确定性的？我们会发现，何享健引导的美的的变化，实际上是根据他和他的团队对商业环境以及自身条件等方面的综合判断做出的。

而且，他本人很注重变化的节奏，讲究在问题出现或者加重之前提出问题、解决问题。掌舵以百亿计为规模的大企业，能做到预见性的、有节奏的变化，能处理好变和不变之间的关系，则更加不容易。

对何享健和美的集团而言，最关键的转变发生在1997年。那也是最艰难的转变。当时，美的集团尝到了“一辆三轮车跑上高速路”的苦头，营业额在1996年突破25亿元人民币之后大幅下滑到20亿元左右，而同城的冰箱生产商科龙集团风头正劲，当年科龙的营业额达56亿元，利税总额达到惊人的8.02亿元（当年海尔的营业额是108亿元，利税却只有6.82亿元）。

所以，当地政府主张让科龙兼并美的，从而打造顺德家电航母。但即便是在此不利的境地之下，何享健也坚决反对被兼并，“我们美的要走自己的路，我们自身要去突破，去改变”。在残酷的现实面前，他指出，“逆境对美的不仅不是坏事，反而是好事”。

事情的发展正如他所言。接下来，借助这次危机，何享健透过事业部改制和分权经营，巧妙地劝退了一部分创业元老，建立了专业化的职业经理人队伍，迅速扭转了经营危机，并且引导企业开始走向股东、董事会、经营团队“三权分立”的经营模式。

与此同时，何享健成功实施了令众多企业家艳羡的经理人回购，他本人成为了美的实际意义上的老板。用他的话说，这次 MBO“让政府退出、不再干扰企业经营。它使美的向现代企业制度、向国际化迈进了一大步”。

在今天看来，因为陷入危机获得经理人回购放行，是何享健和美的集团历史上最大的一次“因祸得福”。大部分观察人士认为，当年曾经有能力兼并美的的科龙，后来落到几易其主、物是人非的悲惨下场。

最根本的原因就是，科龙在当地政府眼中是摇钱树、是一块肥肉，政府舍不得“靓女先嫁”、搞产权改革，并为了始终控制科龙而将其创始人潘宁排挤出局。

在包括产权在内的许多制度没有得到解决的情况下，在中国如此恶劣的商业环境之下，企业创始人之所以能够带领企业存活下来并将其带到一个高峰，是和创始人本身的能力、特质有很大关系的，后来倪润峰退位导致长虹大伤元气的例子也印证了这点，我们也很难想象海尔集团离开张瑞敏之后会怎样。

而何享健则在这方面胜出一筹。是何享健在政府面前的坚持和思变，让他本人和美的集团渡过了这次大危机。如果当年的潘宁不主动放弃，并且能够拿出让各方面都能够接受的方案，说不定今天的科龙会是另外一种景象。

事实上，因为有产权制度作为后盾，从 1997 年开始，何享健基本上就退出了对美的日常经营活动的管理，他说，“只要把激励机制、分权机制和问责机制建立好了，自然就会有优秀的人才来帮你管理。”

“如何平衡管理层的短期、中期、长期利益关系，是一个非常复杂的问题，而 MBO 以后有条件处理了。”我们看到，是次产权变革奠定了美的集团 10 年来快速持续发展的基础。

在我看来，何享健这种“变化哲学”或者“复杂”背后代表着一种开放、开明，而这是让政府比较放心的重要原因。

可以断定，在 1997 年以后，何享健更加注重企业和政府之间的关系，在这方面也更加游刃有余。在 2004 年的采访中，当我提到广东商人给人的印象是“只埋头做生意，不关心政治，更不用说关心社会了”时，他甚至将“政治经济学”的存在戏称为自己关心政治的依据：“这种心态应该改变。做企业是离不开政治的，要不然怎么有一门学科叫做‘政治经济学’呢？国与国之间的关系、政治体制的变化都会带来利或者害，你看台湾现在受政治影响经济多不好。广东商人是比较务实、实在、低调一点，但是现在大家看到经济的发展对社会、政治进步起了很大的作用，所以也变得主动多了。”

他虽然强调“关心政治并不是要‘参政’”，但是他却担任着顺德家电商会的会长，而据说这个行业商会比顺德商会的影响还大。这个商会在他的领导下，“在自己的经验和感觉的基础上”，就政府如何服务于企业、如何促进经济机构调整、促进企业改革、如何加快国际化步伐、如何抓住产业链转移的机会提高地方竞争力等等方面提出了建设性的意见。他坦承，政府对他们的建议很重视，而政府因此推出的政策，“通过做工作，对自己的企业也有一定的好处。”

不知不觉间，何享健在和政府的关系方面已经实现了从被动接受到主动适应再到主动影响的推进。

现在，在强势如张瑞敏的人都还在为产权制度和政府关系而苦恼的时候，何享健却已经可以放手设计其他有关企业发展的具体的制度了。

有人说，何享健的本事在于“能把职业经理人放得很远，又能收得很紧”。经理人在享受充分授权的同时，也接受着严峻的业绩考验。美的人习惯于接受这样一种文化：业绩指标达不到，即刻换人，如果达到了，上至经理人下到一个普通的销售员所获得的奖金激励也是行业内最为可观的，甚至有知情人士用“多得吓人”来形容。

但何享健也意识到，纯粹的奖金激励过于注重短期绩效，导致了部分经理人为了眼前目标而牺牲企业长期发展的后劲。所以，股权分置改革后，他决定进一步打造美的的“金手铐”。最近，在进行再融资的同时，美的电器公布了酝酿已久的股权激励草案。

而在外界高度关注的接班人问题上，“制度接班”、“职业经理人”开始频频出现在何享健的讲话中，他已经开始让人相信，“子承父业”并不是他的首选，他的做法一定会很前卫、很科学。现在，他需要操心的是，制度之上如何建立有传统又有活力的企业文化，从而再造美的集团这架战车的组织血脉。

如是，美的集团将在何享健的领导下在体制创新方面越走越远。如果有体制创新作为基础，那么，技术创新和其他创新也就不在话下了。

如是，何享健也就无愧于品牌大师的称号。如今，这位“中国式”的品牌大师，在挥斥方遒中迎来了全球化时代，他能继续做好老板么？

《经济观察报》 黄海川

南存辉

大师语录 >>

做企业跟爬山很像，开始做的时候认为很简单，结果当你越爬越高的时候，就是企业越做越大的时候，碰到困难的时候，越爬越觉得上不着天，下不着地的时候，不能回头。

正泰和德力西的诞生地温州柳市，有5000多家低压电器生产厂家，生产的东西一样，价格一个比一个低。多年来，正泰和德力西兄弟阋于墙，外敌来了，没能一起御其侮。法国公司施耐德在寻求和柳市老大正泰合资而不得后，转向老二德力西，成立了股权50:50的合资公司。

作为低压电器的全球老大，法国企业施耐德惯在全球各地施以并购。同样，合资、收购，贯穿于它在中国20年的历史。法国企业看上去不像美国企业那么高调、富有进攻性，但其商业野心自潜藏在柔和、低调的风格中(想想达能)。此前，低压电器国有企业的羸弱，令它在中国市场上的拓张势如破竹，故能以较低成本整合产业资源，从天津杀到上海，从广东杀到陕西，攻无不克。

正泰创始人南存辉自己挺了十几年，希望政府在审批该起合资案关键时候帮一把，没能如愿。但令他扬眉吐气的是，几乎在施耐德与德力西合资同时，正泰成功地以“知识产权”为武器告倒了施耐德，法院判定施耐德赔偿正泰3.3亿元人民币。

施耐德开始发现，正泰这个昔日的小不点变得越来越不好对付，它不但在迅速长大(已成长为亚洲第一)，有益发坚定的自主品牌梦想，而且还学会了用知识产权打官司。这跟施耐德此前在中国遇到的所有对手都不同。

2007年，达能和娃哈哈之争在中国乃至全球商界都闹得沸沸扬扬。西方主流商业媒体解读为，这个恶性事件再次暴露出火红的中国市场之下蕴含莫明的投资风险，跨国公司一不小心就会吃不了兜着走；而中国国内，企业界相当一部分人士对宗庆后高举民族大旗的做法一面是同情，一面也是遗憾，很难说彻底赞同。

南存辉是个精明的人。他或许内心里有与宗庆后同样的呐喊，但他很快意识到，“民族”这个词已被透支使用，有可能伤人及己。当施耐德与德力西的合作已成事实，他适时收敛了自己的愤怒。他平静的表述是，“最重要的是政府要看清楚。我们作为企业，只能以善意的、正面的、平静的心态去看待这个过程。少一些责备，多一些谅解。”

欢迎来到在商言商的世界。施耐德一边跟正泰谈合资，一边举着知识产权大棒起诉正泰的做法曾经让南存辉非常不解，但他今天也学会一边巧妙地以法律手段反击施耐德，一边宽容大度地说：“胡成中不是吴三桂。”南存辉是温州企业家的典型代表：起点低，但灵活应变，学习能力极强。他非常清楚，随着施耐德这个庞然大物开始向低端发力，正泰等温州企业惯常的低端低价路线很快会难以为继，除了加强知识产权保护与建设，正泰还必须寻求产业的转型与升级——这是比痛斥跨国公司狼子野心更有效率、也更理性的道路。

事实上，中国本土企业这种意识与行动的转型与升级，才是施耐德、达能等等跨国企业所真正面临的投资“风险”，而不是某些西方人成见中中国企业总是藐视规则、撕毁合同那一套。这才将是施耐德们真正难啃的骨头。

要不要控股权？>>

施耐德自称不会百分百“吃掉”合资企业，但是毫无疑问它迟早要求控股。这一点，在施耐德以往与中国国有企业的合资史中，施耐德攻无不克。但这恰恰是南存辉的底线。

南存辉的强硬可能是施耐德在中国所仅见。施耐德和德力西的谈判有些眉目的时候，南存辉开始披露施耐德从1994年到2004年跟正泰的三次谈判内容。“这是我的责任。我是行业协会副会长，这些事情我亲身经历过，比谁都清楚，要向政府部门汇报好，向大家交待好。”采访中，南存辉言必称政府，有中国特色。“结果怎么样对我不重要了，我尽到了自己的责任。”

1994年，正泰集团成立不久，进入中国才两年的施耐德就来到柳市，要求收购正泰80%的股份(施耐德自称进入中国20年，实际是15年。施耐德1992年并购了梅兰日兰，后者1987年在天津成立合资企业)。1994年时正泰销售额还不到一个亿。南存辉不答应。“如果是合作我们当然高兴。那时候很天真，你那么小，人家那么大，怎么可能(合作)呢?”这一次没有坐下来谈。

1998年，施耐德又来找正泰，这次要求控股51%。南存辉仍然没有答应。

6年后，当正泰的销售额已接近120亿元的时候，已经在中国建立了十几家合资工厂的施耐德最后一次提出合作，双方股份各占50%。施耐德三顾茅庐，就是诸葛亮也该动心了，南存辉依然故我。股份各占一半后面是有条件的，南对记者说，施耐德要求3年后全部收购，正泰品牌保留，产品定位在中低端市场，且不能出口，合资公司的高层全部由施耐德委派。南存辉不仅仅要求保留品牌。他提出生产技术合作，管理人员对等安排，销售独立，品牌自主而不是保留。看起来，施耐德的确不能答应。它要找的是伙伴，不是为了培养对手。

“我们都对这个市场充满兴趣，”施耐德中国区总裁杜华君(法国人)说，“但是我们没有找到共同的战略合作方向。把正泰定位在中低端，这是客户需求决定的，不是以施耐德的意志为转移的。我们的经验是，我们不可能在任何一个市场都强，只是在一些可选择的市场强。市场就是市场，不是说高端就一定比低端好。”

施耐德亚太运营部执行副总裁施瑞修对记者表示：“我们希望双方对谈判内容共同保密。我只能说，我们没有要求过3年后全部收购。”

在施耐德跟德力西成立了合资公司后，柳市一位与胡成中关系密切的人说，施耐德确实买断了合资公司的出口权，但是并无以后全部收购的约定。合资公司打德力西品牌，定位在低端。“不是胡成中甘心一直做低端，”这位知情者说，“是你的品牌本身占有的就是低端市场，价格上去了肯定就没人买。几年后，大家都知道施耐德也有低端产品了，然后再在中高端发展共有品牌，施耐德把新技术转让到合资公司，每年提成5%，新产品的品牌可能改成‘施耐德德力西’之类。”

按照这种说法，南存辉曾经在谈判中坚持的被胡成中放弃了。

德力西与施耐德合资谈判过程中，上海交通大学到温州搞了一个论坛，一位自称德力西集团内部人士向南存辉提问：“这个合资案我全程参与，我的问题是，胡成中到底是不是吴三桂?”南回答说我刚才已经说了不是，为什么还问?“我现在很困惑，”提问者说，“他如果是，我们就集体反戈，不给他干了。现在我在想，他是不是王昭君?”引发爆笑。

在这一合资尚未获得商务部批准之前，有意无意地，随着南存辉详述往事，施耐德初入中国与上海输配电公司建立合资公司侵害了中方利益的案例也被媒体揭露。没有证据表明这是正泰主动所为，但消息来源之一的王书成，现任正泰集团技术副总裁。王退休前曾是上海人民电器厂的副总工程师，参与过当年与施耐德的谈判。

1995年，正泰第一次拒绝施耐德的收购之后，上海输配电公司决定将下属的人民电器厂和机床电器厂的部分资产与施耐德合资。按照王书成的说法，当时上海市政府官员希望早一点促成合资，签订协议时“不谨慎”。合资公司拿走了两个工厂中最好的资产，包括技术人员，并且合同中规定合资公司不能再生产原有产品，也不能开发同类新产品，因为与施耐德有竞争。而这两家工厂本来是行业内的龙头，产品很受市场欢迎，这一条款导致了它们的衰落。后来，上海输配电公司用出让20%股份给施耐德换回了人民电器厂生产原有产品、开发新产品的权利，企业得到新生，而机床电器厂却没能被挽救，破产了。施耐德借用两家工厂原有的销售渠道大获其利。“这是血的教训。”王书成说。

另一位不愿透露姓名的参与谈判者说，简单地用现在的标准评价过去不合适，因为当时整个国家的倾向就是吸引外资，“至于吸引后好坏程度怎么样，没想那么远。”他肯定了王书成所说人民电器厂是国内低压电器龙头的说法，但是指出机床电器厂本来已经很困难，所以实际上已经失去了谈判地位。与上海输配电公司谈判的本来是两家外国公司，一家是施耐德，另一家是TE公司，前者与人民电器厂，后者与机床电器厂。在谈判过程中，施耐德并购了TE公司，因此，谈判对象完全变成了施耐德。这位参与谈判者说，施耐德就是想利用他们的渠道抢占他们的市场，而两家工厂的厂长坚持不同意非竞争性条款的设置，但是施耐德通过“走上层关系”用政府来施压。最后，上海输配电公司决定接受合同。关于用 20%股份换回生产权，他说，并不是无偿出让股份，也并不全是为了原有产品的生产权，因为当时上海输配电公司也希望股权变现“做其他发展”。

上海输配电股份有限公司外资委常务副主任、上海电器进出口有限公司总经理许嘉良接受了记者的采访。他说，当年与施耐德合资有三个背景。一是当时国内在大规模吸引外资；二是中国的低压电器产业比较落后，合资可以滚动得到最新的技术；三是当时的国企确实需要改革，管理水平和效率低下，引入外资，不仅是引进资金和技术，也引进管理，能够让工厂有根本改变。

许嘉良说，关于非竞争性条款，不仅施耐德有，西门子、ABB 等公司(上海输配电公司与这些公司都有合资公司)也有，是惯例。而且，这不仅是对中方单方面限制，对方也不能再在中国投资与合资企业有竞争的公司。后来考虑到人民电器厂的原有产品还有一定市场，于是，经过多次协商，施耐德同意中方以转让股份为条件取消非竞争性条款。而机床电器厂由于合资前已经很困难，所以最终破产。

许嘉良否认了有关政府在合资谈判中施压的说法。“决策由公司来做，政府只管最后审批。”许说，与施耐德的两个合资公司是上海输配电公司与外资(有松下、西门子、ABB 等)合作的十几家公司中效益最好的。

“我知道正泰想要让人们相信我们想吃掉合资企业、什么都自己干，”施耐德全球首席执行官赵国华(法国人)对记者说，“但是这不是事实。我不是在说感情，我是在说事实。自 1987 年我们在中国建立合资企业以来，我们仍然和所有的合资伙伴保持着伙伴关系。你必须相信历史。我们不会去做百分百的收购，施耐德电气不是一家自己包揽一切的公司。我们并不完全懂得中国，所以我们的伙伴帮助我们在中国发展。”

在中国的合资公司中，施耐德基本上全部控股。施耐德对合资公司中控股权的重视还可以从施耐德在中国最早的合资公司梅兰日兰的股权变化中看出。

李缮所在的天津航空机电公司 1987 年与法国梅兰日兰公司合资成立天津梅兰日兰，当时国家不允许外资在合资企业中控股，天津航空机电等三家中国股东占 55%股份，梅兰日兰为 45%。合资初期几年一直亏损，中方一家持股 10%的股东决定退出，其股份由剩余三家分摊，而另一家中方股东不愿意再增持，结果航空机电持有的股份由原来的 35%上升至 42.96%，梅兰日兰变为 47.04%。1992 年，合资公司经营状况好转，梅兰日兰又被自己的法国同行施耐德收购。施耐德要求在天津梅兰日兰控股，否则将不再继续发展这一项目。

“我们不愿意放弃控股，但从实际经营看，我们控制并不带来经济上的好处，表面上看你说话算数，权力大点儿，但是企业发展不起来呀。国内这种例子挺多，中方一控就死。控股的目的也是为了长远发展。如果不能达到目的，控股的意义就失去了。所以我们同意了施耐德的要求。”李缮说。施耐德的股份增加至 50.1%，李缮任董事长。

后来，施耐德又于1995年、1999年与天津航空机电相继成立了两家合资公司。2002年，施耐德提出，在这两家合资公司与天津梅兰日兰公司中，双方股份比例各不一致，管理成本高，需要统一。结果，三家公司都变为施耐德持股75%，且约定将不再变更。

李缮说，变动股份时，中方提出转让价格要把未来的利润预期加入，不能按净资产计算。施耐德同意。“我如果要10年的预期收益，施耐德肯定不干，最后商量的结果是加入未来五六年的收益。”

“不要把投资伙伴当成敌人来看待，”李缮说，“你不能什么都得，该舍就得舍。”

随着施耐德在中国合资案例一个个成功，施耐德中国区总裁杜华君说，2008年，中国将超越其法国本土成为施耐德全球第二大市场，在眼下施耐德170亿欧元的销售额里，中国贡献了将近十分之一。

知识产权攻防战 >>

正泰的知识产权意识是在被施耐德对它的屡次起诉过程中“教育”出来的。施耐德恐怕没有想到，这个“学生”领悟力如此之强，以至于现学现卖，一把就把“老师”告倒下去。

在南存辉看来，施耐德对包括正泰在内的中国竞争者主要是施以两样武器：合资不成则诉讼，以后者促成前者。

1994年，施耐德的谈判代表在正泰看到了一个样品，认为它仿制施耐德的产品，因此在1995年起诉正泰。南存辉说，创业初期，没有先进的制造能力，工艺、设备、团队都欠缺，知识产权意识非常淡薄。“施耐德的起诉对我们是非常深刻的教育，我们才知道知识产权是受保护要尊重的。”

柳市商会秘书长陈建国说，柳市最早的产品使用的都是国内统一设计，后来国内大量引进设备，但是没有相配套的配件生产，柳市的企业就开始代理国外的低压电器产品。“过了一段时间，我们就开始做它这个产品。比如小型断路器C45是法国梅兰日兰的产品，我们的型号叫DZ47。我们把里面的东西改一改，然后申请专利和型号。这没有什么合理不合理，国家允许。”

第一次诉讼以和解结束。1998年，与施耐德第二次谈判开始时，南存辉开玩笑问：“这次谈不成还告不告？”对方答“不会”。但施耐德次年又起诉了正泰。

2004年，第三次谈判前，施耐德起诉正泰(包括欧洲)的一些官司尚未了结，正泰希望施耐德先中止诉讼再谈判，“施耐德说谈归谈，打归打”(南存辉语)。

这次谈判中，施耐德的谈判代表是时任施耐德集团首席运营官的赵国华。在巴黎施耐德总部，南存辉对赵国华说："你们施耐德很奇怪，是钱多呢还是法国文化就是这样，动不动就告人家？我们中国人认为打官司很难看。"据南说，赵不置可否。

"在施耐德，法律工作和商业谈判分属不同的部门，各行其是。我们不只是和正泰谈判、打官司，我们也在和其他竞争对手谈判、打官司，所以必须分开，二者之间没有任何逻辑关系。"施耐德中国区总裁杜华君对记者说。

但 2005 年，施耐德又在欧洲各国对正泰提起 15 项侵权诉讼。正泰集团董事副总裁、法律总监徐志武对记者说，这些诉讼大多是以侵权为由向法院申请对正泰产品的临时禁令，"目的就是禁止我们的产品进入欧洲市场。几年下来，就算我们最终赢了，但已经丧失了进入市场的最好时机。这个损失是难以估量的。"

与正泰的谈判破裂后，施耐德开始寻求与德力西的合作。那位与胡成中关系密切者称，此前，德力西曾在法国展销，施耐德指控其 100 多个产品侵权，要求赔偿 1 亿欧元，后通过政府协调，施耐德撤诉。

在被施耐德的知识产权大棒穷追猛打了 12 年后，正泰开始反击，以其人之道还治其人之身。

2006 年 8 月，就在德力西与施耐德的合资传闻正盛之际，正泰以专利侵权为由提起对施耐德的诉讼。徐志武说，诉讼本身并非针对这起合资，正泰 2005 年就掌握了施耐德侵权的证据，但是考虑到舆论普遍认为跨国公司技术力量强大，不会侵犯中国企业的知识产权，正泰谨慎地做了大量准备，包括到国家知识产权局做了两次检索，确认专利有效。同时，应对施耐德在欧洲的起诉也花费了大量精力，因此，起诉时间才延迟了一年多。

2007 年 10 月，施耐德与德力西的合资案获得中国商务部批准。而此前 20 天，温州市中级人民法院做出一审判决，施耐德专利侵权成立，赔偿正泰 3.3 亿元人民币。

"如果维持了温州市中级人民法院的判决，中国的整体知识产权环境将受到影响。因为这将导致更多的'垃圾专利'持有者向真正的领先技术发明者索要巨额赔偿。这将减缓向中国进行技术转让的总体速度，限制中国企业的新技术创新和开发……"

与正泰的官司一审败诉后，施耐德发布了措词严厉的声明。李缮作为被告公司施耐德电气低压(天津)有限公司的董事长，感到"很委屈"。他说，C65 断路器技术是他代表中方与施耐德谈判 4 年(1999 年)才引进合资公司的，并且这项技术于 1996 年在法国获得了专利。"C60 本来就是施耐德发明的，正泰在中国抢注了这个型号，所以我们才改叫 C65。"

"施耐德拿不出来 1997 年(1997 年 11 月 11 日，正泰提出了实用新型专利申请)前在中国销售 C60 的证据。他们在法国注册的专利跟我们所说的产品也不一样，完全两回事。”徐志武对记者说，“作为一家跨国公司，知识产权方面的意识和力量比中国民营企业强得多，既然是你的发明，你应该 1997 年就起诉我。在我们告你以后，你才想到这个技术是你的，这不合逻辑。”

“一个专利里面有非常多的专利点，不可能逐一进行描述。”李缮解释说。实用新型专利的授予不像发明专利需要经过实质审查程序，在施耐德看来，正泰注册的是施耐德未曾进行专利描述的一个点。

“它连续告我们 20 多次，我们告它一次就受不了了?”南存辉看上去有点儿幸灾乐祸。

其实，这并不是施耐德在中国第一次败诉。记者在柳市找到了另一位与施耐德打过官司并获胜的企业家潘教武。

1996 年，潘的年销售额只有几百万元的柳市沪川继电器厂被施耐德指控侵权。与潘教武一起成为被告的，还有浙江中策等十余家公司。他们被指控在同一款小型继电器上侵犯了施耐德三项外观设计专利和一项发明专利。其时，潘的沪川继电器厂是组建未久的德力西集团的供应商，因此，德力西也在被告之列。

“我们确实是仿人家的。”一位于柳市低压电器行业极为熟悉的人士对记者说。接受采访时，他的办公室里就放着一个已经拆开的施耐德的大型开关。

官司看起来必输无疑，后果就是施耐德在起诉状中所要求的，立即停止侵权，销毁模具和侵权产品，赔偿 2 万美元，并公开道歉。

潘教武与胡成中商量，决定丢车保帅，由沪川继电器厂全力承担诉讼。尽管迫不得已，潘教武仍然不甘心：自己基本上只生产这一产品，败诉意味着沪川厂就此倒闭。“施耐德不要钱，”那位人士说，“它就是要你关门。赔款都给律师，另外还有酬金。”

潘教武拿着起诉书睡不着觉。他终于发现了自己的第一条生路，三项外观专利中有一项，施耐德并没有申请专利。接着，潘教武请教了一位从专利复审委员会退休的朋友，得到如下教诲：可以通过申请对方专利无效取得诉讼中止，但关键是要找到证据，能够证明对方在中国申请专利前已经销售过该产品，对方专利将因此丧失新颖性而自动废止。

第一个被告在杭州中级人民法院庭审时“投降”了。潘曾劝说该被告跟自己一起申请专利无效，“他们不肯，害怕，认输了。”轮到潘上场了。他首先宣布自己的发现，让原告吃了一惊：的确有一项外观专利未曾注册。接下来，潘教武反诉对方专利无效，请求暂停诉讼。潘的请求未获批准。1997 年 8 月，杭州中级法院判决侵权成立。潘上诉到浙江省高院，如愿以偿。

潘开始了长达 5 年的奔波。他希望能够找到施耐德在其专利申请日(1988 年 11 月 10 日)之前的该产品的销售发票。1999 年，他在成都得到了一张施耐德于 1988 年 6 月开出的发票。潘再次受到了打击。该专利在法国注册的日期早于中国，施耐德因此享有半年的优先权。潘教武毅力惊人，距法庭再次开庭还有 10

天的时候，他在甘肃找到了两张施耐德开于1988年4月的发票。

潘的官司打赢了，在他之后的被告们得救了。潘的一位不愿透露姓名的柳市同行也曾被施耐德起诉侵权，过程与潘也大致相仿。

“就是瞎搞，”这位不愿透露姓名的人对记者说，“拖时间，再拖一年，他的专利就过了保护期，我的市场也形成了。万一不行就关门，重新办一个。外国人也是被我们搞得……”尽管钻了施耐德的空子，但他已经不觉得理亏。“开始确实感觉理亏，但是官司打赢了，我就趾高气扬。”

“专利并不可怕。”这位不愿透露姓名者继续总结道，“知识产权这个东西，各有各的思维。我是初级阶段，也在不断改进啊，改得避开你不就行了吗？互相发展嘛，不然就会受到国内一些企业尤其像我这样的抵抗。没什么不对的，竞争就是这么残酷啊。”

“施耐德不了解中国，”他说，“但是我佩服它，官司一输了，就不会再跟你缠。他们的高层到中国来，包括赵国华，非要见我，跟我握手，他们不会记前仇。”

他对正泰诉施耐德一审胜诉也有自己的看法。“正泰不一定能赢到什么地方。一审法官这么认定，第一是正泰毕竟申请了专利，第二是正泰的影响力大。实际上，我们心里明白，客观讲，毕竟你是仿它的，我们只是拿过来动了一下。”

另一位不愿透露姓名的柳市企业家对记者说：“在柳市，正泰的法律意识是比较强的，这方面做得很好。这个技术显然是你施耐德创造的，但是你不可能方方面面每一个点都去注册，我拿一个点来做做有什么关系？这就是游戏规则。我肯定是站在正泰的立场上，民族工业嘛，就像兄弟一样的，在家里的时候不好讲，外面人过来，我们就要捆绑在一起。我们温州人在世界每一个角落都那么强大，就是因为一人有事，八方支援。这个事情(正泰起诉施耐德)是好事，我们高兴。”

南存辉显然不能接受这两位的说法。“国家知识产权局调查了8个月，证明我们的专利有效。它(施耐德)又把国家知识产权局告上法庭。它说自己有道理，在法国呢？也输了。跨国公司认为强就可以凌弱、大就可以压小，一次又一次打压。”他同时举例说，正泰1998年在中国注册了CHNT商标，由于没有国际化经验，甫一公告，施耐德就在法国、德国、巴西等十几个国家抢注了SCHNT商标。1998年，施耐德和正泰正在进行第二次谈判，南问：“为什么抢注我们的商标？”对方答：“我们的商标就是这么拼的。”

“中国的企业要树立自信，”南存辉说，“不要迷信大公司，它们也是从小企业起来的。没有一家大公司不被人告，也没有一家不告人。”

柳市双雄 >>

正泰与德力西曾经是贴身肉搏的对手，施耐德的加入势必将改变柳市这两家低压电器巨头的竞争格局。

南存辉把正泰做大不容易。

柳市的低压电器产业诞生于20世纪60年代末。胡万昌是柳市的“活字典”，曾担任柳市区工商局局长，保存了很多该地的历史资料。1966年，毛泽东发表“五七”讲话，允许农民集体办小工厂。当时，柳市农民做得最多的是小车床、割稻机和水泵。两年后，一个在铁道部工作的柳市人回到家乡，带来了改变柳市历史的信息。由于“文革”，工厂已经不大生产东西，铁路工人制服的“工字”铜纽扣紧缺。很快，模具做了出来，压制的纽扣合格。铜属于重要生产资料，由国家统购统销，工作只能偷偷进行。那位在铁道部工作的人说，产品要送到柳州铁路局。一个柳市人背着大口袋出发了。刚到柳州，他就让巡逻队擒获，被带到了柳州起重机械厂保卫科。这时候，机械厂设备科科长出现在了保卫科。问明情况后，科长拿来一个补偿器问他能不能做。为了逃跑，他答应说可以。

柳市最早的补偿器生产了出来，赚到了钱。于是政府开始了打击。师傅们被拘留，厂子关掉。获释的师傅又被更多的村子请去传授技艺。抓得越多，火种传播得越快。“政府部门的严厉打击是使柳市低压电器迈向全国的主要因素。”胡万昌说，“如果当初不打击，给大家办一个大厂，就不会有后来这么多的企业了。”

做电器配件的人越来越多。为了逃避制裁，从业者们跑到山里面继续生产，原料用地瓜干等物品遮盖。

能带来需求信息的人成为了专职供销员。紧接着，他们不再隶属任何工厂，变成了可以参与分成的独立供销员。合同买卖开始出现。

温州人多地少，很多人年纪不大就跑到外面去从事弹棉花、补鞋、瓦工、木工等生意，数量有几万人。他们听说独立供销员都发了财，而自己在做工时也能得到很多信息，于是纷纷改行加入了供销员的队伍。正泰、德力西们发达的营销网络就是由此建立起来的。

1984年，胡万昌从部队转业到柳市区工商局担任局长。中央开始鼓励发展合作经济。胡万昌说，从1984年5月6日到8月6日，工商局每天平均批74个低压电器企业。三个月时间，柳市的低压电器厂家已经达到五六千家。在这个被柳市人称为“解放”的办厂运动中，有两个年轻人，登记的厂家名为“求精开关厂”。他们就是南存辉和胡成中。

如同早期的温州皮鞋一样，柳市的低压电器产品开始也充斥着假冒伪劣。据胡万昌统计，自1982年至1990年，由政府组织的大的整顿即有11次。最严厉的是1990年，国务院发了文件，由中央八部委局联合派出工作队进驻柳市，抓了二十多人，几个干部被判刑。1990年6月28日上午，300多名当地工商局、技术监督局人员分成三队，对柳市所有的铺面实行封查，近千家被贴上封条。胡万昌是其中一队的领导。据他回忆，短短一个上午，柳市就已面目全非，一片萧条凄凉。胡万昌说，当时针对柳市有两种观点。一种以研究农村经济的学者为主，认为农村要发展，就要走柳市的道路，国家未投入一分钱，老百姓也干劲十足。另一种来自机械工业部和电子工业部及其下属的工厂，如上海人民电器厂、沈阳低压开关厂、北京低压开关厂等，认为柳市这种自由泛滥的生产将造成无限灾难，必须打死。胡万昌分析，这主要是因为柳市的低压电器生产严重抢夺了原属上述国有企业的市场，结束了由国有企业定价并不用担心销路的时代。胡认为，整顿是必要的，但是这种良莠不辨一刀切的方式对柳市低压电器产业打击太大。胡万昌因坚持这种观点被冷落。

南存辉和胡成中的求精开关厂躲过了这一劫，因为他们1987年就取得了国家第一次颁发的生产许可证(当时仅四家，其中有胡万昌的弟弟)，属于被保护的对象。胡万昌评价他们“年轻，反应快，有眼光”。办理许可证费用可观，大多数的老板们不愿意花钱。

南存辉与胡成中是小学同学，两个人初中辍学后开始做生意。柳市商会秘书长陈建国说，当时南与胡一个在他家门口左边开裁缝铺，一个在右边补鞋。胡的父亲是柳市“第一大”裁缝师傅，万元户，曾因投机倒把坐牢。南存辉家境较差，补鞋摊摆在供销社门前，条件是帮供销社开门关门。在陈建国的印象中，这两个小生意人非常懂事。

1991年，大整顿过后，创办于1984年的求精开关厂分为一厂和二厂，南存辉与胡成中各任厂长。次年，二人分手。两年后，南存辉的正泰集团成立，胡成中则成为德力西的创始人。因为拥有许可证，他们将众多希望得到保障的小工厂收到旗下，成为柳市第一批整合者。

在柳市，流传着许多关于南胡二人互不服气的故事。陈建国说，两个人都好强，谁也不让步，谁也不说自己企业小，但是私人关系还是很好的。今年南存辉的父亲去世，胡成中还去守了两夜灵。柳市另一位电器集团的董事长则认为，所谓关系好只是面子上的事。胡万昌也证实了这一说法，因为他曾和南胡二人一道与政府领导吃饭，其间两个人相互挖苦，“要是关系真好，应该不会在这种场合下这样做。”胡万昌说，柳市普遍的看法是，南存辉的口才、理论水平比胡成中要高，肯学习。但是在赚钱的手段上，胡更灵活。胡万昌认为，这可能是说南存辉赚钱的同时要考虑中国人的道德观念，胡成中考虑得就少一点，商人作风更浓。

关于施耐德与德力西合资，柳市很多人的看法是，德力西与正泰竞争多年距离越拉越大，因此通过合资来增强自己的实力。也有人认为，德力西近年转入房地产等行业，负债较多，急需用钱。

南存辉说，几年前，胡成中曾经很正式地找他谈，希望正泰把德力西并掉，自己去做房地产，因为低压电器行业越来越辛苦，不挣钱。南存辉没有同意，他认为还不具备条件。有一次，在德力西，南存辉对胡成中及其部下说，正泰这么多年发展下来，真的要感谢德力西，有个很强的对手在旁边，才使我如临深渊如履薄冰，天天战战兢兢。

如果南存辉知道这个竞争者有一天会跟施耐德结盟，将施耐德迎入柳市，他会不会当初答应胡成中的提议呢？

未来>>

南存辉很明白正泰与百年施耐德的差距，而他想通过进入新产业来寻找跟跨国公司相同的起跑线。

“我们的到来不是一个革命性的变革。我们考虑的是维持现状，留住现有客户，员工，在这个基础上做一些改进，但不会有翻天覆地的影响。”对于进入柳市与德力西合作，杜华君如此评论。

但施耐德的到来会促进柳市低压电器产业提升，是柳市一些较大企业的共识，包括南存辉。据胡万昌统计，柳市周围不到150平方公里的范围内，现有低压电器生产企业5000多个，施耐德的到来将会推动该地区行业的整合。这也是正泰面临的直接压力。其中无区域集团38个，其余大部分都是以乐清(柳市区所隶属的县级市)冠名。“竞争先是偷工减料、以次充好，后是压价赊销、自残自伤，最后是假冒伪劣、不择手段，以至于搞了20多年低压电器的柳市还会出现用纸和水泥做电器产品，实在叫人胆战心惊。”胡万昌在《三论柳市电器》中写道。这种环境下，投资开发技术基本就是找死，许多企业因此把资金投向利润更丰厚的房地产、采矿、采油等行业，但很不幸，很多资金就此套牢。

胡万昌曾经多次向政府呼吁促进柳市低压电器行业的整合，将其并为1到3家。他也向南存辉提过建议，但都没有结果。胡万昌说，20多年来，柳市为了低压电器付出惨重代价，频受政府打击不说，近千人在生产中断指断手，触电死亡者20多人，因为炼铜导致氯化钠中毒而死者10余人，而且，“1984年我转业回来的时候，柳市的河里可以游泳，老百姓可以从河里挑水吃，现在整个柳市地区都污染了。这么多企业，要占多少地，浪费多少资源？柳市的耕地也基本没有了。”

胡万昌说，如果大的集团比如正泰带头，把那些小的企业并到一起，那么产品定价就会掌握在自己手里，企业才能向前发展。

“他们以低价位竞争，”施耐德电气低压(天津)有限公司董事长李缮评价柳市低压电器行业的现状说，“有一个潜在的危险，就是完不成资金再积累了。有了积累才能投入研发、自我循环。可以靠别的产业输血，但不是长久之计。在低压电器行业，主要还是跨国公司在角逐，占优势，企业家要审时度势，不能意气用事。正泰要发展，应该保持合作的态度。我看德力西很明智。”

“我认为施耐德来得越早越好，”陈建国对记者说，“思想落后的人，认为工厂都给外国人了。现在经济世界一体化，这种顾虑不必要。合资公司就业纳税都在中国，在中国生产在中国卖，有什么关系？而且，施耐德在中国也不可能占有全部市场，牛有多少力，马也有多少力。”

整合的迹象已经出现。柳市另一家低压电器生产商安德利集团的董事长程安林说，施耐德与德力西合资后，要求其所有的供应商只能给合资公司一家供货，一些安德利的供应商转向了合资公司。“这样，在零配件方面就会上一个档次。”他说。这也意味着，争夺已经开始。

南存辉需要的是时间。他必须跳出周围几千家同行以低价格构筑的低压电器沼泽战场。几乎就在提起对施耐德的诉讼的同时，正泰投资 3000 万美元成立了太阳能科技公司，从事太阳能电池、组件和光伏应用产品的研发、生产和销售，2008 年 5 月，首批产品太阳能晶体硅光伏电池已投产，预计到年底出口额 1 亿元左右。2008 年 10 月，二期生产基地开工，投产后现有电池产能将扩大 4 倍，达到 100 兆瓦。

南存辉说，这个公司有望 2008 年在美国上市。

《中国企业家》刘建强

史玉柱

大师语录 >>

作为我们曾经失败过，至少有过失败经历的人，应该经常从里面学点东西，人在成功的时候是学不到东西的，成功时候做的报告你别听，全是假的，只有失败总结教训才是深刻的，才是真的。

"第一次，他上演了一个成功的版本；第二次，演绎了一个失败的案例；这一次，他从哪里跌倒就从哪里爬起，并完成了对企业家精神的定义：执著、诚信、勇于承担责任。"国际奥委会会员何振梁在2001年CCTV年度经济人物颁奖典礼上如此评价史玉柱。

在中国商界，恐怕找不出第二个同史玉柱一样坚韧，敢于承担责任的人了。

坚持做软件>>

1979年，17岁的史玉柱成为浙江大学数学系高材生；1984年，大学毕业，顺利分配到安徽省统计局工作。专业对口，生活安逸，此时的史玉柱似乎无任何雄心大志，也无任何特别的想法。

分到单位没几天，史玉柱就被通知到西安统计学院进修几个月。在进修期间美国教授用计算机演示了最新的国外抽样调查方法，这些方法让史玉柱对计算机的应用产生了浓厚的兴趣，"计算机"这三个字也让史玉柱的心里起了波澜。

回到单位后，史玉柱马上向单位申请了5万元，从深圳搬回了一台IBM，并用这台IBM写了一个调查小程序，大大提高了当时统计局的工作效率。史玉柱写的调查程序在第二年就在全国进行了推广使用。

1987年，史玉柱因工作表现优异，被单位选派到深圳大学软件科学系研究生班进修。当时的计算机输入和运行程序都是以英语为基础编写的，在国内也只有英语好的人才会使用计算机。

为了让不懂英文的广大中国人能够熟练地使用计算机，有很多人就开始做英文软件的汉化工作。如王永明等发明了五笔字输入法、汉字全拼输入法等，香港金山的裘伯君和北大方正的王选等人开发出了"WPS"、激光排版印刷系统等等。对所学专业不甚喜欢的史玉柱却对英文软件"汉化"工作着了迷。

史玉柱想起，自己在统计局工作的时候，几乎所接触到的每个单位都会花2万块购置一台四通打字机，同时也购置电脑，可电脑总是处于荒废的状态，人们还是习惯于四通打字机。史玉柱就想编写一套程序，直接在电脑上打字。

经过近半年的研究，史玉柱开发出了M-6401。他先送了一套给安徽省统计局，大家用了都说好，史玉柱的成果得到了热烈的回应，他一下子看到了这里的市场前景，心中升腾起了一股无法扼制的创业冲动，一种想在计算机行业里“搅一搅”的雄心大志油然而生。

1989 年 7 月，已经辞职的史玉柱登上飞往深圳的飞机，身上全部的家当就是东挪西凑来的 4000 元钱。而在当时的深圳，4000 元只够大款们的一顿早茶。可怀里的 M—6401 却让史玉柱信心百倍，他相信，自己的这款软件只要再稍加完善，一定可以成为叱咤软件市场的产品。

完善软件，就需要电脑。可在深圳，史玉柱不但没电脑，连吃饭睡觉的地方都没有。回到母校深圳大学，史玉柱租不起房子，就挤到学生宿舍去住，搞软件没有电脑，就采取能“混”则“混”的策略，“混”到学生堆里，在学生的计算机实验室偷偷地编写程序。

可时间长了自然会“原形毕露”，很快他就被实验室的管理员“揪”了出来。在此之后，他不得不通过熟人找到配置有电脑的学校办公室，别人下班了他才上班，别人不用电脑的时候他接着用，有时要等别人玩完电脑游戏，他才能靠近。那一段时间里，史玉柱的黎明是从黄昏开始的。

经过近一个月的努力，史玉柱的 M—6401 在固化字体、增加字库、批处理的基础上，还解决了所见即所得的界面问题，集录入、排版、编辑、打印于同界面，并且所有功能都以中文窗口菜单提示，经过综合压缩，保证大字无锯齿，小字笔画均匀。他确信 M —6401 桌面文字系统已经趋于完美，可以向中国的电脑市场发起冲击。

创业需要场地，需要资金，特别是需要一台用来演示文字系统的电脑。史玉柱却什么都没有。

他通过熟人找到天津大学深圳科技工贸公司，承包了它的电脑部，并说服钱宇、姜巨满、蔡玮三人和他一起创业，钱宇和姜巨满与史玉柱一同搞开发，蔡玮则负责做市场，四人形成了创业同盟。这样，总算像模像样地有了公司部门的雏形，解决了经营资格问题，可以有自己的账户，可以做广告了。

但是，这家公司的电脑部说是电脑部，其实连个电脑键盘的影子都没有，搞软件的人自己没有电脑，犹如打仗的人自己没有武器一样，这是一件多么尴尬的事！当时一台电脑的最低价格是 8500 元，可此时的史玉柱已囊空如洗。他在一家电脑商店前欲哭无泪地徘徊了好几天，感到自己胸口堵得慌，恨不得找人打一架，哪怕被打得头破血流也比当时的滋味好受。

史玉柱决定竭尽全力一赌，他找到一家平时比较熟悉的电脑店，想买一台价格 8500 元的电脑，他对店老板说他愿意用 9500 元买下这台电脑，但要半个月后才能付款，如果到时付不起，这台电脑退还给店主，并付给店老板 1000 元的差价，算是半个月的租金。

赊到电脑后，新的难题接踵而来。

如果在半个月之内史玉柱他们没有收入，不能付清电脑款项，不但赊的电脑需要交回，1000元押金也将鸡飞蛋打。为了尽快打开软件销路，史玉柱想到了打广告。

他找到了《计算机世界》这个杂志，买不起一个版就买半个版，最后他知道自己连半个版都买不起。这时的史玉柱只能下足赌注，和编辑部的人来了个君子协定，以电脑做抵押，在《计算机世界》上先做广告后付款，推广预算共计17550元，这对当时的史玉柱来说，无疑是一个足以让他手心出汗的数字。

史玉柱已做好了最坏的打算，如果一切都砸了，电脑给《计算机世界》抵广告费，他就去帮经销电脑的店老板打工抵债。

1989年8月8日，史玉柱在《计算机世界》用半个版的篇幅打出广告，宣告“M—6401，历史性的突破。”

这之后他便开始耐心等候结果。等待总是漫长且难熬的，更何况是踩在一根颤巍巍的钢丝上的等待。13天，漫长得像一个世纪，只有史玉柱自己知道，这13天的他是怎样渡过的。

登出广告后的第13天，史玉柱收到3笔订购M—6401的款项，共计1.5万元。这不是汇款单，而是一张张预告黎明的通知书，这个通知书向史玉柱及他的伙伴们宣告：希望。

史玉柱和他的三个伙伴来不及欢呼，就拥抱成一团。他们在商定期限的最后一天极守信用地把买电脑的钱和欠《计算机世界》的广告费都付清了。

随后的日子里，一张张订单雪片般飞来，到了9月中旬，销售额已经超过10万元。面对人生中的第一个10万，是保守起见？还是继续扩大效应？史玉柱和他的伙伴们选择了后者，将这10万元又全部投入了广告，4个月之后，他们的销售额突破100万元。史玉柱此刻才真正见识到了广告的强大威力。

之后，史玉柱把他的软件拿去压缩成一张卡，可以装进电脑主机中直接使用，“汉卡”也由此得名。

不凡毅力 >>

1990年1月，史玉柱和创业伙伴再次进驻深圳大学，包下两间学生公寓，买了一个热水器，几箱方便面和面包榨菜，将自己反锁在僻静的房间里，夜以继日地投入了新产品的开发、研制，过着一种集中营式的生活，不管外面的世界发生了什么，他们只与计算机同在。他们一个星期下楼一次，不是休息，而是就近买一箱方便面。如果实在太累了，史玉柱会停下来玩玩游戏。150个日夜，20箱方便面支撑着史玉柱和他的伙伴们进行着一场战争，与自己斗争，也与对手斗争。

史玉柱不是电脑软件汉化领域的先行者，电脑软件汉化的工作被史玉柱看到了机遇，更被北大方正、四通以及香港金山等企业看到，他们的背后是高校的科研队伍和经费，或是财团雄厚的经济实力支持，而且他们出道更早，也更有名。

汉卡的研发虽是一项创新的工作，却不是一件可以专利保护的科研成果，可模仿性和可续创造性很强。最初大家虽然没有互相模仿，但在同一原理下又殊途同归，M-6401 很快就失去了领先的优势。

居安思危，尽管 1990 年 3 月的时候，汉卡的销售额达到了 3000 万元，可史玉柱他们知道，身后虎视眈眈的眼睛并不少，而且在逐渐增加。要击败这些对手，能做的，就是全力奔跑，超越他们。

1990 年 5 月，M-6402 文字处理系列产品横空出世，M－6402A、6402B、6402C 三种型号共同对中国电脑市场进行着冲击，市场一片惊哗。

史玉柱在决定与对手交战的时刻，他早已知道自己所拥有的胜算是什么，在哪里。史玉柱同他的合作伙伴们用智力和超强的毅力赢得了这场战争。

“IBM 是国际公认的蓝色巨人，我用‘巨人’这个词来命名就是要成为中国的 IBM。”

1991 年 4 月，“珠海巨人新技术公司”正式注册成立。公司共 15 人，总资产 120 万元，总经理史玉柱。新公司在《计算机报》上作的公开亮相让人过目不忘，立即在业界引起强烈的震撼。可以说，开创了当时一种新的广告模式。

中原逐鹿，风起云涌，在成为中国巨人之前，史玉柱他们要直接面临的就是竞争对手的强烈冲击。M-6402 系列产品面市后，很快就受到了香港金山电脑的市场突击，WPS 风行一时，大有当今汉卡市场非金山莫属之势。

史玉柱当机立断，亲自挂帅，又投入资金 80 万元，组织 10 多个专家，设立了深圳和珠海两个课题组，进行竞争性的互促互补式的研发。80 万元对于一个注册总资产仅 120 万元的小公司来说，可想而知意味着什么。

1991 年 8 月，M-6403 桌面排版印刷系统问世并投放市场，这套软件在造字功能、自定词组、联想功能、编辑排版系统等方面有独到之处，是对 6401 和 6402 的深化，一上市即引起全国性的轰动。之后，平均每月 1000 多套的销售额，短短三个月，共销售出 4000 多套，使得巨人真正确立了在中国汉卡市场上的领先地位。

为了迅速打开市场，建立起庞大的销售网络，史玉柱又做了一次大胆的决定。他突发奇想，准备组织一次巨人电脑汉卡全国订货会，承诺全国各地的经销商只要订购 10 块巨人汉卡就可以免费来珠海参加巨人的订货会，往返路费由巨人公司出。

这个决定遭到公司其他所有人的反对，但史玉柱向来这样，认准的事情就不惜一切代价去做。结果，他成功了。

1991 年 10 月 26 日，200 多名经销商从天南地北齐聚珠海香蜜湖。不仅订了货，还组成了巨人汉卡的营销网络，史玉柱由此一举编织起了一张当时中国电脑行业最大的连锁销售网络，使与经销商之间的单一的买卖关系变成了合作开发市场的利益共同体。

有了这样一张庞大的销售网络，在原有的产品技术优势和价格优势的基础上又增加了市场营销网络优势，巨人事业如虎添翼，立即迈上了又一个新的台阶。1991 年，巨人汉卡的销售一跃而居全国同类产品之首，公司获纯利 1000 多万元。

到 1991 年 12 月，巨人员工发展到 30 人，资产 500 万元，产值 1500 万元，办公面积 100 平方米。

对于这段历史，多有人将巨人的成功归结于史玉柱是豪赌性格，可是却很少有人去深入挖掘史玉柱心里那种对风险的强烈预见及自己所做决定的坚持与执著。

跌倒 >>

1992 年，史玉柱已经身家过亿。这一年，巨人集团决定盖一座 38 层的巨人大厦。

珠海市政府给了史玉柱非常优惠的土地价格。当时珠海的楼板价大约是每平方 2600 元，而珠海市政府给史玉柱的土地价格是每平方 125 元；先是给了 1 万平方米，后来追加到 3 万平方米。

1993 年初巨人大厦动工，按照当时的建筑成本，盖一座 38 层的大厦大约需要 2 亿元，这对巨人集团来说并非不能承受。1993 年 6 月，珠海市召开的第二届科技进步特殊贡献重奖大会上，史玉柱成为特等奖的首席获奖者。

也就在 1993 年 6 月，中央提出加强宏观调控的 16 条措施，主要包括实行适度从紧的财政、货币政策以及控制投资规模等。

“当时并不懂这些。加上几个主营业务还在营利，脑黄金每年有 1 亿元利润，所以没有意识到风险。”史玉柱承认当时并不懂房地产，也没有意识到宏观调控将带来什么样的后果，“头脑一热，巨人大厦的设计从 38 层增加到 54 层。”大厦设计最后定在 70 层。

盖 70 层的大厦的预算陡增到 12 亿元，资金上存在巨大缺口。当时史玉柱想到了一个比银行融资更好的融资办法——卖楼花，一下子就圈到 1.2 亿元。

与此同时，“巨人”开始走多元化之路，服装实业部、化妆品实业部、供销实业部等十几个实业部宣布成立，并先后开发出了服装、保健品、药品、软件等 30 多类产品，但最后大都不了了之。

一系列不成功的投资和巨资修建的大厦拖垮了“巨人”。

1996年，巨人大厦项目已经先后投入2.5亿元，仍然有巨大现金缺口。而由于宏观调控政策，这个时候再想从银行贷到款已经是天方夜谭。巨人大厦被迫停工，购买了楼花的债权人按照合同来收房的时候，看到的是已完工的地下工程和地上3层，包括68根最深打入82米岩层的桩，和17米高的大堂。

1997年，巨人集团已经没有现金可用。企业没有现金，像人没有血液一样，无法生存。一个礼拜之内，巨人迅速地垮了，并欠下了两亿元的债务，"从休克到死亡，过程非常短"。

"就算是当时没有宏观调控政策出台，没有树典型的事，这一跤早晚还是要摔的。"史玉柱打了个比方：就像爬梯子一样，你爬第一级梯子的时候摔下来不疼，两级就疼了，你爬了十级再摔下来，有时候就要命了。

再次崛起 >>

史玉柱不喜欢逛街，如果偶尔去逛一次街，也一定是去书店买书。

史玉柱最喜欢看的人物传记是毛泽东、斯大林、李嘉诚、比尔·盖茨，以及关于太平天国的书等。

在凭借脑白金重出江湖之前，史玉柱曾经在南京有过一段隐居生活。

"中山陵再往前走，有一片树林。有一年多的时间，每天早上10点起床，带一本书，带一个面包，开个车就往里面走。"史玉柱那一年多一直在看洪秀全的太平天国，看毛泽东第五次反围剿、长征。

"为什么我喜欢看太平天国的书，因为很悲壮，我觉得好像能在其中找到某一个共同语言。"史玉柱说，"那时候我应该是一个彻底的失败者，太平天国最后也是失败的。我就特别爱看。"

这一段时间史玉柱也特别爱看中共党史，研究1921年共产党怎么样，井冈山时期怎么样，长征路是怎么走的。

"毛泽东的书我是挺爱看的，不过我最爱看毛泽东在1949年之前的，包括解放战争之前、在红军时候的一些书，我觉得从里面能学到很多东西。"

毛泽东在任何战役之前在电报里都会做几种可行性的分析，比如进军大别山，每种应对方案他都会写出来。

"以前很少想输赢，经历了一次挫折，现在会知道做任何事不能太浪漫，成功、不成不败和失败三种情况都要想到。比如巨人那一次，我应该预计到有没有钱去填窟窿。现在我做一件事，三种情况都会想到。"

1997年，史玉柱决定收拾"残部"，北上"长征"。他切断了和巨人集团的一切联系，除了留下几个人在珠海处理债务，其他的"拉了一辆面包车的业务骨干”从珠江三角洲转战到长江三角洲，在江苏浙江开辟新的“根据地”。

史玉柱选择了江苏江阴作为脑白金的试验田。他向朋友借了50万元——因为之前他曾经借给这个朋友500万——50万做一个县级市已经足够，“15万用于生产，15万用于广告，5万发工资，还有15万做储备。”在江阴取得完胜之后，史玉柱才接着一个县一个县，一个市一个市，一个省一个省地做下去。

1999年脑白金单月销售额已经突破一个亿了，但1999年、2000年、2001年，直到2002年上半年，史玉柱连第二个产品都没推，第二个产业都没做。

“我就觉得毛主席的原则是对的，要集中优势兵力歼灭敌人。我集中我的全部的人力、物力、财力攻一点，没有把这个城市攻下来，你别忙着打第二个城市。”

正是依靠这50万，坚韧的史玉柱再次回到了商业舞台的中央。

信守承诺 >>

2001年1月28日，史玉柱旗下公司在《珠海特区报》刊出公告的，以分期支付或一次性支付两种方式供选择，以当年“契约”编号为序，从1月29日到2月15日，完成还款。珠海还款的5000多万元先汇入银行，还款处设在银行门口，办完手续，银行开出存折或支票。这几天，珠海大概有二千零几个老百姓拿回了当年的钱。

其实，在此以前，史玉柱已经在香港开始还钱了。香港有140位，大约要还港元9000多万，相当于人民币1亿元。

到2001年，拿出两亿元多还债，史玉柱已经不心疼了。“2亿多对我已经不算什么。”“2亿多还债，对我们公司运营，已经不构成什么影响。与其账上多2个亿，还不如把这个心病给除掉。”“巨人大厦毕竟那是我自己惹出来的，而且，那里面危害的都是老百姓。”

2001年2月6日，《解放日报》第4版。史玉柱在上面印了两个20多厘米见方的大字“感谢”。“感谢”下面，史玉柱发一通感慨：“十年前，巨人创造过辉煌；四年前，巨人跌入低谷；新世纪，巨人从上海复出；感谢上海优良的投资环境、良好的政策环境；感谢上海人民的厚爱。史玉柱真的重新站起来了。”“我这个人也不是特别爱钱。”“钱就是个工具，能用来投资做事情，与其投资做别的项目，还不如先用钱将我原先未做完的项目给解决了。”“这样，再做其他事会更踏实一点。”

聚焦银行业>>

2001年，在拿出2亿多元还掉自己当年在珠海欠下的债务之后，由于脑白金的高额利润，史玉柱的账面上还有近5亿元的现金。这时候，史玉柱开始想到了投资，“既可以做公司发展的战略储备，又可以控制公司的多元化冲动”。

当时，史玉柱考察了国债、基金、信托甚至房地产等众多行业，但是最后他还是决定投资银行股。在他看来，国债等投资回报太慢，房地产虽然是暴利行业，但是跟公司的发展战略不相符，他不想再重蹈覆辙。

经过和多人的商谈，史玉柱预期今后银行会高速发展，同时相比其他投资，银行商业模式清晰，并且很稳定——贷款利息减去存款利息，只要资金量足够大，利润就很高。“就算是十年之后还，这种模式的赢利还是会非常稳定。另一方面，全国性的银行一般不会破产，上市银行有证监会和银监会的监管，相对来说犯错误的几率要小一些。而且，就算是全国银行要出问题了，国家也要管它。”

而当时，众多民间资金仍在逐鹿房地产的惊人暴利，银行由于回报期长，一些民营企业并不看好银行股。

“华夏银行的股份是慢慢凑起来的”，按史玉柱说法，2002年间，他多年的老朋友段永基任四通集团董事长，四通集团有6000万股华夏银行股份被法院冻结要拍卖，史玉柱替段永基把钱还了，在进入拍卖程序前把股份拿了过来。

不久，史玉柱又等到了一个机会。2003年9月华夏银行上市前夕，证监会提出，华夏银行的第一大股东首钢总公司持有股份太高，必须转让一部分。“就几天时间，不然上不了市，”而像史玉柱一样没有银行贷款且手中握有大量现金的民营企业并不多。

拿下民生银行的股票则源于史玉柱的另外一个朋友冯仑。冯仑、史玉柱和段永基同是“泰山产业研究院”的成员。

2003年9月，冯仑旗下的北京万通实业股份有限公司正在筹备上市，投资银行人士认为万通主营是房地产业务，参股银行会使得公司“不纯洁”，很难给资本市场一个好的估价。当时史玉柱以上海健特生命科技限公司名义，从冯仑手中买下了1.43亿股民生银行国内法人股，当时民生银行的流通股股价为8元左右。

2007年，史玉柱旗下的上海健特生命科技有限公司又在定向增发中增持民生银行30940万股。

整个银行业投资的收益已经超过100亿元，但是在过去的四年时间里，坚韧的史玉柱掌握了每一个机会才做到了这一点。

虽然在银行股上大赚，但是史玉柱也并不是没有失去过更好的机会。“宁可错过 100 个项目，也不错投一个。”史玉柱说他的投资原则不是谨慎，而是相当谨慎。为此，史玉柱在公司内部建立了一个七人的决策委员会，投票决定投资项目。

当年，吴征决定退出新浪时，希望找人接手，有人找到史玉柱，问他要不要。一美元一股的价格，但决策委员会认为风险太大而没有买。

复兴巨人品牌>>

2007 年，史玉柱最辉煌的是将巨人网络成功带入纽交所，并一跃超越盛大网易，成为市值最大的网络游戏公司。

为了去纽交所上市，史玉柱特意在开曼群岛注册了巨人网络公司。而对于巨人这个品牌，史玉柱说自己从来没有放弃过。

2006 年夏天，史玉柱还曾重返旧地，回到珠海那座只建了首层的烂尾楼——巨人大厦前。“那里已经都长满了荒草”，史玉柱说当时是下着雨，自己只是进去躲了一下雨。

不过史玉柱说自己并不会再重建巨人大厦，现在他已经在上海松江区买了 640 亩地，准备投资 5 亿元建设自己的园区，“这次盖的楼最高不超过 3 层”，史玉柱调侃说。此前史玉柱在珠海准备盖的巨人大厦规划高度为 70 层，这也最终导致了公司资金链的断裂。

在史玉柱复出之后，其经营保健品的公司名为健特，“这是巨人的英文发音”，史玉柱对于巨人这个品牌显然一直有所牵挂。但是直到其网络游戏业务运营已经相当成功了，史玉柱才开始在海外注册巨人网络这个品牌。

2007 年 11 月 1 日，当史玉柱敲响开市的钟声，电子大屏幕跳出一个数字——18.25 美元，这是巨人网络的开盘价，比 15.5 美元的发行价高出了 18%。按此价格计，巨人网络的市值已经达到了 51 亿美元，成为国内市值最高的网络游戏公司。此次 IPO，巨人网络共筹集 10.45 亿美元.

而史玉柱做大网络游戏产业的决心也可见一斑，“我也 40 多岁的人了，该为自己找个归宿了，我下半辈子的归宿就是网络游戏”，史玉柱曾如此表明自己的决心。根据 IDC 公布的数据，中国网络游戏行业最近几年一直高速增长。2006 年中国网络游戏营收为 8.15 亿美元，比 2005 年增长 73.5%。IDC 预计，2011 年中国网络游戏营收将达到 30 亿美元，相当于 2006 年到 2011 年期间，中国网络游戏营收将保持 30.2%的年均增长速度。

巨人网络也丝毫没有掩饰其野心，“我们的目标是成为亚洲最大的网络游戏开发和运营商”，巨人网络的招股说明书如此表述其发展目标。

“哪里最严格我们就去哪里上市”，此前史玉柱曾如此表示。中国目前以网络游戏为主营业务的上市公司主要有5家。分别是在美国纳斯达克上市的网易、盛大、九城和完美时空，以及刚刚在香港上市的金山软件。

成立于1817年的纽约证券交易所是美国规模最大、最具代表性的证券交易所，也是世界上规模最大、管理最严密的证券交易所。

纽约证交所的上市标准相对比较严格，要求上市的公司净有形资产为4000万美元，最近一年的税前收入超过250万美元，发行市值必须高于4000万美元。而纳斯达克则相对宽松：只要公司净有形资产超过400万美元最近一年的净收入高于40万美元，发行市值超过300万美元即可。

纽交所公布的数据称，平均每年在美国上市的200至400家公司中，大概只有30％符合在纽交所上市的标准，其余的70％会退而求其次。

史玉柱看中纽交所，其目的是为了将巨人打造成一个百年品牌。而对于史玉柱来说，这显然还只是刚刚开始。

《21世纪经济报道》志韬

中国品牌大师

杨元庆

大师语录 >>

我觉得，不是我能不能超越柳传志，而是必须要超越。今天的联想跟昨天的联想已不一样，对领导的要求也不一样。到我退休的时候，接替我的人一定要比我能力更强。只有这样，才能带领一个更大的公司。

“大门已经打开，腿也迈了进去，就看能不能站稳了。”2004 年 12 月 8 日的清晨，带领联想 PC 奋战 20 年的老将柳传志卸任，此语背后，联想国际化重担落到了少帅杨元庆肩上。2005 年 5 月，联想用 12.5 亿美元完成了对 IBM PC 业务的并购，杨元庆被称为这一交易的“设计师”。从那时起，这场“蛇吞象”的跨国并购就纠结了杨元庆的所有心神，因为这场并购的走向就代表着联想的未来。

为此，杨元庆举家搬迁至美国，开始“单飞”。一年后，强势的他从戴尔挖来阿梅里奥担任 CEO，而且笼络了越来越多具有国际背景的职业经理人进入联想，原来的一些中国高管和原 IBM 高管无奈淡出。

历时两年，从业绩低迷到鲜有盈利直至财报飘红，杨元庆终于站稳脚跟。

2007 年 5 月，在联想集团工作 17 年首席财务官马雪征的退休，更被业界认为，在联想集团层面，“柳传志时代”全部淡去，“杨元庆时代”正式到来。

2007 年 8 月 3 日下午，联想（0992.HK）在香港发布了 2006—2007 财年第一季度财报。该季度联想全球营业额达到 35 亿美元，实现税前盈利 3400 万美元。如果除去一季度 1900 万美元的重组费用，联想税前盈利 1500 万美元。

这一天，杨元庆骄傲地向投资者宣布，“联想收购 IBMPC 业务已经取得阶段性的成功，这是一桩成功的收购”。

自 2005 年收购 IBM PC 业务以来，业界一直持怀疑态度——而 TCL 收购汤姆逊彩电及阿尔卡特手机、明基收购西门子手机业务之后所遭遇的种种困境，更让人为联想也捏了一把汗。联想国际化成功的意义不仅仅在于联想自身，更重要的是为中国企业提供了一个成功国际化的样本。

在经历了对 IBM PC 业务两年的整合之后，国际化已然渗透至杨元庆的每一个细胞，包括由此增加的不少白发。

杨元庆从不讳言，其志向就是让联想成长为国际品牌，所以他自己也要从一个本地化的人才成长为具有国际视野的人才。事实上，杨元庆的转变不仅是外界所看到的由专人打理、设计的穿着及讲话方式的不同，更是一场炼狱似的蜕变。

在如今几乎可以称为“日不落”的联想集团（联想目前在中国、印度和拉美设有工厂，在印度设有市场营销中心，在荷兰有销售运营网络，在美国有一个运营中心，由于时差的不同，联想几乎是一天 24 小时都在运行，是典型的“日不落”企业），杨元庆的忙碌可想而知。

如今，在他的时间表中，一年中有 1/3 少一点的时间在中国，1/3 多一点的时间在美国，另外的 1/3 则奔波于全球其他国家。时差曾一度是杨元庆最为头疼的问题，因为他过去很难在飞机上睡觉，下飞机就有一大堆事务等待他去处理，对身体是极大的挑战。在中国时，杨的工作习惯一直很规律，每天从早上九点开始一直工作到晚上。

但现在不行了，美国的白天刚好是中国的晚上，最有效率的工作时间是早上九点以前，晚上七八点以后。在杨元庆看来，改变习惯是最难的，需要很大的毅力与韧性，这也是联想国际化所必须的改变。如今的杨元庆，是有时间就睡、困了就睡。

对于从来没出国留学过的杨元庆来说，英语是更大的挑战。并购初期，杨元庆大部分时间在美国工作，CEO是美国人，其他高层主管也分布在世界各地，联想高级管理人员开会就像召开联合国大会。

开始的时候，他听美国人讲英语都很困难，而在行政会议上，更是五花八门的英语，一下子是美国音，一下子是澳洲音，还有印度音，杨元庆当时所承受的煎熬可想而知。而如今，他已经能够熟练地用英语与外国同行开玩笑了。

“杨元庆变得更自信了”，这是许多与联想打过多年交道的媒体同行一致的评价。一年前，处于最困难的整合期的杨元庆对于收购的做法，只是简单地回答，“无限风光在险峰”，如今的杨元庆，已经能够解释出一整套并购成功的原因。

面对竞争对手的并购行为，杨元庆坦言“心情很轻松”，并坚称“联想是同业中最擅长整合及并购的企业”。联想的国际化道路仍然漫长，在其全球市场份额中，中国仍占了相当大的比重，美国、欧洲及新兴市场还有非常大的拓展空间，而这也是成为真正全球化的联想所不能回避的路径。

做跨国公司的全球CEO，杨元庆坦言“压力很大”，因为“别说是中国企业购并西方企业，就是美国企业购并自家企业，成功率也只有三成，更何况我们还这么早就跑去购并IBM PC，这家美国最大、最有深远文化的公司”。

两年整合 >>

对于中国制造企业而言，国际化是一种方向，也是一种诱惑。当一个企业在国内拥有30%的市场占有率、稳居国内老大位子的时候，必然会需要开拓一个更大的市场，寻求更多的关注与认可。

在杨元庆看来，并购IBM PC业务不是一种诱惑，而是一种必须，“国际化是产业全球化趋势和联想自身发展的必然要求。如何进一步融入全球范围的产业整合和竞争格局中去，在更大的舞台上最大限度地获取我们所需的资源和增长机会”。

柳传志曾坦承，“当年若没有元庆的坚持，联想最终不会完成对IBM PC业务的并购”。当年，联想曾为此召开了一次董事会，而董事会成员大多反对这一决定，他们认为风险太大，难度也太大。全世界并购案例中成功的仅占25%，联想并购 IBM 简直就是“蛇吞象”，太容易“消化不良”。

但杨元庆没有轻言放弃。随后，他又发起了一场会议，对于董事们最大顾虑的如何使 IBM PC 业务扭亏为盈、如何整合两家公司的问题，进行了详细阐述，最终打消了董事们的顾虑。

杨元庆认强调了两点：首先，2000 年左右联想在中国 PC 市场已经达到 30%左右的市场份额，如果再往上提高 1 个百分点，所付出的代价是很大的。

如果不拓展国际市场，而一任国外品牌打进中国，联想的生存空间将越来越小，不走出去就相当于坐以待毙。其次，联想在 PC 领域尽管不是最大的公司，但可以说是最盈利的公司。IBM PC 业务毛利率高达 24%仍然亏损，而联想 PC 的毛利率只有 14%却能赢利，是因为联想善于控制成本，联想收购 IBM PC 业务后，只要能维持 24%的毛利率就可以赢利。

知难行易，过去两年间，杨元庆埋头于并购后的整合，终于取得了不错的成绩，那么杨元庆的成功之道又是什么呢?

杨元庆认为联想并购 IBM PC 业务的成功主要有三个原因。第一，需要非常慎重地选择并购的对象，并购对象的基础必须是好的，而且要把并购来的资源 100%、120%地用足。IBM 是一个非常好的品牌，而且产品好且有创新性，比如 ThinkPad 是 IBM 高端的笔记本电脑，同时也是一个技术的根基，这可以让 IBM 的品牌帮助推广联想品牌。

而且 IBM 在全球有稳定的大客户资源，对于产品的忠诚度非常高。联想在并购之后保证了 IBM 原有产品的领先性和质量，这些客户绝大多数已经从 IBM 转到联想。另外，IBM 原来在日本的大和、美国的罗利的研发人员也是宝贵的财富，是确保这个产品能够持续地保持它的领先性的一个主要保证。

“这个并购对象唯一不好的就是不知道怎么在 PC 行业赚钱，而这个联想更擅长一些。事实上，并购以后通过结构重组、通过实现节能效益能很快地让它赚钱”，杨元庆轻松地点评道。

第二，并购企业本身要有非常明显、非常强的竞争实力，包括市场份额背后的东西到底是什么?联想在中国有今天的市场份额，是因为有很强的管理制度、很好的文化制度以及联想自认为是世界上最有竞争力、非常独特的业务模式，即“双业务模式”——关系性模式主要适用于商用机市场，交易性模式主要适用于消费市场。

正因为有了这些，在并购西方的企业甚至是比自己大的企业时，就有了管理的基础、共同的语言、有说话的分量、有明确的发展方向，这非常重要。

更重要的是明确公司的长期竞争力是什么?如果一个企业在并购之前其长期竞争力就不够强，或者没有想明白未来采取什么样的业务模式构建就会有很大问题。如果没有这种基础，那并购对象不会有信心跟着你走，在这个方面联想是具有一定说服力的，当然也需要一个过程。一开始我们彼此也不太信任，通过逐渐深入地沟通和交流，他们信服了，这样他们才能真正帮你做事。

第三，当一个企业通过并购完成一次大的跨越的时候，要清楚知道自己的弱项是什么，还有哪些方面需要补足。联想在并购初期很明白，联想虽然在中国很强，但缺乏国际运营的经验，缺乏国际化管理的人才。针对这些弱势，联想进行了有效地设计，比如引进了策略投资人，这些策略投资人改变了我们的股东结构，改变了我们的董事会结构。这些人进来以后能够帮助我们加强国际化的治理能力，帮助我们找到国际化的人才。

杨元庆透露，在并购完成之前，联想就明确了要找美国人当 CEO，要让联想的管理团队更加多元化，而不是让中国管理团队接管所有的岗位。而且联想也希望在整合的过程中，有一个能力提升，成长为国际化的管理人才。“这些方面联想都进行了非常有效的设计，而且整合的过程和步骤我们也有很好的设计”，杨元庆说。

具体而言，第一个阶段就是稳定，稳定就是什么都不希望它变。当时，杨元庆最担心的是客户的流失，如果在那个阶段进行大规模变革，可能会很危险。所以杨元庆决定用 IBM 原来的人做 CEO。从 2005 年并购开始到 2005 年底，这是第一个阶段。

第二个阶段就是变革。如果并购后还采取过去做业务的办法，就不可能把它改造成一个更有竞争力的业务。要做这个事情就必须从顶头的人开始，所以杨元庆换了 CEO，而且从外面招聘大量的人才，进行了两次大规模的结构重组，2006 年初和 2007 年初联想把很多的业务从高成本的国家移向低成本的国家。

比如像台式机业务，联想几乎是完完整整地从美国搬到中国。2005 年台式机业务亏损 1.5 亿美元，2006 年亏损 6000 多万美元，2007 年就已经基本上扭亏为盈。

“到目前为止，整合应该说是取得了初步的成功，也证明了购买 IBM 的 PC 业务这个决定是非常正确的。这个初步成功的意义在于现在不再是联想和 IBM 两家公司，而真的是联想一家公司了。现在，我们基本上已经很清楚哪些是有效的管理方式。现在我们大大消除了在并购初期的一切担忧——担忧业务好坏、担忧大幅度的亏损。最困难的时期都已经过去了”，杨元庆说。

杨元庆坦言，这个交易基本上达成了交易之前所预设的样子。到现在为止，联想之前所担心的事情基本上平稳地渡过了，而且真正是把两家公司合并为一家公司，等于完成了整合阶段的工作，下一步就是如何让这“一家”公司进一步发展的问题。

对于一家公司来说，要不断取得成功，取决于公司是否制定了一个很好的战略，包括目标的设定、战略路线等。

即使我们成功整合了 IBM 的 PC 业务之后，我们也只是世界第三的 PC 厂商，只占全球 PC 市场 8%左右的市场份额，而且销售额最大的还是在中国，所以联想在全球市场还有很大的发展空间。现在必须制定一个更加有效的、大的战略去拓展中国以外的 PC 市场。

收购 PB>>

2007 年，杨元庆的冒险精神再次闪耀。

8 月 7 日，联想集团发布公告称：正就收购欧洲电脑公司 PackardBell（简称 PB）一事与某个独立第三方进行谈判，并已经与其签署了探讨收购可能性的谅解备忘录。

PB 是欧洲第三大电脑公司，虽然其盈利情况一直不甚乐观，不过却有着广泛的分销渠道，这正切合联想开拓消费型业务的需要。

没想到，台湾电脑厂商宏碁抢先一步，于当月 27 日宣布，以 7.1 亿美元收购美国电脑厂商 Gateway 全部股权，并将行使优先购买权将 PB“曲线”收归麾下。

收购对象被竞争对手抢了先，杨元庆心情依旧很轻松，他说，“收购 PB 的确是一个机会，可以使我们很快地进入欧洲消费市场。如果没有收购，并不等于我们就会放慢步伐，或者我们成功的机会就会减少。我在这个方面充满信心。”

信心来自于，联想在有并购 PB 的想法之前就有扩展消费市场的战略，联想不会放弃消费市场。

杨元庆表示，联想从来没有押宝任何一桩交易。“我们始终保持着开放的心态。尽管并购、整合已经成为了我们很强的竞争力，但是我们也不会盲目去并购。”

杨元庆说，“经过了两年时间，现在同业中可以说，没有人比我们更擅长并购与整合，如果收购了 PB，我们能够快速地把它整合。”

事实依据是，联想只用不到三年的时间就“让联想和 IBM 两家公司，真正地变成是联想一家公司了。”杨元庆说，“现在，我们基本上已经很清楚哪些是有效的管理方式。”

中国经验 >>

在中国，杨元庆打造出了关系型和交易型两大业务模式，一举扭转了中国 PC 市场被外资品牌垄断的窘态，并稳居中国市场老大。杨元庆说，他要把这种业务模式复制到全球。

收购 IBM PC 业务后，联想提升了在商用笔记本领域的知名度，却在全球也相对减弱了联想消费类业务在整体销售中的比重，“我们目前在美洲市场大概有4%~5%的市场份额，但是绝大多数是来自于关系型业务的领域。”因为“首先要稳定住我们从 IBM 并购过来的业务，当然这个业务主要是关系型的业务即大企业型的业务。”杨元庆解释说。

不过现在已经到了向全球市场推广交易型业务模式的时机，包括在中小企业客户和消费业务领域获得进一步的增长，“这也是我们现在制定的战略方向，联想必须通过独特的业务模式来赢得新的增长。”杨元庆说。

2006 年，联想开始拓展中小企业市场，而且是利用中国的成功模式去拓展海外的市场。无论在发达国家的德国，还是新兴的印度，联想的实验都卓见成效，在 2007 年第二季度，联想全球交易型模式营业额年比年上升了 38％，其中德国贡献的上升数额高达 86％。“这验证了我们的双业务模式是放之四海而皆准的。”杨元庆说。

2007 年 4 月，联想集团成立了消费单元，在刘军接任前，杨元庆甚至亲自挂帅领军。杨元庆说，联想的消费业务会更多地利用中国的优势，如产品、组织、业务模式、人才去拓展全球的市场。“我们要在前端的销售和市场建立好的业务流程和竞争力，这都有一套成熟的经验，我们只要把这套经验扩展出去就可以。”杨元庆说。

为了迅速让海外市场从交易型模式中受益，2007 年 10 月，联想集团宣布将俄罗斯、乌克兰等六个独联体国家市场并入大中华区管理，成立新的大中华和俄罗斯区，并继续由少帅陈绍鹏领导。“这个区只是我们的一个尝试，因为我们很希望借用自身在中国的成功经验进一步地拓展新兴市场。”杨元庆说。

“如今，联想已经成功地把一个本土运营的 30 亿美元的企业，发展成为了一个稳定的、拥有全球经营品牌的、150 亿美元的国际化企业。”杨元庆说。现在联想可以“轻装上阵”，专注“盈利性增长战略”，摆脱了整合的困扰，联想的交易型模式终于在欧美市场发力，并将于 2008 年全面推进消费类业务。

杨元庆的目标是，在消费市场上取得两位数以上的市场份额。

品牌国际化 >>

如果说鲸吞 IBM PC 业务让联想一鸣惊人，可是让联想这个品牌在海外市场扎根却非易事。

2006 年 5 月，美国国务院以国家安全为由“封杀”联想，杨元庆和联想都蒙受了巨大的委屈和不安，杨元庆呼吁，联想是一家完全市场化的企业，是一家真正意义上的国际化公司，希望各国政府和企业给予联想同等的待遇。尽管情况并未发生根本改观，联想仍然坚持持续不断地改变人们的传统印象。

现在，联想不但要把电脑卖到全世界各个国家，还在全球设立了研发中心和工厂。联想在北京、美国北卡罗莱纳州罗利、新加坡及法国巴黎设有四个主要运营中心，在日本大和、中国北京、上海、深圳及美国罗利设有主要研发中心，并在印度 Bangalore 设有市场营销中心。

2007 年 11 月 27 日，联想集团公司宣布，将在波兰建立一个新制造厂及配送中心。这是联想继印度、墨西哥，投资国外的第三家生产工厂，新工厂的建立不但可以接近客户，更深入到开拓市场的阵地，与竞争对手直面对击。

不过要实现真正的国际化，就是让世界人们都认识到 Lenovo 品牌。在对 IBMPC 业务的收购中，除了 IBM 的个人电脑部门，联想还获得了 IBM 商标的 5 年使用权以及 ThinkPad 商标的永久使用权。

“联想不能永远躺在 IBM 品牌上”。杨元庆说。所以，联想决定从 2008 年开始放弃 IBM 品牌。

作为 2008 年北京奥运会顶级赞助商，联想希望借助北京奥运会，将 Lenovo 品牌推向全球市场，实现自己品牌国际化的梦想。

杨元庆说，联想将于明年正式向海外推出消费类品牌，与商用品牌 ThinkPad 形成互补。当然，细心的人都会在产品上找到“Lenovo”的标志。

《中国经营报》侯雪莲

钟睒睒

大师语录 >>

对于企业来讲，知名度就是生产力，就是价值。企业不会炒作，就是木乃伊。

一张普普通通的PH试纸，竟成为了极具杀伤力的“秘密武器”——2007年，农夫山泉又一次以一种令人意想不到的方式，对国内瓶装水市场发动了“突袭”——从中央电视台到各地方媒体、从大型超市到学校课堂，一场规模盛大的“你家喝什么水，我来帮你测”的健康水测试活动，在全国范围内轰轰烈烈的展开着。

这是继2000年著名的“水战”之后，天然水阵营再一次将矛头指向了纯净水阵营，被业内喻为“第二次水战”。

作为两次大战的始作俑者，业内对于钟睒睒的各种评价非常多，有人说他是一头独来独往的“狼”，有人说他是一个精于策划的“炒作高手”，也有人说他是一个敢于向传统宣战的“狂人”，而更多媒体圈的朋友则告诉我，“采访钟睒睒，你得小心被他左右话题。同是做媒体出身的，采访套路之类的他都了然于胸，如果他不愿意说的，你基本上很难套出什么话来，而他愿意说的，一般都是‘爆炸性’新闻。”

狂 >>

我为什么要同别人比？事实上，现在养生堂所做的事，所站的高度，已经跟很多层面都不在同一档次上了。

——钟睒睒

事实上，想抓住钟睒睒的特点并不难，因为他是一个时刻都在彰显自己个性和思维的人，即使他此刻面对的是记者。

记得两年前，第一次走进农夫山泉，第一次采访钟睒睒的时候，正值农夫山泉力推其新品农夫茶，并重金聘请了因出演《大长今》而在国内具有很高人气的韩国明星李英爱担任产品的形象代言人。果然，在我的采访进行还没到十分钟时，原本在谈行业现状的钟睒睒就抛出了一个炸弹：“在我看来，中国饮料行业就是‘自来水’行业，很多企业为了节约成本干脆直接使用自来水，这是一种不负责任的表现。”

说完这句话时，他有意停顿了一下，似乎担心记者没有真正领会到他的意思，便特意用那只拿着雪茄的手敲了两下桌子，示意道：“你可以把这句话原文照登，可以直接说就是我钟睒睒说的。”这无疑是一句得罪同行的话，然而在钟睒睒的口中，似乎就像说“明天是个大晴天”一样的平常。他认为自己只是在说一个现状，而不是针对某一家或几家企业。

后来，慢慢地接触多了，才发现这正是钟睒睒最真实的一面。

如今的商场正流行“儒商”，商人们往往喜欢将各自的锋芒掩藏起来，以平和、亲善的态度塑造一种亲和力，而钟睒睒却不喜欢这样。他只做自己认为该做的事情，他不怕说真话得罪人，也不怕得罪人之后会引发的“战争”，在他的字典里，只有“是”与“不是”，而没有第三个词语。

钟睒睒的“狂”并不是一天两天了。

2000年，钟睒睒策划了一场声势浩大的“水战”。当时，农夫山泉突然宣布停止生产纯净水，转产天然水，原因是“纯净水对健康无益”。这一观点的提出，顿时震惊了国内的饮料业，农夫山泉成为了千夫所指，数家国内饮料企业甚至一度联合起来，对农夫山泉进行封杀，这一事件成为轰动当年饮料行业的一件大事。

自那时起，农夫山泉一战成名，迅速登上了瓶装饮用水市场前三甲的宝座，并稳坐至今。然而另一方面，农夫山泉却因此得罪了几乎所有的纯净水企业。很多人指责钟睒睒不讲商业道德，靠炒作牟利。

指责之声尚未平息，2007年，农夫山泉再次率先挑起“第二次水战”，提出“含有一定的均衡天然矿物质和PH值呈弱碱性(>7.0)”才是判断好水的首要标准。于是，沉寂了多年的瓶装水市场再度硝烟弥漫：一方面，一些二线企业纷纷打出了“弱碱性水”的旗号，壮大了“弱碱性水”的阵营；另一方面，除农夫山泉外，其他主流的瓶装水企业，尽管绝大多数都表示“不会回应”、“不受影响”，然而私下却都各自迅速采取了不同的反击方式。最终，这场战争不再仅仅是一两个企业之间的事情，而演变成为了两大阵营——天然水与人工矿物质水之间的市场之争、利益之争。

“很多人认为，农夫山泉是靠炒作出来的，其实世界上没有一个人可以说广告做得好就可以把东西卖出去。2000年，农夫山泉对外宣布停止生产纯净水，仅仅是因为我们认为不能生产对人们健康不利的产品；2007年，农夫山泉发起水测试活动，也仅仅是因为我们认为消费者应该有知情权和选择权。这些都只是一个企业很正常的行为，但是同样招致了同行的不满。”提及此事，钟睒睒表示非常的无奈。

事实上，钟睒睒的“狂”是建立在他对整个市场深入分析和了解的基础上的。两次的水战看似冒险，其实却是钟睒睒深思熟虑的策略。

第一次水战爆发时，正值养生堂发展的起步阶段。当时，养生堂旗下的产业中，以前赖以起家的保健品增长放缓，而饮料业则后来居上，成为养生堂销售收入的主要贡献者之一。然而，当时农夫山泉纯净水的市场份额并不是很高，要在竞争激烈的饮料市场立足，产品就必须具有差异化。

于是，钟睒睒果断地率先抢占了国家一级水资源——浙江千岛湖20年的独家开发权，并在积累了一定的市场经验、资金、品牌知名度和渠道之后，发动了对纯净水企业的进攻。由于天然水生产对水源的要求很高，它必须是符合一定标准的地表水、泉水或者矿泉水等，因此水源地的储备对生产企业来说至关重要。

近几年来，钟睒睒又先后在东北的长白山矿泉水保护区、华中地区南水北调中线工程源头丹江口、广东河源的万绿湖等设立了生产基地。与此同时，他还多方努力，期望建立天然水的国家标准。在这场天然水与纯净水的争斗中，钟睒睒很明白，且不说两者之争会有何结果，农夫山泉的“天然”概念已经深入人心，这是花多少广告费也无法买来的效果。

第二次水战距离第一次水战已有7年的时间。7年里，农夫山泉一直在持续不断地强化天然水的概念。然而，市场的实际情况是，尽管农夫山泉的品牌认知度毋庸置疑，可绝大部分的消费者对于瓶装水仍然缺乏必要的了解。

与此同时，那些被农夫山泉喻为“对健康无益”的纯净水、矿物质水厂家却仍旧活得有滋有味，康师傅、娃哈哈等国内外著名瓶装水生产商，利用渠道和资本方面的巨大优势，在全国整体市场份额上，仍占据着不容忽视的位置。从当初的瓶装水市场的“新人”，带如今瓶装水市场三分天下有其一的一代霸主，农夫山泉已经不再满足与非天然水“划江而治”的局面，渴望的是“江山一统”。

2007年7月1日，修订后的《中华人民共和国生活饮用水卫生标准》(GB5749-2006) 正式实施，新标准中明确界定了合格的生活饮用水的PH值为6.5—8.5 (偏碱性)。新标准的出台，带来了一种观念和消费意识的变化，让消费者一直关心的水健康问题更呈白热化。对于更多的消费者来说，“PH试纸”这样的东西，早已褪化成中学化学课上的一个遥远的模糊记忆。

但当新标准从保护人群身体健康和保证人类生活质量出发，对饮用水中与人群健康相关的各种因素，以法律形式作出量值规定时，大家这才幡然省悟：原来水与水之间是不同的，原来每天健康需要的八杯水，可能也得用PH试纸测一测了。

而农夫山泉一直强调水源地、水质概念，无疑形成自己独特的品牌的资源优势。当这样的一个需求成为未来强制性的“游戏规则”时，农夫山泉作为第一个“振臂呐喊”的人，显然占尽了先机。仅从这个方面来说，农夫山泉再战告捷。

傲 >>

关于站队，我要么不站，只要站在那里，就要让你超越不了。

——钟睒睒

在养生堂，钟睒睒就像一座山峰，几乎所有人们现在能想起的有关养生堂的广告语，都是钟睒睒一个人亲力亲为。就连他自己也承认："我的长处在于策划，而非管理。"跟那些整天愁眉苦脸的老板大不一样，钟睒睒更像是在"玩企业"，在他的眼里，基本上没有对手，更谈不上崇拜，甚至于提到他一直比较欣赏的现代广告之父大卫·奥格威，也仅会淡淡地表示"还行，有点水平"。

提到养生堂，十个有九个都会说到那句广告词"农夫山泉有点甜"。其实，这句广告词的背后，还有这样一个鲜为人知的故事。1996 年 8 月，下海 5 年的钟睒睒带着拳头产品龟鳖丸回到杭州打市场，原计划准备收购自己家乡建德县的一个黄酒厂，结果就在那次考察的途中，钟睒睒"顺路"参观了相隔不远的千岛湖，千岛湖水的纯净及独特水质让钟睒睒当即决定要做一个饮用水项目。

1997 年，农夫山泉正式进军上海，但市场的反应并未像他期待的那样热烈——千岛湖名声再大，出了浙江，几乎就无人知晓。于是，卖不动的农夫山泉只好采取了"送"的办法。当年夏天，装载着农夫山泉的大卡车停在了上海许多学校的门口，放学的孩子每个人都可以领到一桶 4 升装的桶装水，很多中小学生在喝过之后的普遍感觉是"有点甜"。

于是，这个简单而富有好感的第一"印象"让钟睒睒茅塞顿开——"农夫山泉有点甜"。就是这句浅显上口的广告语，让农夫山泉很快撬开了上海市场。

此后，钟睒睒一度也试图像娃哈哈、乐百氏一样深耕渠道，发展经销商，但事实证明此路不通。"1997 年的农夫山泉混迹在几十个饮用水品牌中算不上出色，而且产品价格比别人高，根本没有出彩的空间。"其后在保健品行业早已游刃有余的钟睒睒用上了一着险棋：用保健品的营销手段来推广饮用水。保健品营销讲究"造势、轰动、噱头和缝隙"，这对于他而言无疑是轻车熟路。这些做渠道的手法在理论上，被称为"反向推拉"。

在钟睒睒看来，一条好的广告语一定要有三个要素：第一，有形象；第二，有产品功能；第三，简单。"我们的广告语，我们的点子，立在那里就是一个一个标杆，很多几年前我们的创意，现在都还有人再拿来用：'农夫山泉有点甜'——至今多少人还琅琅上口；朵而——'以内养外'、'细腻红润有光泽'，又有多少人还在用？为什么不能创新？就是因为我立在那里了，其他人就很难超越！"

然而，钟睒睒的广告也曾遭遇过消费者不买账的情况。当年养生堂的清嘴含片就曾因一句"想知道亲嘴的味道吗？"而被人指责为"低俗"，成为养生堂系列广告语中受到最多批评的一句。这显然与企业的预期形成了差距。"事实上，这个广告我是希望进行类比的，而不是希望仅仅是很多人说的那样片面追求一种'谐音'，达到哗众取宠的目的。"

"在我看来，亲嘴是一个很高尚的行为，但是你亲嘴需要口腔卫生啊，那我这个清嘴含片就是保证你口腔卫生的。虽然后来的结果有点出乎我们的预料，然而没关系，有一半人反对，有一半人拥护，那才是最好的广告语，大家骂来骂去也把清嘴的知名度给骂上去了。”说到这时，钟睒睒得意地笑了。

“养生堂发展到今天，可以说基本上有75%的产品是成功的，25%的产品是不大成功的，成功的产品都是按照养生堂的发展理念在做的，不成功的产品都是贪图一时的时髦，追求一时的利益而盲目做的。我们考虑做不做一个产品，首先考虑的是它背后有没有一定的社会需求。”

“较之于以前，我们现在做的事情是稍微大一些。以前，我们完全是为了做一个产品而做产品，现在往往是为了一个门类去做产品，也就是说，我们现在进入一个领域，往往会考虑去做一个门类，我们考虑的是如何在这个门类中做到最好，如果我有这样的实力，我们才会去做。”

强势 >>

如果三句话之内不能吸引我，那你就别说了。

——钟睒睒

在很多人眼里，钟睒睒一直是在踩着钢丝做企业，从最早的保健品龟鳖丸到农夫山泉天然水，从清嘴含片到朵而胶囊，从农夫果园到成长快乐，从母亲牛肉棒到农夫茶……养生堂似乎一直都没有一个主业，没有一个明确的战略，所有的表现形式都是不断地炒作，不断变着花样赚快钱。

然而，钟睒睒却并不认同。

在养生堂杭州总部的办公大楼一楼大厅内，正对大门处是一堵大红色的墙，偌大的墙面上只写着三句话：

我们的目标——为生命健康提供产品与服务；
我们的愿景——让所有的商店都有我们的产品，让人人都享用得起；
我们的目标——创立、育人、兼济天下。

钟睒睒告诉记者，这，就是他对养生堂所有的规划及期望。

事实上，从保健品到饮料到食品再到生物制药，钟睒睒认为自己为企业掌舵时，很多时候都是凭着一种感觉，“很多点子都是睡一觉，第二天起来自然而然它就在脑子里了，这时我需要的只是如何很好地实施这个方案。”

在养生堂的员工眼中，钟睒睒是一个很强势的领导。在公司经常会发生这样一种情况：如果一个员工要跟钟睒睒就某个问题进行沟通，那么他必须要在三句话之内准确地表达出自己的观点。如果钟睒睒有兴趣听，那么大家就继续谈；如果没兴趣，那这个问题就得暂时放在一边。结果有两种：一种结果是证明钟睒睒的判断是对的，这事确实没有价值；一种结果是证明此事是有必要的，那么钟睒睒就会去向该员工道歉，承认这个提议是对的。

据说，在养生堂内部每年都有一个“绩效考评”，领导对员工考评，员工也可以对钟睒睒进行考评，其中绝大多数的人对钟睒睒都不约而同地提到了一点“不善倾听”。

对此钟睒睒坦承，“这是一个很大的问题，我也注意到了。但是，这是性格决定的，很难去改变它。我确实不善于倾听，有时候真的是，人家专程到我的办公室里，一见面就有点不知道说什么好，他们有问题，我也有问题，但我想主要的问题还在我这儿。”

一直以来，面对饮料行业一波又一波的“价格战”，农夫山泉的价格始终在业内保持坚挺，甚至几度逆势涨价，这不得不让人佩服钟睒睒的胆识。

“你要知道，我现在的成本要比很多厂家要高，人家在自来水管上切个口子，过滤一下罐装，而我得在深山老林建工厂，运输出来，当然成本要比人家高。但是，我追求的就是这种质量，以及这种质量给生命带来的好处。我现在还不能让每个人都喝得起（农夫山泉），但是，每个喝得起天然水的人一定是农夫山泉的目标消费者。我不会考虑市场大小和价格高低问题，我只考虑我的战略价值，我的使命，这样做了后，第二步、第三步容易得多。”

正因为运费成本高，因此农夫山泉的产品价格定位也较之于同类产品偏高，基本上产品所有的行销都是针对城市的。然而，对于二、三级市场，强势的钟睒睒并不是像很多人说的那样置之不理，他私下也有周详的考虑：“不是我不要农村市场，我还是要那个市场。都知道一类市场考虑健康，二类市场考虑实惠，如果你要想做一个暴发户似的企业，那我一夜之间就可以降价，让它到底，但我不想这么做。所以农夫山泉就得慢慢延伸，这可能会花十年八年，你要有耐心，因为这样发展的企业是比较健康的。这也是一种选择。”

“现在养生堂变得越来越成熟，尤其是最近两年。这期间，很多关心我们的人，给我们提了很多意见，我觉得很多意见是对的，是我们以前没有注意到的，比如，销售渠道的问题、经销商的问题。我正在努力尝试改变自己，现在所有的意见都会听，但我会去分析什么意见是正确的。”

另类 >>

什么是主流？不是说谁的声音大，谁的声音多，就是主流。真正的主流是要掌握了民意的流动。

——钟睒睒

在业内很多人心中，钟睒睒是一个颇受争议的“另类”人物。在商场上，他常常会毅然打破一些人们长期以来视为真理的“游戏规则”，但不会觉得有负担、有压力，反而乐此不疲。不仅仅是两场“水战”，事实上，很多时候都能看到钟睒睒在孤军奋战，他似乎总是在扮演着“公敌”的角色——一个人对抗一批人，一家养身堂对抗数家企业。因此有媒体曾将钟睒睒形容为“独狼”，并这样评价他：喜欢较量，像狼一样挑战恶劣的环境，主宰自己的命运。

既然是“异类”，那么必然是脱离“主流”之外的。然而钟睒睒却并不这样认为：“什么叫主流？人多并不一定代表‘流’，不是说你掌握了话语权，掌握了大媒体，你的声音大，你的声音多，你就是主流。真正的‘主流’是必须掌握民意的流动。事实上，中国民众每年都在寻求一个新的热点、新的刺激，在这种背景下，‘主流’也绝非一层不变的。”

“比如，2004 年最红的是刀郎，一个名不见经传的民间歌手一下子红遍大江南北，他代表着一种本土化，原始豪放的文化；2005 年最红的是超女，一群在校念书的普通学生转眼变成了明星，还拥有自己的歌迷俱乐部，她们身上体现着平民化造星运动的一个高潮……所以说，中国的民意是流动的，你只有抓住这个动向，你才算抓住了主流。”

“然而，现在的事实却成为了跟风是主流，创新是异类。人们往往看到的是以前耀眼的光芒，而没有看到一些新出现的灵感。而养生堂又偏偏十分重视创新，我们所谓的创新，不是重新去画一个圆，而是更看重它的进步性，看它是否比现有的存在更进步，如果有，就会有人受益，就值得去做。因为这种不同的思维和操作模式，在很多人眼中我们就成为了异类。”

从记者到商人，钟睒睒认为其实自己更多是凭一腔激情去做事情。对于养生堂来说，最擅长打的一张牌就是“公益牌”，从“每喝一瓶农夫山泉你就为申奥捐助了 1 分钱”到现在的“饮水思源，关注水源地贫困孩子生活”的活动，他和养生堂呈现给大众的更多的是积极、公益的一面。

很多商人第一考虑的是“我要赚多少钱”，农夫山泉首先考虑的是做任何一个产品，背后都要能满足一定的社会需求。用钟睒睒的话来说：“我喜欢很多事情都想在别人前面，公益性事业养生堂早在五年前就开始做了，而现在很多国内企业才刚刚起步，我现在每天思考的是在此基础上的另外一个层面的事。”

“比如说那两次水战，很多人都认为是养生堂在故意挑起事端。其实他们根本就没有看到我们做这件事情的真正意图，很简单，就因为他们还没有站到这个高度——作为一个肩负社会责任的食品及饮料饮用水企业，我们有责任去教育消费者，培育、催生‘新消费者’。”

“一直以来，我们只是主张让消费者亲手去测试，让消费者亲眼去鉴别，让消费者自行去选择，并从中受到有益的教育为了消费者的健康，不论外界对我们的评价是正面的还是反面的，我们相信真理是越辩越明的，只有这样消费者才能从我们的争论、我们的宣传中掌握到正确的知识，才开始有自己的判别能力，即使为此成为‘行业公敌’也是值得的。”

“很多人会觉得我不合群，我这个人确实很自负，我一般不跟谈不拢的人多谈。但是我觉得我自己不孤单，我有我的圈子，我有自己的生活方式，我有我的朋友群。这是一个人性格决定的，没有对错，只有适合不适合。”

《新食品》岳蕾

中国品牌大师

马蔚华

大师语录 >>

我们没有政府背景，有的就是在市场经济下摸爬滚打锻炼出来的身板。

中国人早就不记得银行家该是什么形象了。

可是当这位风度翩翩的银行家出现在你身边的时候，你还真没法辨认哪些属于他，哪些是招商银行。在公众的视野中，他永远都是一幅踌躇满志、阳光普照的模样，就如招行的金葵花标志一般。

正应了美国前总统杰奎琳的那句话："我发现自己早已经成为公共财产了！"

对于马蔚华而言，似乎没了私生活。

其实当他还是政府官员的时候，他并不这样低调，友人回忆起在大排档与他一起吃宵夜，"指点江山、激扬文字"时的往事，甚是神往。但几次角色转变之后，身为上市公司招商银行行长的马蔚华每天都"如履薄冰"。

"我们没有政府背景，有的就是在市场经济下摸爬滚打锻炼出来的身板。"这样的背景或许解答了招行独特的气质。

"上头没人"的确要更加努力才行。

布局华尔街 >>

当招商银行叩开华尔街的那一刻，没人知道马蔚华躲在哪个角落，用什么样的方式庆祝"八年抗战"的胜利。

美国东部时间 2007 年 11 月 8 日，美联储正式对外发布消息，批准招行设立纽约分行，从事批发性存款业务、贷款业务、贸易融资业务以及其他银行服务。

这则简短的公告，涵盖不了美国 1991 年颁布《加强外国银行监管法》以来，首家准入美国金融市场的中资银行所具有的里程碑式的意义，更无法讲述八年间在曾经视为圣殿的华尔街留下的那些惊心动魄的时刻。

与以往银行自行发布设立分支机构的新闻不同，招行纽约分行获批的新闻发布会是在银监会举行的。作为中国银行业的一件大事而言，招行设立纽约分行不仅仅是招行自身的突破，这一天更意味着，招行打开了对中资银行禁闭已久的美国金融市场的大门。

舆论把马蔚华看成是中国最具创新意识的行长，但他更擅长的是战略布局。就好像古代谋士刘伯温所言："高筑墙、广积粮、缓称王"。

这一"缓"，就过去了 8 年。

其实早在 1999 年 3 月他正式就任招行行长之后，在美国设立分支机构就在马蔚华的战略考虑之中："招行既然要国际化，就不可能没有纽约这个窗口。也许我不会再建其他海外分行，但纽约分行是要建的，迟早是要建的。”但没有人想到，这一脚走下去，竟是几乎陷入绝境的泥淖。

1999年11月，招行向央行提交了长达8页的《关于设立美国代表处的请示》。

2000年5月，招行成立了美国代表处筹备组，开始筹建纽约代表处。

一切看起来相当的顺利，2000年9月，央行批复同意。旋即，筹备工作紧锣密鼓地开始。但接下来的纽约显然不太友好，其间的一波三折，被招行人解嘲地称为“现实版的《北京人在纽约》”。

26个月后的2002年10月22日，美联储向全球发布公告，批准招行在美设立代表处；又过了整整一年，2003年10月9日，在国际金融中心的美国纽约，有着百年历史的华尔道夫酒店（WaldorfAstoriaHotel）——纽约的总统饭店，悬挂着鲜艳的五星红旗。总部设在中国深圳的招行，在18层的星光大厅自豪地展开“国际化”旗帜——招行美国代表处正式宣布开业。

在金融帝国安营扎寨之后，招行开始着手调查研究中美两国银行在经营环境、法律、管理和监管等方面的差异，以及设立纽约分行的可行性问题。经过近三年的调研与论证，2005年7月，总行行长办公会讨论通过了关于设立纽约分行的可行性报告，确定分行选址在纽约，采取州注册方式，并决定成立由马蔚华任组长的纽约分行筹备工作领导小组。

2005年9月，招行向银监会上报了关于设立纽约分行的请示，正式提出了设立纽约分行的申请。五个月后，银监会批复同意招行设立纽约分行，并把这一事件当作一个标志性事件而参与其中，为招行提供全力支持。

很难想象，如果没有银监会的鼎力支持，这个创建于蛇口一隅的股份制银行，又怎能当此重任。

基因解密 >>

每次提到招行，马蔚华总不肯谈论自己的决策，不管你怎么问，他要说的总是那句话：“这些都是招行的基因决定的。”

的确，在大清重臣李鸿章创办招商局的时候，老爷子怎会想到，130年之后他高高举起的棋子和那盘他永远也看不到结局的棋局，在华尔街上演了。

1949年，当上炮兵团长的袁庚，率部解放了他贫穷的家乡深圳宝安，他也不曾想到，30年后，他又用自己的方式再一次在经济上“解放”了这块土地。

1979年1月31日，时任交通部外事局副局长的袁庚，接到了国务院《关于我驻香港招商局在广东宝安建立工业区的报告》的批复，一块2.14平方公里的土地划给了招商局。

这里就是日后的蛇口工业区。

这个一未纳入国家计划，二没财政拨款得开发区除了争取到一些自主政策之外，还大大简化了招商程序。很快，这里成为全国最开放的地区，两年多企业已经超过百家。

1992 年，75 岁、时任招商局集团董事长的袁庚离休。离休前，他做了最后一个重要决定：将招商局旗下 3 个公司实行股份制。这 3 个公司，一家是招商银行（原蛇口工业区内部结算中心）、一家是平安保险公司（当家人是袁庚早年的司机马明哲），另一家是南山（港口）开发公司，其当时正在开发的正是日后闻名的上市公司赤湾港。

当又一个十年弹指间灰飞烟灭，2002 年 4 月 9 日，总部已迁至深圳的招商银行在上交所挂牌上市（600036），这个我国第一家完全由企业法人持股的商业银行，不仅创造了融资规模之最，更是成为总股本、筹资额和流通盘最大的上市银行。

目前，招商银行总资产超过 1.2 万亿元。而 1979 年招商局集团总资产也不过一亿而已。在英国《银行家》杂志发布的中国银行业 100 强最新排行榜中，按照一级资本排序，招商银行位居第六。

这是到目前为止，中资银行的最好成绩。

芝麻开门>>

获得银监会批复后，2006 年 3 月，马蔚华分别致函美联储主席伯南克、纽约联储行长盖斯纳和纽约银行厅货币监理官泰勒女士，正式表达了招行拟设纽约分行的愿望。招行立即与美国金融监管部门进行了联系和沟通。

而当我们把目光退回 2005 年 9 月，在招行向银监会上报了设立纽约分行的请示后，马蔚华利用赴美参加世行 IMF 年会之机，拜会了纽约联储盖斯纳行长和纽约银行厅监理官泰勒女士，口头表达了招行拟在纽约设立分行的意向。

2006 年 7 月，借美联储代表团访华之机，招行就申请设立纽约分行事宜与美方进行了会谈，并着重介绍了招行在反洗钱方面的制度与做法。

2006 年 11 月，招行美国代表处代表总行，在华盛顿与美联储理事会进行了第一轮正式磋商，初步摸清了美联储关于审批招行设立纽约分行事宜的主要关切点。美方向招行提出了在股权控制、资本、综合并表监管和反洗钱等四方面共 15 项问题，要求招行给予书面回答，并要求提供有关中国银行业监管的法律、法规，以及有关反洗钱的法律和规定。

2007年1月17日，美联储同意接受招行正式递交申请材料，1月23日前招行如期向美联储、纽联储和纽约银行厅递交了多达2000多页的正式申请材料。

在递交正式申请之后的2007年2月，招行副行长李浩带队赴美与美联储举行了第二轮正式磋商，就有关问题做出当面解答。随后几个月内，招行又相继回答了包括美联储和纽约银行厅等监管机构在内的多轮次质询，提供了多份材料，银监会也及时为招行出具了证明和解释材料。

这一年3月底，马蔚华专程率团赴美，拜访了美联储华盛顿总部和纽联储及纽约银行厅，详细介绍了招行的发展历程、经营状况、发展理念和内控管理等内容，大大推进了申请进程。4月19日，美联储接受招行邀请，派人员访问和考察了招行总部，招行相关部门回答了美联储审阅申请材料后提出的各项问题。

就在接近“马拉松终点”的地方，招行遇到了不少难题：美国国会出现反对论调，要求中资银行在美设立分行与中国进一步开放金融业挂钩；《华尔街日报》刊登了国家审计署审计发现招行存在违规现象的报道；美联储理事会认为招商局集团对招行有控制性影响力，招商局集团必须向美联储承诺未来不得在美国从事非被美联储许可的业务……

化解这些非技术性难题，需要的再不仅仅是智慧，时间之弦已经越绷越紧。马蔚华利用各种机会先后4次赴美，拜访了美联储总法律顾问、副总法律顾问，纽联储行长、副行长，以及纽约银行厅监理官等美监管当局各层次、各方面的官员，对招行进行了详尽、深入的推介，给美方留下了深刻的印象。

“跟美联储打交道，不仅要把感情倾注其中，还得有力有理，掌握斗争的策略和方法。将来我们可以回顾这些故事，很生动。”马蔚华感慨地说。

2007年11月8日，美联储正式批准招行设立纽约分行。

向天再借20年>>

2007对于招行是如此不凡，就是在这一年的4月，招行度过了它20岁的生日。

在金融帝国的一幕一幕注定不会融进普通百姓的生活，但作为中国最好的零售银行，招商的每一个变化都悄然改变着我们的生活。

据说现在银行的排队叫号系统就源自招行。

招商银行于1995年7月推出的银行卡——“一卡通”，被誉为我国银行业在个人理财方面的一个创举；而到了1999年9月，招行在国内首家全面启动的网上银行——“一网通”，无论是技术性能还是业务量在国内同业中都始终处于领先地位。2003年6月，“一网通”作为中国电子商务和网上银行的代表，登上了被誉为国际信息技术应用领域奥斯卡的 CHP 大奖的领奖台。

这是中国企业首次获此殊荣。

2007 年在中国银监会对股份制商业银行的内部评级中，招商银行连续四年被评为第一。

金融全球化带来的机遇与挑战正以前所未有的力度影响着中国的银行业，作为行长的马蔚华在工作会议上提出，零售银行业务是招商银行未来发展战略中的重中之重。快人一步反映的是不断寻求突破和变化的超前意识。

如今，在国内商业银行纷纷开始进行战略调整时，招商银行则已基本完成了自身的转型，零售业务和中间业务的竞争优势在不断强化。截至 2007 年 11 月，招商银行信用卡总发卡量突破 2000 万张，在国内双币信用卡市场上占据超过三分之一的市场份额，在中国内地信用卡行业中遥遥领先。

但马蔚华却在招行分行行长工作会议上推出了一份“危机报告”，这是他为 20 年行庆准备的大礼。

他说，“这个世界想不到的事情天天发生，在你认为稳居前列的时候，说不定哪天早上你醒来，发现别人已经超过你了。”此后，他在各种场合强调这种危机意识。

生于蛇口一隅之地的招商银行，在中国金融业正在到来的“黄金时代”面前，抛出的这个颠覆性理念，即招行发展的危机论，很快得到了市场的验证——愈演愈烈的美国次贷危机、国内复杂的宏观形式，都严峻地考验着银行业的生存底线。马蔚华此时关注的是：“如何审时度势、运筹帷幄，在这样的一个风口浪尖选择正确的方向”。

如果再给他 20 年，他将带来什么？

从银行家到志愿者>>

“有两种东西，我们越是对它们反复思考，它们所引起的敬畏和赞叹就越是充溢我们的心灵，这就是高悬头顶的灿烂星空和深据内心的道德法则”马蔚华将康德的这句话视为其承担社会责任的精神指引。

熟悉马蔚华的人说，马行长的朋友圈子非常多，他一年有 200 多天在外地出差。但这位西南财经大学经济学博士、美国南加州大学荣誉博士，却因力推企业社会责任而成为 NGO 组织的志愿者。

2006 年底，在“华尔街战役”发动总攻前的短暂的休憩中，马蔚华有了另一个新身份：中国企业社会责任同盟首任会长。

中国企业社会责任同盟是由十一家具有良好社会责任感的优秀企业共同发起

成立的公益组织，其发起单位包括招商银行、IBM、万科、Nokia、平安保险、Cisco、HP、TCL、均瑶、南方报业、腾讯等大型企业和媒体，马行长的影响力由此可见一斑。

最近十几年来，随着经济全球化的发展，企业社会责任渐成关注热点。许多国家已经把企业社会责任的实现作为对企业的硬性要求，国际上也已经存在针对企业社会责任的 SA8000 认证体系。

而我国企业已多次遭遇这一认证体系带来的贸易壁垒。越来越多的证据表明，企业在社会责任方面的积极参与，不仅会增加整个社会的福利，而且可以提升企业的可持续发展能力。

既是壁垒，就意味着机会。

作为中国第一家完全由企业法人入股的商业银行，从没有得到过政府的注资，也没有剥离不良资产，马蔚华认为，既然是市场和客户给了我们今天，我们当然要时刻想着要回报社会。

但仅仅慈善还远不够“责任”二字。

“大家从我们发布的社会责任报告中可以看出来，我们将‘责任’分为股东回报、客户服务、社会回馈、员工关爱四个部分，阐述了招商银行的社会责任价值体系。招行希望借企业社会责任报告的发布，增强与各界交流，共同推动中国的企业社会责任事业。”正因为如此，马蔚华甚至被媒体称为资本市场的十大福星之一。

截至 2007 年 8 月，招行的 A 股累计上涨 826％，上市仅半年的 H 股也累计上涨了 177％。

从一个政府官员转型为商业银行的掌舵者，又从风度翩翩的银行家转型为 NGO 组织——中国企业社会责任同盟的首任会长，对于这些角色的转换马蔚华颇多感叹。

“从政府官员到一个商人，这期间的确有很大的变化，但瞬息万变的市场容不得我有更多的时间去调整，所以只能要求自己尽快地适应。有朋友问我为什么从来都找不到我的负面新闻？其实作为上市公司的掌舵者，我每时每刻都如履薄冰，不断告诫自己要加强修养，否则就是对股东最不负责任的表现。”

《财经时报》 邓心

中国品牌大师

李书福

大师语录 >>

如果把企业发展比喻成木桶，吉利现在要思考的，不是品牌、车型、管理哪个是短板的问题，而是企业全面调整和发展的问题。

与工人一起打篮球，在夜半思考人类的历史……以经商作为志向的李书福顽强地在生意场上寻找生命和生活的意趣。

这位成功的中国商人十分清晰：生意的结果是财富，但生意的目的不是财富，而是生的意趣；财富如果未被赋予生的意趣，充其量只能成为一个数字，而不能成为一种价值。

他几乎每天都要挑战自己——如何保持对梦想的信仰？如何在交易和交换中保持自己内心的洁净？如何妥协自己的骄傲不逊，像他自己说的那样，从一个“狂人”变成一个“傻子”？

一个男人 >>

李书福为他的公司取名吉利，那是一家制造汽车的公司。吉利，意思是能够给所有开吉利车的人带来吉祥和安全。熟悉中国汽车工业的人都知道，吉利的出现意味着什么。

半个世纪以来的中国汽车业历史，在极大程度上是由国家左右着的。作为战略性行业，国家牢牢将其控制在手中。在国家看来，汽车代表的是工业能力、经济力量和国家尊严。显然，在 1984 年与德国大众在上海进行合作之前，中国的领导人就已经发现——除非有更多中国人能够开得起轿车，否则中国的汽车工业就谈不上什么尊严。

20 多年来，中国的汽车工业几乎被牢牢把控在国有企业和合资企业手中。但是有一个叫李书福的年轻人打破了这种格局。今天，中国的汽车工业正在发生巨大的改变，格局越清晰，李书福的影响就显得越强烈。

李书福早年的生活如今看起来更像 20 世纪初期的一个美国青年追寻黄金梦的过程。他在 19 岁时依靠父亲给他的 120 块钱开了家照相馆，但不幸的是他的照相师傅花掉了其中的大部分钱却只买回一个照相机盒子——他把照相机弄丢了。李书福用剩下的钱买了台质量稍差的相机，然后骑上一辆破自行车，开始满大街给人照相。

两年后，李书福开始捣腾电冰箱零部件，最终组建了自己的冰箱厂。1989 年，26 岁的北极花冰箱厂厂长，成为一名真正的千万富翁。但在 1992 年，准备在海南房地产热潮中大干一把的李书福被自己的无所畏惧欺骗了，他几乎赔光了之前赚到的所有的钱。不过这段经历使他相信，他无法从投机中赢得足够的财富和尊重，他更适合搞实业。他瞄准了摩托车，随后向汽车进军，几乎所有媒体都形容他“执著得近乎疯狂”。

作为企业家的李书福似乎代表了一种现状——中国的企业家从来没像今天那样引起历史学家的注意，他们已经成为印刷术、无线电波、数字技术和电影胶片的新宠。他们不再像往日一样，生活在屈辱之中，那个把他们的贡献连同他们的尸骨一同埋葬的时代再也不回来了。

不过不幸的事件还会发生——对于“原罪”这条乌有之罪的讨论正在持续。还有开放和垄断、腐败和清廉、先富起来和两极分化……各种各样的争论都在将那些面对世界级富豪和跨国公司不好意思称为富人和大企业的中国企业家和他们的企业推向舆论和观念的焦点。在巨大的能量和吸引力面前，包括李书福在内，他们迷失了。

苦恼和幸福>>

李书福几乎没有长久思考过自己到底要成为一名什么样的人。他一直认为人的想法在不停变动，今天还想成为政治家、军事家、企业家的那些人，也许明天就开始憧憬成为另一类人，甚至变成金庸小说中的侠客。“在不同的历史时期，想法可能都不一样，至少我自己就是这样的。现在的想法跟以前的想法，跟以后的想法，我想可能都不同。”他说。

今天的李书福更愿意变成一个自由职业者，做一个记者，或是一位画家，或者去搞搞音乐，或者干脆去做一名真正的农民，养养猪、种种田，颐养天年。“我认为那些人比较自由，没有太大的压力。”他说，“可能我对他们的行业了解不够，可能他们也有压力，也充满了竞争。但最起码考虑我们现在经营企业的这种辛苦，我感觉到还不如他们那种工作相对比较自由一点。他们最起码不要对很多人负责任。他们不会带领很多人，不要考虑吃饭、发工资，到了年终还要发奖金，像在中国又要去看望各种各样的人。”

吉利有上万名员工，李书福得考虑他们的工作问题、生活问题，有时候甚至要过问他们的收获多少、心情好坏，以及各种各样的喜怒哀愁。繁琐和繁重的工作有时让他疲惫，以至于他认为自己现在做的事情极不理想，“最起码是太烦了”。

这样的论调难免让那些以李书福作为目标的创业青年们感到失望和沮丧，在他们的眼中，李书福是一位实践企业道路上未泯个性的财富明星，是镁光灯聚焦的时代宠儿，而不是一位在烦恼、疲惫和牢骚中胶结的“一般人”。

面对这样的诘问，李书福会习惯性地苦笑一下：“这就是一个围城理论，里边的人觉得外面很好，外面的人觉得里面很好。所以我有时候也想通了，可能大家都一样，一个人不知道另一个人的痛苦，也不会了解另一个人的幸福。”

显然，一个时常跌落进烦恼中、沉湎在痛苦里的李书福并非真实的李书福，而且这些烦恼和痛苦也无助于他和与他同样年轻和充满梦想的企业家成为中国的“麦克纳玛拉一代”，作为出类拔萃之辈而为历史所记录。

每次想起吉利的宏伟目标——到 2015 年的时候能够每年至少卖 200 万辆汽车——李书福就会感到幸福。这是支撑他的第一动力，也是他幸福的源泉。汽车就是他的血脉，尽管时常憧憬着只对自己而无须对他人负责的自由生活，但那注定只是他虚幻的想像。

“我现在已经不自由了，以后怎么会变得自由呢？”他问自己。尽管未来一切都有可能，但是“自由”却愈发遥远。也许一支杰出的职业经理人团队可以将自由兑付给他，但显然吉利和李书福努力的效果都不明显。或许除了他自己之外，没有人可以给他自由。他说：“中国法律的环境、政治的环境、文化的环境，是不可能让我们这些人做得很轻松，没有这个可能性。”

“中国好的职业经理人很多，是这个环境不可能造就一个好的职业经理人，也不可能成就一个好的职业经理人的理想。”李书福目睹了太多的“关系经济学”，他发现我们的社会环境、文化环境、法律环境都亟需改善，只有环境改善了，“谁的关系好，谁的权力大，谁的发言权就大，谁就厉害”的现状才会发生改变。他对当下的职业经理人心存疑虑，他慨叹说：“不是没有这个人，是没有这个环境。”他既担心职业经理人的成长空间，又担心像香港肥皂剧里描述的那样，职业经理人利用关系把老板给坑害了。

李书福相信很多事情的默契和成功需要各种各样的条件，他喜欢以鲜花为例，说鲜花要怒放必须有土壤、营养、水分，还要有适当的阳光。“不具备这个条件的时候说让这个鲜花开放，那就是乱讲。”他说。

李书福的独特性格，是人们对他最强烈的印象之一。他的激动使人们确信，他并不稳健但可以显示出巨大的魅力。他的外表给人以热情、坦率、沉着而又真挚的印象。有时候他抑制不住地激动，有时候又惯于自我嘲弄。有一次他说起某件让他无可奈何的事情：“我们都在朝一个美好的方向努力，我们天天在努力，天天在奋斗，天天在受气，天天在患难，天天在练气功。你说气得脸发白，牙齿直咬……”

他总是一边苦笑着，一边唠叨，而且轮廓鲜明的脸孔上还保持着异常的安详。这是一种自我克制的力量，这种力量如今已经变成中国企业家尤其民营企业家内心的法宝。就像李书福说的那样：

“有时候就是自我安慰，我觉得一个人幸福就得靠自己的心理调节。幸福还是痛苦，没有一个外部的衡量标准，只有自己内心的一个衡量标准，所以自己要懂得去调整自己。自己觉得幸福了就是幸福了，自己觉得高兴了就是高兴了。这就是要‘锻炼’自己。”

李书福相信，中国所有的民营企业家都是执著的“傻瓜”，为了一个遥远的梦想，他们都在傻傻地、步履维艰地往前走着。李书福说起了华为，华为虽然很大，他却相信任正非一定非常痛苦，而不是幸福。“按照常理，企业做那么大他不应该痛苦，这就是不具备让他幸福的外部条件。所以像我们这些人是最傻的，现在搞企业的中国企业家，我觉得从根本上讲是不聪明的，也包括我在内，都是有一种心理障碍的，有一种心理疾病的人。”

他曾经单纯地以为，只要把企业经营好，把财务、技术诸方面弄好，使企业参与全球竞争、提升国际影响力就可以了。如今他却发现，身在这个充满了交易与交换的名利场中，他得小心翼翼地守护着自己的内心，捍卫着灵魂中那些永远不能被摧毁的信念。

李书福感到痛苦，因为他发现创业初期的那种向上的力量正在蜕变、消失。他被外界称为是掌握财富权力的人，他的确也可以给他的上万员工带来幸福感，但他总感觉自己是个穷光蛋。在他眼中，财富分为两种，以金钱代表的财富是可以逆转的财富，只有以精神力量代表的财富才是不可逆转的。“比如说一个画家、音乐家、文学家，他的财富是不会逆转的，像我们的这种财富是可以一夜之间拥有，也可能一分钟之间变得没有，这个是可逆转的，是没有用的。”他颇有些哀婉地说。

为了一个美丽的追求 >>

事实上，李书福同样拥有不可逆转的财富，他不喜欢打高尔夫，却喜欢打乒乓球。他不喜欢时下的娱乐，却喜欢写写字、画画画。有时候他还会为吉利写几首诗，作为他个人的寄托和公司精神的承载。他有一首诗叫《力量》，收录在公司为 20 周年制作的图书中：

力量在风中回荡，
奇迹在蓝天下闪光，
坎坷的道路承载着我们的理想，
坚实地伸向远方。
我们心心印，
用智慧开道，
我们肩并肩，
用真情护航，

创造幸福让万事如意，
是我们共同的愿望。
送您一份吉利，
无论您在哪里，
送您一份吉利，
无论您在何方，
因为我们走在同一条道路上。

虽然在朗诵他的大作时，李书福总是超乎寻常地神采奕奕，但是要想使李书福变成现代诗歌高手、熟稔地使用各种所谓的意象，在生僻和晦涩中为自己树立一个诗人形象并不现实，更不能指望李书福像那些在诗歌界拉帮结派吹牛骂人的家伙们一样，变成无所事事的人。不过这丝毫不影响李书福用他的表述完成“诗言志”的传统。对于他自己和吉利来说，他们表达了他们所想表达的。

李书福相信，历史可以公正、忠实地记载一切。他在一篇文章中写道：“我们吉利人所共同开创的吉利事业，也必将如实地记录在中华民族汽车工业的历史长河里。”

为了扮演好自己在历史中的角色，李书福在吉利集团 20 周年的时候写了一首歌，名字叫《为了一个美丽的追求》。整个吉利集团都在唱这首歌，这使我很容易地想起“联想系”里的《联想之歌》和“啊联想联想联想”。无论对于吉利还是对于联想，无论对于壮年的李书福还是奔向衰老的柳传志，他们所指向的只是一个目标和目标所代表的方向，而实现美丽的追求却需要他们付出太多。

李书福很清楚自己要付出什么，尽管他有时会感到痛苦。所以他总是激励自己：“我们还是追求，我们每天在奋斗，不是说我们能够不做了，不是说我们悲愤就不干了，我们天天在奋斗，我们日夜地在奋斗。……在这个奋斗的时候消耗我的精力、体力是非常多的，你看我头发也掉了，睡觉也睡不着。”

“按正常人讲像我们这样应该是心理舒畅，事业有成，欣欣向荣，蓬勃发展，大家都有朝气，如日中天，每年都在发展，利润也很不错，各方面都很好，应该是心情很舒畅。”他说，“我说不舒畅……好像这个竹笋从下面上来，上面很多石头也会挡住它。民营企业我搞了 20 多年了，我知道里边的艰辛。好的民营企业为什么在中国不多？并不是这些民营企业家都是傻冒，都是笨蛋，都是‘农民分子’，都是违法办事的。不是的，都是很好的。那它为什么长不好呢？”

李书福相信，中国参与全球竞争唯一可靠力量是民营企业。在中国市场上与跨国公司进行的“战争”中，最有抵抗力的也是民营企业。“我觉得眼前的一切不改过来的话，中国的市场将被外国的企业垄断和控制，中国参与全球竞争的能力将不会很快得到提升。”

仅靠李书福和吉利显然无法改变这样的现实，他所能做的只是将吉利经营好。“我们在尽自己的微薄之力，我们把汽车造好，我们要把我们的事情想办法做好。”他说。他不得不面对他的梦想、他的责任、他所视为第一位的吉利以及种种麻烦和苦恼。他所能安慰自己的，有时候只是一句话：“人要做一些有良心的事情，不能做没有良心的事情，不去赚黑心钱，也不做黑心事。”

曾经有一位民营企业家也曾被苦恼缠绕，他觉得自己赚的钱一辈子都花不完了，甚至儿子、孙子都花不完了。他找不到人生的方向和意义，更找不到企业继续做下去的理由。

李书福觉得那人缺乏一个基本的信念，那就是赚钱并非是为自己、儿子、孙子花的。“没有钱花的时候，当然是要赚钱的，否则生存就变成问题了。你有钱花的时候就不是为了赚钱了，是为了做事情，是为了一种理想追求，信念，当然干什么要搞清楚，不是为了赚钱这一点千万要搞清楚。”

责任与使命 >>

李书福希望他的视野变得更加开阔，尽管开阔的视野意味着他必须为自己找更多的麻烦和承担更多的压力。“我们这种说法，我们这种理想，我们这种价值趋向是在折磨自己，是有病的，是最笨的，我这个人是病态的、不正常的，就喜欢追求这些东西。”

如果吉利有一天变成了丰田，无疑可以造福更多的人。可是，他有时候自嘲地说：“就是变成现在的丰田了，又怎么样?”然而他又朝着丰田的目标前进。

20 年来，李书福一直告诫自己：要主动地站在真理一边，要有自己的观点和原则。他把这些话写在了宁波工厂的墙上，让吉利的员工形成共识。“人活在这个世界上要有一个基本的活法，就是我们的理念。”他说，“一个人如果连基本的活法都不清楚，那实在是一件太悲哀的事情了。所以想起这些事情来，我是心情舒畅的。我们这十几年来天天都在做正事，我们没有做那些肮脏的、对不起自己的事。”

在中国轻商的传统中，很多人认为商人与钱打交道，都是比较肮脏的。“一讲到企业，有人就说是臭钱，本来这个行业就决定了这个企业家的形象就不怎么样，跟钱打交道的本来就不怎么样。企业家不跟钱打交道的可能有吗?”他问道。

对于李书福来说，他唯一能做的就是改变人们对企业家的认知偏见，他要告诉人们，这个世界上还是有一些有理想的、能够给社会进步带来巨大帮助的企业家。

“正常来讲，企业家应该是推动社会进步非常重要的一个群体，企业家一定是第一人才资源。只有通过企业家才能把各种资源整合起来，才能真正的推动创新。”他说，“因为创新是自由组合各种资源，企业家是推动创新非常重要的一种力量。你可以有各种各样的创新，但是不同渠道的自主创新不能变成社会效益，不能变成经济效益，就很难成为推动社会进步的力量。”

李书福喜欢研究历史。他说：“我们要把人类整个历史解剖一下就会明白自己应该怎么做。真正有理想、有思想的人，真正能够把人类所面临的问题看清楚。这不是你简单的赚几笔钱的问题。很多人说白了比较无知，他们不明白我们所面临的困难，不在乎我们这个国家。我们中国该怎么走，走向何方，最终要取得什么样的主动权？我们被困在整个地球上，发生着方方面面的问题，你就要理解我们的出发点和落脚点。大家都要对自身负责，对这个国家负责。大家都知道国家兴亡匹夫有责。怎么个有责法？你光说有责有什么用？要有行动，要有本事去负这个责。”

李书福希望整个国家都能够在如何发明创造、如何尊重创新、如何尊重企业家、如何形成国家强大的经济竞争力、如何真正使这个国家走向繁荣富强方面形成共识。“要朝着这个方向去发展、奋斗，应该以一种什么样的姿态？”他说，“我们现在不能简单的停留在你今年赚多少钱？这个就看你这个钱怎么赚了，赚的是什么钱？每个企业的使命都是不同的，如果一个企业的使命就是为了赚钱的话，那这样的企业是非常悲哀的。”

他想起刚刚改革开放的时候，邓小平批评说“红眼病”不好，支持一部分人先富起来。他的理解是，让一部分人先富起来并不是人为拉大贫富差距，而是形成一种积极向上的力量。就像是马拉松赛跑一样，如果所有的人都横排在一起，所有人都是第一名，也就意味着所有人都是倒数第一名。“马路也没有这么宽，它不允许这样的。”他说，“所以你跑的话一定是有一个在前面，一个在后面，这个本来就是一个客观规律。”

他愿意继续做那个冲在最前面的小兵。

《华夏时报》迟宇宙

中国品牌大师

陈天桥

大师语录 >>

以前我总以为，钱能证明一个人的价值，我并不在意金钱本身，我只是觉得如果我能挣到更多的钱，就能够证明我比别人有能力。30岁的时候，我感到非常茫然，就好像爬山，我已经爬到了顶峰，然后还有什么奔头呢？但是，我太太对我说——有些人，一辈子只能爬一座山，但是也许你能爬三座、四座，甚至更多的山。

2008 年 3 月 12 日，一身西装的陈天桥刚刚走出“第十一届全国政协委员”合影人群，便被久候多时的媒体纷纷围住。

“请问您第一次参加两会感想如何?”“今年您递交了什么提案?”记者们举着话筒的争相询问。

站在人群中间的陈天桥略显疲惫。此时他的身份已经不再只是上盛大网络发展有限公司董事长兼 CEO。第一次以全国政协委员身份参加“两会”，陈天桥作为创业型企业的代表，递上了一份《鼓励境外上市红筹企业回归 A 股市场，完善自主创新投融资环境》的报告。他说，接下来的五年，“帮助创新企业成长的环境建设”就是他的根本任务。

在盛大成立的第 9 个年头，网络游戏产业“教主”陈天桥开始把更多的精力投诸于社会事务。除全国政协委员外，陈天桥还拥有若干个名头响亮的头衔：“全国政协委员”、“共青团中央候补委员”、“全国工商联执委”、“上海市青联常委”……个个名头响亮。而这些“身份”塑造出了一个与众不同的陈天桥：中国互联网行业唯一具有“红色”身份的企业家。

“主流”知本家 >>

网易老板丁磊开切诺基、搜狐创始人张朝阳开的是宝马，在中国互联网业，财富新贵们多半都以轻松随意甚至有些不修边幅的形象示人，而且习惯于保持单身。

与这些财富新贵们不同，陈天桥任何时候出现在公众面前都是西装革履、一脸严肃。有媒体用“面如重枣、不苟言笑”来形容他。很多时候，陈天桥看起来更像一家国有企业的领导干部，很难让人将其形象与前卫时尚的网络游戏连接起来。

“我要把游戏塑造成一个主流的形象。”陈天桥有自己的理由，“我想让人们知道，在一个最新潮的产业里，有最主流的一批人在做这个产业。越是新潮、越是‘异端’，越需要有主流意识的人去把他挽回来。”

陈天桥主流色彩的标志之一，是他非常在意与政府的沟通。这一方面与他过去曾经在上海陆家嘴金融集团这一个国企工作结交下许多官场朋友的经历有关；另一方面，也跟他从一开始就有意识把盛大建设成“主流”企业有关。

“我想成为一个政府官员，某种意义上来说，我不知道父母现在是不是已经有所改变，但肯能在他们眼里，一个当处长的儿子可能比一个富人的儿子对他们你来说更加光彩。”多年以后，陈天桥回顾年轻时曾经这样说。

到过盛大的人一定会有这样深刻的印象：这家位于中国经济开放前沿上海、身处创新桥头堡张江工业园区的互联网企业，更像一个政府机关、一所学校、一支军队。

盛大将所有员工分为三级并配以不同颜色的卡带：高管是黄色、中层为红色、一般员工为蓝色。在盛大的员工手册里，陈天桥对员工的行为规范做了极为细致的规定。例如，上班初次见面，要问好致意“早”、“早上好”；下班时，要道别“再见”、“明天见”……就连语气和言辞也做了充分的规定——在办公场言语要温和平静，激动时尽量控制语气音调，给人以成熟、有自制力的印象。

对于一个员工平均年龄只有26岁的互联网企业来说，这些要求实在是过于严厉。但对于陈天桥来说，这正是他所追求的严谨的公司文化，这让盛大一定程度上带有了强烈的体制内企业色彩。

陈天桥的“主流”，还体现在他的生活方式上。了解陈天桥的人都知道，他是一个很顾家的男人，不喜欢卡拉OK、很少去娱乐场所。在有了女儿之后，他的每个周末几乎都是与家人一起度过。他的办公室里摆满了女儿和妻子的照片，他还常常把女儿的照片放在MSN和手机上。而每年年底盛大公司员工大会时，他总会把第一杯酒敬给妻子雒芊芊，感谢她对公司以及他个人的支持。

陈天桥的“主流”思想，很大程度上与他“主流”的成长过程相关。通过媒体的各类报道，我们大致可以梳理出陈天桥的成长轨迹：1973年出生于新昌县澄潭镇一个小东坑平的小山村，自幼便表现出极强的自尊心与上进心；1984年，成绩拔尖的陈天桥考到浙江省重点中学新昌中学，念初一；1990年于复旦大学经济系学习，以优异成绩提前1年完成大学本科学业，并于1993年被授予上海市当年唯一“上海市优秀学生干部标兵”；毕业后放弃出国等选择就职于上海市国企陆家嘴集团；随后跳槽证券公司，结识结发妻子雒芊芊，随后夫妻二人共同创业成立盛大网络。

简单回顾这段履历，不难发现，在传统教育体制下，这个网络游戏界宠儿并非半途辍学的比尔·盖茨式人物，也非个性叛逆脾气古怪的研究式天才，而是所有人眼中的“好学生”。这种体制内的优秀评价让陈天桥有了先于同龄人的成熟经历，也使得陈天桥在企业管理问题上更加务实和本土化。一定程度上，盛大借鉴的国企管理制度，更加接近中国文化的特点，这与陈天桥的“主流”观念密不可分。

“狠心”陈天桥 >>

在著名 IT 评论人方兴东的博客里，有一段非常有趣的细节，记录了他和陈天桥之间的故事。事情发生在 2003 年，当时盛大与其游戏产品《传奇》的开发商韩国 Actoz 因为授权协议的问题而“撕破脸皮”，一度对簿公堂。当时方兴东向陈天桥建议和解，不必“硬碰硬”弄得“两败俱伤”，然而这个建议却被陈天桥坚定地拒绝了。

“在和韩国人‘打架’的时候，他问我的意见，我劝他如果能不冲突就不要冲突，但他说我做企业太书生，关键时候不够狠，真正成功的企业，必须要够狠。”文章的最后，方兴东这样写道。

很多与陈天桥打过交道的人，都会用“狠”字来形容这个不苟言笑的年轻人。陈天桥的狠，体现在他的果断的决断力上。坊间传称，为了减少一个竞争对手，陈天桥曾经拍出高额的收购价，逼得对方宁愿负气关门也不愿把业务卖给他。

在一次接受媒体采访时，当被问及处理人事问题的做法时，陈天桥说：“如果有人掉队，我们会毫不犹豫地淘汰他。那就是辞退或者调动。人和企业一样也可能会‘关、停、并、转’，也许这就是成大事者必备的胆魄。”

陈天桥承认，在盛大高层，曾经有一位对盛大做出非常大贡献的高层，被发现别有用心——他的亲戚在利用他盈利，最后这位高层离开了盛大。

在盛大 9 年的历史中共有两次大规模裁员，虽然每次裁员的背景并不相同，但陈天桥却展现出了同样的“铁血手腕”。2000 年，为了应对互联网寒冬，陈天桥开出了一张“裁员”药方：公司员工从 50 人减为 20 人最早的员工留下，支付 8 折工资，其他所有非游戏部门人员一律裁掉。2006 年初，由于盛大北京分公司业绩不佳，陈天桥将盛大北京分公司员工裁掉大半，并责成北京分公司总经理、陈天桥的老乡钱中华以及盛大 SDO 副总裁兼媒体中心总监、陈天桥复旦大学同学金鹏离职。

“这个一身霸气的年轻人说话的姿态，仿佛他不是盛大公司的首席执行官，而是中国网络游戏的首席执行官”。《三联生活周刊》这样评价陈天桥。而一位 IT 资深人士则说，“这小子的狠劲儿堪比盖茨。”

2005 年 2 月 19 日，没有任何征兆，盛大在其网站和纳斯达克突然同时发表声明，称盛大与其控股股东已通过二级市场交易持有新浪公司总计 19.5%的股份。盛大的公告打了个新浪措手不及，仓皇失措中的新浪董事会不得不启动“毒丸计划”应对盛大的收购行动。

无论是谈判桌对面各怀心思的新浪股东、围在四周看热闹的民众，还是八方打探的媒体、在远处洞悉一切的“势利”投资者，都在关注着这个故事的主角——陈天桥。但让人始料未及的是，陈天桥先发制人的方式会如此的富有攻击性和侵略性。

盛大和新浪的并购案，成为当年最具爆炸性的商业新闻。这出极富喜剧色彩的并购案虽然最终没有达到预期目的，但作为最具有标本意义的事件，在中国互联网商业史上留下了浓重的一笔。在这一事件的报道中，媒体偶然间扒出了陈天桥的收购记录：仅 2003 年一年，就收购了北美、日本及国内的 10 家公司，2004 年更是创下了两个月完成 6 次资本运作的纪录。有评论家说，“陈天桥的出现总是让人在不经意间倒吸一口冷气”。陈天桥“狠角色”之名从此也在互联网业传开。

“赌徒”陈天桥 >>

在一个电视节目的开场白中，陈天桥曾经这样解释自己的个性：“大赌、大输、大赢。”

一般创业者常有很多灵感和方向，创业初期的陈天桥也不例外。盛大成立之时，只有区区十几名员工，然而如此小的“躯壳”中却同时存在四个事业部，办杂志、做动画、搞社区……陈天桥忙得不亦乐乎。然而陈天桥很快便发现了问题，缺乏明确的盈利目标和方向，盛大的发展陷入困境。陈天桥一咬牙砍掉三个事业部。

放弃网络动画的陈天桥起初也很迷茫，一个偶然的机会，陈天桥得知韩国游戏开发商 Wemade Entertainment 来到上海寻找合作伙伴，准备推广自己的网络游戏《传奇》。“网络游戏绝对是实现互联网盈利的不二选择，娱乐永远是人类的本能需求。只要在网络上找到了乐趣，用户就愿意付钱。”陈天桥暗暗下了判断。

2001 年 7 月 14 日，陈天桥拿着和盛大的第一个投资者——中华网分手之后余下的 30 万美金，与《传奇》的海外版权持有商 Actoz 签署了两年协议。

对于这段起家历史，不少媒体都有过报道，然而却很少有人知道，签完约之后的陈天桥几乎弹尽粮绝，余下的钱尚不足支付员工两个月的工资。对陈天桥来说，这场豪赌进行得异常艰难。这时候的陈天桥一方面要等着韩国人将游戏汉化，另一方面还要为游戏公测做准备，服务器、宽带、人员等一切需要钱的问题都堆在陈天桥面前。

测试期结束一个月后，《传奇》游戏同时在线人数迅速突破 40 万人大关，投资全部收回。盛大最终以《传奇》点燃了“传奇”，而陈天桥也大“赌”大赢了一把。

2003 年与 Actoz 的协议之争中，陈天桥强硬的态度几乎使盛大遭遇灭顶之灾，丧失了游戏代理权意味着盛大丧失主营业务。此时的陈天桥的赌性再次爆发：他决定将盛大从游戏运营商向独立研发游戏转型。

几乎所有人都清楚，自主研发游戏将意味着怎样的风险。2003 年，盛大在游戏研发上的投入超过了 1000 万美元，并且巨额投资以加速度前进，后来陈天桥干脆成立了盛趣信息技术有限公司，专营游戏开发。

有人将之归结为陈天桥原来是温州人："温州人是有名的好赌，盛大这么做的原因很简单，它在下大赌注，或者叫豪赌！"

在网络游戏业务取得超常规发展后，陈天桥并不就此满足。他说他最大的愿望就是让那些从来不懂网络的人拿着遥控器躺在沙发上跟其他 50 万人一起打牌。有人说这是从前倾 30 度到后仰 30 度的革命，前倾时面对电脑是工作，不能共享网络冲浪的乐趣，后仰则是休闲，是宽带生活里可随时更新的家庭娱乐。陈天桥又一次下注：他将这场革命演绎成一个黑色的匣子，开启了轰轰烈烈的"盒子"计划，而盛大则由此走上了转型之路。

所谓"盒子"计划，就是以电视机为主要娱乐载体，盛大通过向用户提供"盒子"，为用户提供传统电视内容之外的娱乐，比如网络游戏、新闻、股票、电影等内容。这是一个野心勃勃的计划，在陈天桥的规划中，它整合了诸如惠普、浪潮等等这样软硬件服务商、还有中国电信、中国网通、上海文化等这样的宽带资源服务商和内容提供商，其目的便是打造一个如同迪斯尼般的娱乐帝国。

2003 年夏天，当陈天桥第一次提出这个野心勃勃的计划时，盛大的许多高层们都有种倒吸一口冷气的感觉。对于公司的发展方向，当时公司有两派意见，一派认为 3G 时代将娱乐内容向手机平台延伸是未来方向，而另一派则认为向上游内容拓展、收购影视制作和唱片公司，但陈天桥却近乎"孤家寡人"地站在了两派主流意见之外。

然而现实有太多困难和无法预知的不确定性：类似计划 1999 年微软"维纳斯"计划的失败、中国数字电视改造的困难、政府部门对内容的监管、游戏规则的缺失……公司内部争论不休。

陈天桥曾回忆，他制定"盒子"战略时，"每天除了睡觉之外，几乎剩下时间全部都在思考如何转型。当有一天晚上他终于把大致方案理顺、幸福地逐一给公司副总裁打电话时，出乎意料的事情发生了，大多数高管都不看好，持反对意见。"

但陈天桥仍然充满自信。2004 年盛大年会上，陈天桥以公司最高决策者身份，神情严肃地下达了死命令，明确要求盛大要向娱乐数字帝国转型。面对盛大中高层仍然存在的怀疑和争议，陈天桥强硬地说："这个事情，现在不是做不做的问题，是谁不做谁走人的问题。""如果你们还有争议，或者内心认为这是一个没有价值的事情，那就马上离职。如果你脑子还是想不明白，就不要加入这个队伍！”

当盛大转型对外公布后，业界对陈天桥褒贬不一。有人觉得他是个鹰派、执著、充满自信、野心勃勃，为了理想可以不顾一切，有豪赌的气质，有人则认为他还没有意识到自己已经进入了消费品领域，然而其仍延用创业时代的经营模式，因此无异于刻舟求剑、夸夸其谈。

至此，等待陈天桥的，只有大胜和大负两种结局。然而这一次，向来幸运的陈天桥却“输”了。在“盒子”计划执行一年后，先前人们担忧的问题接踵而至，陈天桥的计划不仅没有得到有关主管部门的支持，也没有得到合作伙伴的赞扬，最关键的是，那一个承载了无数梦想的四方盒子在走向市场时受到了消费者的一致冷遇，投资者也纷纷对此表示怀疑。

2006年，盛大最终决定放弃“盒子”计划，重回网游道路。与此同时，陈天桥还陆续出售新浪股票，完全放弃入主新浪董事会的机会。此时的陈天桥，在经历“大赌、大输、大赢”的跌宕起伏之后，在企业经营管理方面更加成熟和低调。

《21世纪经济报道》黄婕

宗庆后

大师语录 >>

中国的品牌市场还不像国外成熟，中国消费者品牌忠诚度极低，价格的诱惑极大。我认为，中国的品牌市场还要20年才会成熟，想主要依靠品牌来开拓市场要三思而行，所以娃哈哈很多产品一定要低价。

“宗庆后依然斗志高昂，仿佛胜券在握。激辩现场六大商学院教授，三位特约观察员，颇具诸葛孔明当年舌战群儒之风范。主持起来倒也轻松，因为他的情绪非常到位。一大遗憾就是达能方面的人没有到场，但我在想，若真的到场，不知道会演化成怎样的局面。”央视经济频道《对话》主持人陈伟鸿在自己的博客中这样记忆 2007 年 7 月与宗庆后的那次“对话”。

在过去 1 年那场引起业界高度关注的“达娃之争”官司事件，在整整 2007 年都是一个火热的话题，直到今天也还没有最终的结局。在 2008 年 3 月的两会上，宗庆后作为人大代表，众多媒体问到他最多的仍然是这场已经有些索然无味的拉锯战将如何解决的问题。

宗庆后说：“我认为现在看清了它（达能）的本质的话就不能让它并购，再合理价格都不会让它并购，如果我今天所有娃哈哈公司如果说全是它占了 51%，我可能完蛋了。今天正因为我有这么一批非合资公司，我有主动权，所以我敢说我把合资公司让你去管去，我这个品牌照样能保住，我的员工照样能安排。”

话语中仍然不改平日里的“强势”。即使在过去 1 年中与达能的争斗再激烈、再处于劣势，宗庆后的脖子梗也没有向下低过，强势已经成为宗庆后一种习惯性的代名词。

如果没有去年那场旷日持久的官司，大多数人知道的只是销售额近 300 亿元的娃哈哈，不会对它幕后的掌舵人宗庆后如此关注。一向不愿多露面的宗庆后在去年不得已多出了几次镜头，很多时候表情过于严肃，情绪过于激动。

那张被媒体转载最为广泛的、宗庆后面目严肃眉头紧皱的照片，成为最能代表他在这一段时间微妙心理状态的最真实写照。

“我当时几次想请他（宗庆后）来学校讲课，但都被他拒绝了。他说，‘自己并没什么讲的。’娃哈哈整个公司很低调，他这个人也不愿意突出自己有什么精彩的。”曾数次和宗庆后对话的复旦大学管理学院蒋青云教授回忆起几年前的一次会面。

“他很辛苦，也不折腾，他是一个务实的人，他也不像很多人，一下子大富大贵。”蒋青云补充道，“他同时也是个精明的人，精明的企业家。”2008 年已经 63 岁的宗庆后，这 10 多年来，每年会花去 200 天时间不辞辛苦的亲自去跑全国各地的市场，和他的经销商泡在一起，经过多年市场一线历练的宗庆后坦言，他并不喜欢看市场模型之类的复杂分析，在他看来，自己的直觉和经验比任何调研和分析更加准确。

宗庆后与他那一代的企业家们，完整经历了中国社会变革最为激烈多变的时代，短短 20 多年好似西方社会上百年的历史衍变。他们在当时不可预知未来的时候出发，没有人知道以后会到达怎样的彼岸。勇气、智慧、机会、矛盾、陷阱……

这一切充斥在探索未知世界的一路上。宗庆后用 20 年时间打造出今天的娃哈哈，他无疑是娃哈哈的灵魂。如果娃哈哈没有了宗庆后，娃哈哈将会走向哪里?

娃哈哈基因>>

2007 年，娃哈哈销售额 285 亿元，实现利税 50 亿元，其中仅营养快线一个产品就卖了 50 亿元。看起来，旷日持久、跌宕起伏的官司事件并没有太多影响到娃哈哈的销售业绩，这看似是一个不可思议的奇迹。如果换其他任何一家企业，或许，早已被拖死在厮杀激烈的战场上。

在 2007 年达能和娃哈哈 10 多次的正面交锋中，各说各有理的“口水之争”吸引了大量的注意力，与之前前后后的各种“往事”也被一一拖了出来。在剖析娃哈哈这些大量繁杂的过往历史对于现如今官司的影响走向时，娃哈哈坚强如铁的渠道力——联销体模式，被放在了一个重要的位置上。

2007 年 4 月 10 日，在杭州娃哈哈总部，娃哈哈全国主要经销商代表、全体职工召开了一场意味深远的“誓师大会”。在会上，娃哈哈的经销商们做了一个声明：“没有娃哈哈，没有宗庆后，就没有我们经销商的今天。现在我们比任何时候都渴望跟着宗总和他的娃哈哈团队继续奋斗。我们想对宗总说：任何时候，我们都愿意跟着您和您的团队重新创业。哪怕是你们‘自立门户’，重新打造品牌，我们也愿意跟着你们再搏一次。”

虽然这在很多人看来只是一个形式主义，当作一场带有“政治口号性质的游行运动”，也许当利益遭受真正重大侵害的时候，经销商们都会第一时间作鸟兽散状。但是这样的一场声势浩大的“团结、胜利的大会”无疑充分地表现了宗庆后个人对于娃哈哈的影响力、对于数千名一级经销商的绝对影响力。

从一个侧面也多少表现出宗庆后 10 多年来每年花 200 多天时间和经销商泡在一起的辛苦没有白费。

就目前看来，烂熟各种法律手段和技巧的达能，手里有着白纸黑字的协议书，但对于宗庆后无可奈何，症结在于达能非常顾忌站在宗庆后身后那些千千万万的经销商组成的联销体，这个“在三天之内娃哈哈的货能铺到全国几十万个鸡毛小店”的庞大、快速的分销系统。假若一拍两散，其间的后果和损失无法估计。

达能无法掌控中国市场复杂多变的经销商渠道关系和市场特性，与宗庆后

10 多年来逐渐建立起来的成熟经济合作体的经销商们也不会容易相信和适应一个外来的新东家，当充满怀疑和陌生的距离感时，两败俱伤、鸡飞蛋打将成为必然的局面。

联销体是娃哈哈最大的核心竞争力，这个力量强大的“核武器”，在很多人看起来并没有什么了不起，个中的“核心秘密”用一句话就能够说的清楚。联销体的本质就是利益捆绑和链条利益分配问题，“让每一个环节都有钱赚”，这是一种共生共赢关系的契约。

世界上最简单能说清楚的事情往往也许做起来最为复杂。1992 年前后，宗庆后的娃哈哈儿童口服液正在经历最为辉煌的时期，每天到厂子拉货的卡车络绎不绝，很多时候都是无货可拉。这种火爆场面的背后，也同样面临着拖欠货款的行业普遍性问题。

这成为宗庆后考虑建立自己紧密式经济共同体的初衷，希望自己能够控制一些事情，不要老被人牵着鼻子走。此时的宗庆后正在酝酿这种想法，直到后面的事情接连发生，加速了宗庆后尽快推出他心目中的理想模式。

人生经历颇为丰富的宗庆后，亲眼见到有太多厂商倒掉，尤其是 1993 年前后，看到当时三株因为一个误传的事件而闻风死掉的教训。当时三株是用代销制把货都铺到了村级市场，只是渠道脆弱以致失控，迅速成为多米诺骨牌效应最终的渠道断裂而死亡。

宗庆后提出来联销体这个“经济共同体制度”是吃了市场现实的亏后，下决心打造的一种紧密式产业链合作关系，以改变自身处于弱势的地位，至于现如今取得的成绩当时连他自己也根本不可能料想。

1994 年，宗庆后正式向他的经销商提出了这个联销体模式时，其中有一条政策让很多人都感到吃惊：一级经销商必须把上一年销售额的 10%作为保证金一次性打款到娃哈哈的账户上。在场的所有经销商都不理解这是什么规矩。

宗庆后当时说出了三条理由，让众多已经跟随宗庆后赚了好几年钱的经销商颇以为然。宗庆后说：第一，我的产品好卖，大家有钱赚；第二，你们放在我这里的保证金并不是白放，我有比银行高的利息给你们；第三，大家在一起长久的做生意，需要一个共同的信用关系。

生意精明的宗庆后不仅把所有人绑在了一起，“一荣俱荣，一损俱损”，从本源能够掌控渠道，如果有哪一个经销商“不听话”或者“犯错误”，宗庆后能够直接地惩罚；另外通过获得经销商的保证金，不仅没有产生坏账，而且还获得了比银行贷款利率更低的充足资金。

还有一个重要好处就是，宗庆后和所有的一级经销商都建立起了比较深厚的个人关系，在中国这种讲究“个人感情和交情”的社会里，这无疑为宗庆后的娃哈哈事业多上了一道保险锁。

这种“有百利无一害”的模式，让宗庆后在今后 10 多年的发展中基本上是顺风顺水，这最终练成了宗庆后和他的娃哈哈最无坚不催的独门绝技，一直到现在仍然表现着它持久不衰的商业价值。

“感觉”的简单逻辑>>

“我的感觉一向都很准。”宗庆后多次自信的表示说。

这么多年来，宗庆后一直都很相信自己的“感觉”，“感觉”这种看起来没有多少严谨根据很多时候并不能太作数，“跟着感觉走”成为企业经营中的大忌，但是在宗庆后这里，“感觉”这么多年来一直在引领着娃哈哈向前发展壮大，这种感觉已经幻化成市场经验，渠道把控经验，更或者，感觉已经成为习惯本身，这也成为了他的一种独特经验。

这其中最为典型的案例就是宗庆后在1997年提出开发可乐产品——非常可乐，这个几乎所有人反对和不看好的产品，最终在宗庆后一个人的支持下还是很快推出了市场。宗庆后感觉能够成功的把握并不是广告中所打的什么“中国情”，而是建立在渠道驱动的前提下，尤其是娃哈哈密密麻麻布局在农村市场的渠道。

这一切决策，取决于宗庆后对于市场的“感觉”和决心多少。就这样的经验，在以后娃哈哈的发展中屡试不爽，比如后来推出的营养快线，基本上新产品推一个成一个。在娃哈哈21年的发展经历中，宗庆后几乎抓住了那几个中国社会变革大环境中的重要发展机会，宗庆后的这种“感觉”也成为帮助他取得如此成就的重要工具。

只是，这种敏锐的商业感觉并不是天生就有，而是在长期的一线经营中来，从混乱的时代一路闯关得来。

1987年，宗庆后那年42岁，贷款14万元，成立杭州上城区校办企业。这本是一个即将考虑退休的年龄，不过此时宗庆后的事业才刚刚开始。

20世纪80年代末的中国，保健品行业超越了中国当时经济水平发展的步伐而提前火爆开来，三株、太阳神口服液风靡全国。当时做保健品的企业有数十家，经过走访市场时，宗庆后发现当时没有一家厂是专做儿童口服液的，他想：既然中老年人的口服液市场如此火爆，那么庞大的青少年市场为什么不可以做呢？

宗庆后用最为简单的消费者逻辑圈定了这样一个针对学生消费群体空白的口服液市场。“做就要彻底地做”，宗庆后为了能够让自己的产品一炮而红，不惜用自己仅有的资金大打电视广告，“喝了娃哈哈，吃饭就是香”的广告就是在当年推出，而后的事实证明了宗庆后这种看起来有些冒险主义的做法的确取得了巨大的成功，到1990年的鼎盛时期，娃哈哈儿童口服液的销售额就已过亿。

在那样一个还没有太多商业规则的年代，市场本身就是一个机会性的市场，胆量也许比战略更为重要，如果再有一点点运气的话，成功就已经被握在了手里。不过，看似颇有“机会主义”味道的市场选择并不会一再地复制出现，在“机会主义”的面纱下，参杂着对于市场的敏锐观察、冲破现实的野心，还有对于政策走向的猜测，这种心境在中国社会的变革期是何等的普遍，当年的柳传志等现如今的中国商业教父级人物，何尝不是经历了那样一个“说不清，道不明”的特殊历史时期?

1991 年，宗庆后做了一次他这辈子最为大胆的一个决定，甚至比 1996 年与达能合资更为重要、难度更大的决定：由校办厂兼并杭州国营罐头厂。这在当时的体制下，是不敢想象的事情。宗庆后回忆当时是说，“你能理解一位 47 岁的中年人面对他一生中最后一次机遇的心情吗?”

这是一个马上到知天命年纪的男人最后的挣扎和破釜沉舟的内心真实呼声，再一次，宗庆后取得了胜利。在兼并三个月后，原本亏损 4000 万元的罐头厂赢利了。宗庆后以后多年来为之信奉的“感觉”，从娃哈哈口服液市场空白的发现，再到兼并做大的两件大事中，开始形成。

并不是在那个时代所有的事情都是模糊不明的，一直不辞辛苦的宗庆后对于一线市场的熟悉，快速的市场决断力，才是这些“感觉”决策背后最大的根据。记得当时宗庆后在 1993 年刚刚推出钙奶时，宗庆后到终端市场去了解市场，问路边一个摆摊的老太太，娃哈哈的产品卖得好不好，老太太说，钙奶瓶子太小，两口就喝完了，很麻烦，为什么不做个大的? 宗庆后当即拍板决定推出大瓶装，1 个多月后产品就正式推出上市，结果很受市场认可和接受。

如果从 1968 年开始算起宗庆后的发展历程，几乎正好是 10 年一个阶段。在第一个 10 年里，那会是宗庆后人生最为平淡和看不到希望的一段，在浙江舟山一个寸草不生的海岛上，终日地挖盐、晒盐；在绍兴一眼望不到尽头的丘陵里，他种茶、种地。

整个的色调充满着时代的灰暗，年轻的宗庆后养成了吃苦耐劳、百折不挠的性格，即使以后再艰难，也很难让他倒下。在第二个 10 年，市场经济开放的前奏时期，宗庆后经历过太多的市场欺骗，体验过太多的惊心动魄，宗庆后有了对于市场感的积累和改变现实的渴望。

在第三个 10 年，宗庆后经历了人生发展大飞跃的阶段，宗庆后一贯的自信和“感觉”真正树立起来，变的不可动摇，坚不可摧。但在接下来的 10 年里，宗庆后一直在延续从前积累下来的所有“感觉”：联销体的渠道能力和自己对于市场风云变幻的把握。

“一个人”的娃哈哈>>

宗庆后说自己的感觉很准这一点都不假，在娃哈哈的发展历史中，绝大多数的决策都是正确的，但如果所有的感觉都那么准确，这就显的有些过于神化。

2002年前后，宗庆后做出了一个重要决策，娃哈哈实行多元化战略。这其中最为有名的就是娃哈哈童装。当时有相当数量的经销商响应宗庆后发出的召集令。“我们相信宗老板的眼光，我们跟着宗老板能赚钱。”娃哈哈的经销商这么说。

宗庆后用联销体模式把娃哈哈和经销商的利益捆绑到了一块，当年承诺一起赚大钱的“许诺”并没有成为空话，绝大多数的娃哈哈一级经销商都是跟着宗庆后10多年的老合作伙伴，商人最为直接的逻辑是赚钱，宗庆后确实让大家持续长久地赚到了钱。

当时宗庆后的理由也看起来很充分，娃哈哈品牌名称和儿童消费者群体是多么的贴合，整个童装市场没有很强大的竞争对手，自己有能够很快铺满全国市场的经销商的响应支持。童装却成为宗庆后这20年来最为失败的“眼光决策”。

在事后分析得到的显而易见的失败原因是：娃哈哈品牌已经不再仅是儿童品牌形象，更重要是虽然宗庆后把消费特性和渠道特性吃得很透，但是童装的操作手法和快消品完全不同，更何况，宗庆后做服装品牌连开店一套细致操作手法都没有。

“大胆又保守、倔强又开放，宗庆后就是这样一个有着双重性格的另类商人。”有评价这么说。

曾有人问过宗庆后，“在娃哈哈公司内部，有没有能与您对话的人?”宗庆后说：“没有。在我们公司，只有我一个总经理，没有副总经理。因为搞企业与打仗一样，机会来了，要快速反应，及时决策。没有强势领导就做不成事情。”在整个娃哈哈，在最上面的只有唯一一个集权力于一身的宗庆后。

多年以来，宗庆后一人兼任董事长和总经理，不设副总经理，由一个总经理办公室对集团各职能部门以及下属分公司（各省分厂）进行统一集中式管理。销售网络中的30多个省级经理、营销网络中的2500多个一级批发商、生产网络中的70多个分厂厂长，都直接向宗庆后汇报，几乎所有的市场决策都经由他自己拍板，甚至连500块的报销单都必须由他签字才能生效。

宗庆后曾说：“我用不着副总经理，那只会让效率变低，现在我还管得过来。”“宗总就是司令，我们就是兵。”娃哈哈的员工这样说。

政治，是这一代企业家都逃不过的一课。经历了文革时代的颠倒黑白，在那被“放逐”的10多年艰苦青春岁月中，宗庆后能够看得到的书籍也就是《毛泽东选集》，“星星之火可以燎原”，“农村包围城市”这些经典革命理论与实践，成为宗庆后今后多年战略的导师。宗庆后坦言，《毛泽东选集》对自己的影响最大，我的很多办法都是从这里来的。

这么多年来，宗庆后没有什么系统性的“思想总结”，不过各种运动和思想教育一直作为统一思想的工具不断在员工中灌输，为此在娃哈哈集团内还设有政治部部长这样一个职务，专司于“和谐教育”。

2008年62岁的宗庆后，看似对于权力有着超乎寻常的追求。这一代的企业家大多考虑退休，不过宗庆后多次表示：“接班人的事情不用过多猜测，我还不考虑退休，起码能干到70岁。”“宗庆后本来管理上是可以放的更宽，自己的风险也更小。但他觉得他能控制，他怕放出去有问题。”蒋青云说。

追寻这么年来的娃哈哈走过的轨迹，宗庆后一直是其中的控制者，决策者，亲历者，保护者。他几乎不去参加浙商人圈子和同行业的各种社交活动，最喜欢的是和他的经销商泡在一起，谈论关于娃哈哈产品卖的好不好，有什么问题需要解决等事情。这是多年来几乎没有变过的常态，只是，这一切现在正在发生着微妙的变化，也许没有这一年多早已由浓变淡、扯不清楚的官司之争，宗庆后永远只是显得有些平面化的，那个严肃、务实，说一不二的娃哈哈当家人。这正印证了那句颇有禅宗的话语：“人的经历总是以不同的事件为分水岭，并在随后，把你推向从未想象过的境地……”

从2008年两会时间开始，宗庆后竟然开起了博客，关注起了民生问题，并经常和网友进行互动式的交流。这对于原本一向“只做事，少说话”的宗庆后简直是不可思议的事情。在2008年4月16日宗庆后博客中题为“中国心”的文中这样写道：“宗庆后虽老，中国心不老。作为中华民族的一分子，我对此表示强烈愤慨。希望通过网络这个平台，来让更多人了解真相，更多人看见事实，更多人听到真正的声音。”在这以后，“一个人”的宗庆后，正在努力变成有更多人理解和支持的宗庆后。

《东方早报》李晓辉

中国品牌大师

马化腾

大师语录 >>

在进入一个领域的时机把握上，我们一般看到这个业务有第二出来了，表示这个东西有机会，就算没准备好，也要派一个人跟一下，不由自主跟一下，等到看清楚的时候才大部队进去做，这样才做到第二。

1999 年，当陷入财务困境的马化腾希望以 100 万元人民币将 QQ 聊天软件卖出时，遭到了无情拒绝，四家潜在买主最多的也只肯给出 44 万元的价格。考虑到软件即使在售出后还需要一段后续的维护成本，马化腾无法接受这个价格，这一现实迫使他放弃了出售 QQ 的想法。

几番碰壁之后，马化腾最终迎来了 IDGVC 和香港盈科，在业界，IDGVC 素来有对企业要求严格而又出价低的名声，不过马化腾总算保住了自己一手创建的腾讯，IDGVC 和盈科 220 万美元资金注入，并分别占有腾讯 20%股份。在这笔救命钱的支持下，腾讯熬过了 2000 年之后的互联网寒冬。

2008 年 3 月 20 日，已经在香港联交所主板上市的腾讯发布了 2007 年财报，公司在 2007 年收入创纪录地达到 38.2 亿元人民币，保持了中国互联网企业的营收规模之最，盈利则达到人民币 16.350 亿元，首次超过网易成为最赚钱的互联网公司。而 QQ 即时通信的账户总数已经超过 7 亿，其中活跃用户过 3 亿，最高峰的时候，全中国的电脑屏幕上有 3600 万个企鹅头像同时在闪动。

帝国时代 >>

在很长一度时间内，马化腾都只是中国互联网版图上众多诸侯中的一位，影响力与张朝阳、丁磊、陈天桥等人相距甚远。而马化腾也乐于偏居广东一隅，极少抛头露面，只是潜心研究 QQ 那些年轻用户们的消费习惯。

当张朝阳、丁磊、陈天桥、马云等相继成为互联网行业的领袖人物时，马化腾在人们印象中还只是一个内敛甚至是在镜头前有些羞涩的文弱书生。直到有一天人们突然在惊呼中发现，腾讯已经由一个单纯的聊天工具摇身为一个庞大的虚拟帝国，门户新闻、网络游戏、电子商务、无线业务、SNS，邮箱，每一项互联网的重要业务腾讯都几乎做到了行业前列，于是，取而代之则是听来有些吓人的“全民公敌”称呼。“QQ 的攻击永远是悄悄的！”心高气傲的阿里巴巴董事局主席马云曾经扬言使用望远镜都找不到竞争对手，但是唯独对马化腾的扩张警惕不已。

到 2007 年年中，已经在香港上市的腾讯公司市值超过 100 亿美元，成为中国第一家市值过百亿美元的互联网公司。短短几年间，腾讯就从一家乏人问津的小公司成长为中国互联网的新一代霸主，不仅是当年看走眼的各路风险投资，就连马化腾自己也对此始料不及。

即便已经成为中国互联网最具实力的领先企业，马化腾的冷静让人惊讶，他经常在内部会议上向同事们强调，“中国互联网市场是城头变幻大王旗，现在是腾讯相对领先，但是各家公司起起落落变化很快，不能指望现在竞争格局是这样就以后都是这样。”

而事实上，腾讯的霸主地位却正在马化腾的谦虚外表之下不断巩固。中国互联网从门户到无线到网络游戏和搜索，每一个时代新霸主的崛起往往都伴随着上一代数字英雄的失落。但是互联网此消彼长的游戏规则正在被腾讯的兼容并蓄所改写，马化腾将腾讯变成了中国第一家成功的全面多元化互联网公司。而腾讯最让同行心惊之处则在于既能够轻而易举地将其他公司业已演练成熟的业务模式纳入腾讯，比如在门户、无线或者网络游戏等赚钱的业务上后来居上撼动原有市场领导者的地位，同时还能够将代表未来趋势的互联网业务发扬光大，当电子商务渐成气候时，腾讯的C2C业务拍拍网毫不费力做到了市场第二，博客成为市场宠儿时，腾讯的博客产品（早期的QQ空间）成为唯一赚钱的博客，而一旦当社交网络Facebook成为互联网上的未来引爆点时，马化腾同样也可以气定神闲地宣称：“腾讯和Facebook殊途同归。”

过去的中国互联网历史上只有在某个领域取得一时领先的领袖，却从未出现过具有全面且持续统治力的庞然大物，马化腾改写了这个传统，“帝国”这个称号在互联网行业被首次赋予了一家公司，而一直低调潜行的马化腾正是缔造了企鹅帝国辉煌的影子领袖。

马化腾成为了“全民公敌”。也正是在腾讯多元化的启发或者压迫之下，百度、搜狐这些传统互联网巨头也全面进入多元化时期。当然，在“马始皇”（资深互联网人士谢文对马化腾的戏称）2007年称帝之后，百度和阿里巴巴也相继脱颖而出，与腾讯形成中国互联网上的三分天下之势。

马氏攻略 >>

如果你在美国最热门的社交网络Facebook上看到一个名叫PonyMa的人，不要奇怪，他也许正是腾讯公司的首席执行官马化腾。被戏称为腾讯公司“首席体验官”的马化腾不仅对公司的重要产品一一试用，同时还会随时关注最新的网络产品应用。一个最新的轶事是，当谷歌中国的大中华区总裁李开复（腾讯与谷歌中国在搜索技术上有合作）通过手机短信联系没有得到马的回复时，却在Facebook上找到了马化腾。

技术人员出身的马化腾如网易创始人丁磊一样朴实低调和沉迷于产品。他1971年生于海南，1984年移居深圳后来就读于深圳深圳大学，1992年大学毕业后加盟润迅公司，后来通过一款股票机器赚得了第一笔金，1998 年，马化腾与大学同学张志东等人创立腾讯公司开始了在互联网的创业，他模仿印度人的 ICQ 软件开发出一款中文版的 OICQ，并一举取代其成为中国互联网上最为流行的聊天软件。

在中国互联网处于寒冬时，腾讯是第一家通过无线业务实现盈利的公司，当发现韩国一家网站通过出售虚拟形象获利时，马化腾迅速把这一模式引入腾讯，至今，这一业务仍然是腾讯最大的一块收入来源。在随后的日子里，腾讯成为了中国互联网上最为著名的“学徒”，一旦看到其他公司摸索出成功的盈利业务，腾讯很快就会依葫芦画瓢，并且迅速赶上并超过“老师”，竞争对手对此恨恨不已却又无可奈何，马化腾也因此落下个“模仿者”的名声。

远离中国互联网的中心城市北京和上海，居于深圳的马化腾全然不顾外界的评论，只是保持一贯的低调，在他那座暗合风水理论的办公室里潜心研究竞争对手的最新产品，然后在最快的时间内把这些功能添加到腾讯的产品中。如今，腾讯旗下在线社区服务平台 QQ 空间的单月活跃用户已超过 1 亿，单天流量超过 10 亿，成为了全球最活跃的在线中文社区。而 QQ 空间在最初只是一个博客类的产品，如今却演变成涵盖博客、社交网络等多种功能的庞大社区。而那些比腾讯起步更早，更加专注运营社交网络等网站则被腾讯远远甩在身后。

在 Tom 网 CEO 王雷雷看来，腾讯庞大的用户数量和极强的使用黏性导致马化腾可以轻松拓展其他业务，“插根扁担也开花”。不过马化腾在腾讯的多元化的过程却并不如外界想象般轻松和一味求快，而是处处显得小心翼翼，唯恐被多元化业务拖累全局。虽然很多决定事后看来略显保守，但是这种“保守”的策略保证了腾讯在多元化的过程中极少犯错，从而也避免了像大多数失败的多元化企业那样因为盲目扩张而崩盘。马化腾牢牢把握腾讯发展的“度”，过去的几年内，也正是以其独到的对“度”的把握和控制，马化腾一步步在门户、网络游戏、电子商务等领域上演了后来居上的好戏。

2002 年，网络游戏开始成为互联网上最为赚钱的业务之一，当时还只有无线业务收入的马化腾开始考虑涉足网络游戏这块金矿。虽然已经看到盛大等公司的成功，第一次经营网络游戏的马化腾仍然没有大规模投入，只是拿出 30 万美元代理了一家公司的游戏，果然，因为没有经验，这一次代理业务并不成功。

于是，马化腾转而从棋牌类游戏入手，“从棋牌类开始入手。这个适合我们腾讯品牌，也就比较容易整合。开发大型网游也需要长时间的沉淀，起码要两三年才建好团队，就算你一开始就完善团队，开发就要一年多的时间。”在棋牌类游戏市场，腾讯很快就超过了当时处于市场第一的联众，在掌握了网络游戏的运营经验后，马化腾方才开始尝试难度更大的自主研发大型网游。

“外界看到的是多元化，其实也有选择的。要选择自己最强，最贴近的那个地方去做，而不是直接去跟别人争，尽量去做更有把握的事情。”马化腾说出自己的理解。

2003年开始筹备的门户网站腾讯网同样遵循了马化腾的这一原则。当时腾讯小小的客户端已经不能承载广告商的需求，而最好的解决方法就是自建门户网站。“大家对广告市场对的认可是比较稳定的，风险还比较低。他一旦上来了，往下掉的风险还是比较低的。”马化腾判断说。

刚刚开始进入门户业务，腾讯获得流量的法宝之一是直接弹出小框向QQ的用户推送新闻，同时，作为市场后入者，腾讯网以社会新闻、女性频道作为切入口，而不是强行与新浪等竞争财经、体育这些广告商看中，但需要积累和基础的频道。这些策略使得腾讯网在两年之内就在流量上超过新浪，跻身门户三强。

“付多大精力？先做哪个，后做哪个？”马化腾牢牢把握腾讯发展的“度”。

即使是在腾讯最为风光扩张的2007年，马化腾仍然动辄以未来可能的互联网冬天警醒自己和员工，拒绝盲目大手笔地涉足陌生领域。“关键一开始不是要兴师动众，其实找对几个最关键的一两个人先开工，做一些雏形，有了阶段性的成果，这样就好做了。”

谁的腾讯？>>

2007年农历春节之前，一个由西南财经大学教授组成的专家调研团神秘进驻腾讯公司，他们此行的目的是受到央行下属金融研究所的委托，对于腾讯Q币的虚拟货币性质进行调研。

这次调研源于2006年末在媒体上炒得沸沸扬扬的“腾讯虚拟货币冲击人民币”事件，在2007年的两会上，也有人大代表提出对于虚拟货币监管的提案，这场突如其来的风波让马化腾感到冤枉，“Q币就是一种充值点卡，而且我们也不是发行点卡最大的互联网公司。”他甚至计划改变Q币的名称，以淡化Q币的货币特性，但是这并不能让腾讯离开舆论攻击的漩涡。

麻烦接踵而来。2007年2月，公安部、文化部、信息产业部、新闻出版总署联合发出通知，将针对网游服务商开设的带有赌博色彩的网游问题展开专项行动。此消息一出，腾讯股价大幅下挫。随后，腾讯对其棋牌类游戏进行调整，关闭了Q币与游戏币之间的回兑功能。

事实上，随着“在线生活”战略的展开，试图涵盖网民互联网生活方方面面的腾讯将会来越多地面临社会、伦理、法律、政策、监管等外界因素的制约，更多的突发事件将会超出腾讯公司的预料和控制范围。腾讯帝国之内，腾讯制定着自己的准则，但是腾讯之外，规则并不由马化腾控制。

2005年，腾讯公司曾经为鼓励用户长时间使用QQ而对QQ账号设立分级，在线时间越长者拥有的等级越高，这导致许多用户开始长时间挂机以获得更高的等级，腾讯 QQ 的同时在线人数在那段时间得到明显上升。但是很快有在媒体上撰文指责腾讯的这项措施导致很多网民彻夜开机，造成了电力资源的大量浪费。最终，腾讯迫于社会压力取消了这项制度。

更严重的一次公关危机发生在 2004 年 8 月，当时有网民发现，在腾讯的游戏上输入钓鱼岛或者保钓等字样，公司系统会出现提示："请使用文明用语!"这本是腾讯对一些敏感关键词进行的自动过滤，但是由于腾讯庞大的用户影响，这个不周的考虑很快在互联网上被放大，网民在各大论坛上对腾讯大加讨伐，并进而在平面媒体上掀起了更大的波澜，腾讯第一次感受到外界的千夫所指，公司形象大受损害。

更让马化腾头痛的是，他还必须与公安、司法这些以前从未涉及的部门打交道，因为腾讯已经成为网络犯罪的最大受害者之一，就连马化腾本人的 QQ 号也曾经被盗。

"我现在最担心的就是安全问题。"马化腾说。在腾讯公司年报中，提升用户安全被列为最优先处理的项目。

作为腾讯安全中心总经理，卢山经历了与网络盗号集团的一次次恶战。"中国互联网其他公司遇到的总和就是腾讯面临的所有的安全问题。"他说。

QQ 账号的盗窃很早以前就已经存在，但多数是黑客的个人行为，从 2005 年下半年开始，形势开始恶化，在利益的驱动下，一些集团化的网络盗窃团伙开始出现，腾讯用户每天的账号丢失已经超过 1 万。

特别是随着 Q 币的出现，并且在腾讯的体系内开始大量流通以后，盗取 QQ 账号开始形成一条产业链，"比如一个盗号或者 Q 币，最早有人写木马（程序），然后卖给一些黑团伙，（这些团伙）专门雇人到网吧下发木马，再把盗取的 QQ 密码放到一些地方，集中处理，把一些有价值的号码其中的钱或者 Q 币拿下来，再通过第三方的交易平台去卖。"

盗号行为不仅造成用户的经济损失，影响用户对腾讯的信任，而且被盗取的 Q 币被低价拍卖后流通，还会造成腾讯内部的财政紊乱和损失。

如今，腾讯公司在多条战线上与各路互联网巨头竞争，百度、阿里巴巴、微软、新浪，无一不是重量级对手。在从高盛、微软、华为等公司引入刘炽平、熊明华等职业经理人后，腾讯的管理和组织架构日趋规范，这使得马化腾开始完成个人转型，从繁杂的公司日常管理中脱身，把更多的精力投入到公司核心产品和企业战略制定中。

然而，来自商业世界之外的麻烦却必将不断袭扰腾讯这个互联网世界的虚拟帝国。7 亿注册账号，其中包括 3 亿活跃账户，每一个时刻都有高达 3000 万的网民在使用 QQ 聊天工具，并随时点击腾讯推送过来的最新新闻，是的，腾讯对于公众已经拥有了前所未有的影响力，而如何控制和利用这种强大的影响力是马化腾的下一个挑战，这也迫使习惯潜行的马化腾和腾讯公司必须更多地站到公众面前。

马化腾开始接受这种改变，他开始频频出现在各种论坛上发表演讲，向公众讲解腾讯的在线生活战略，腾讯甚至成为政府高度赞扬的企业明星。“在腾讯发展的近10年中，QQ对人们生活的改变真的让我们始料未及，用户让QQ成为了当今最普及的沟通方式之一。”马化腾说，而37岁的他也正因为不经意间选择了QQ这款小小的聊天工具而入选《时代》杂志世界100位最具影响力人物。

马化腾也开始把精力投入到公益事业，“我们这个世界的一切都是息息相关的，无论是从企业经营的角度、用户实现价值的角度、还是发挥社会影响的角度看，在社会范围内承担公益责任是社会共同的重要价值。”马化腾不仅阐述自己的公益主张，并且以每年投入2000万元的规模成立了腾讯公益基金，这也是国内互联网行业的第一家全国性公募慈善基金会。

《中国企业家》林峰

中国品牌大师

马明哲

大师语录 >>

为什么我要像一位盲人一样冒着被冲走的危险过河，如果我可以多付一点钱，比如通行费，为什么不走河上的桥呢？

2007年7月，《福布斯》中文版公布了其首度推出的“中国上市公司最贵老板”榜单，平安集团董事长马明哲以1338万元的年薪夺冠。随后，全国媒体纷纷以《马明哲：最贵的老板》为题，报道这条消息。

但是，2008年3月，时间只过了半年，媒体再度披露，马明哲2007年的年薪为6600万元，较2006年暴涨5000多万元。马明哲也再度成为人们饭后茶余的热点话题人物。

确实，自从1988年执掌平安以来，马明哲头上的光环始终没有暗淡过。2004年，《新财富》发志公布的“中国首富”，马明哲位列第一。因为创办平安之前，马明哲是“中国改革开放第一人”、蛇口工业区总经理袁庚的专职司机，一些媒体干脆以《从司机到中国首富》介绍马明哲。

实际上，马明哲现在对个人的荣誉看得很轻，他更看重平安集团的健康发展。

平安要做中国的花旗>>

马明哲运筹平安20年，绝不单单是为了单一的保险业务。早在1997年，他就预言：未来的10年间，将是中国的金融服务业腾飞的“机会窗”，中国具备产生像花旗、汇丰那样的综合金融服务公司的条件。无疑，在马明哲心里，平安就是要做成中国的花旗。

平安集团1998年全国工作会议上，马明哲作了“平安第二个十年远景和战略”的主题讲话，提出了“我们在哪里？我们要去哪里？我们应走哪条路？我们如何到达？”4个问题。“国际一流的综合性金融服务集团”赫然出现在幻灯屏银幕中央。

为此，他一直在布他的“大金融”棋局。

2004年底，广发行引资重组启动，对银行牌照渴望已久的平安集团与荷兰银行结成竞标团。平安意图实现控股广东发展银行51%股权的战略并购。对手则是以美国花旗集团和法国兴业银行各自为首的标团。

这场旷日持久的竞争持续了近两年，期间联合投资者们不断变化阵营，但即便在荷兰银行退出的情况下，平安仍决议“独扛”广发行。

尽管，2006年11月，广发行最终落槌花旗，但输掉了广发行的马明哲却赢来了声誉。“如果没有平安的加入，广发行的出售价格肯定不会这样高。”业内人士由衷地认为，起码，平安与外资的对峙，促使外资对中国金融机构给出更加合理的价格。

其实，在竞购广发行之前，马明哲就拿到了一张银行牌照。2003 年，平安收购福建亚洲银行并更名为平安银行。2006 年，在失手广发行之后，平安收购深商行并入平安银行。

于是，人们便不难理解，在 90 年代中期，当时拥有产险、寿险、证券、信托牌照的平安，为何拒绝按照国务院的要求，进行分拆，实现分业经营。为此，平安被禁止开设分支机构长达三年。即便如此，马明哲仍没有妥协。他坚信，以保险为核心的综合金融服务集团才是中国保险业未来组织模式的发展方向。

1993 年，国务院颁布了《关于金融体制改革的决定》，明确对银行业、证券业、信托业和保险业实行“分业经营、分业管理”的原则，以挽救 1992 年下半年开始出现的金融秩序混乱、金融市场失控的局面。颇有战略眼光的马明哲就在高层内部提出平安走金融集团化发展的设想，他看到国际金融业的流行趋势是由昔日的分业走向混业，各国的金融保险业都在降低成本、提高效率和提高国际竞争力的压力下，纷纷通过集团控股的组织模式实行分业经营和专业化管理。

因此，即便在分业压力最大的时刻，身为企业家的马明哲运用他的智慧，巧妙地实现了跨行业经营：1996 年，平安完成对工行珠江三角洲金融信托的收购，并更名为平安信托；同年，将 1991 年 8 月以证券业务部名义开始的证券业务，转到信托公司名下，成立平安证券。

如今看来，金融混业经营前景明朗，当其他金融机构仍在为搜罗金融牌照而四处奔走时，平安集团却已经基本完成了自己的金融控股集团的架构，在统一的平安品牌下，拥有寿险、产险、证券、信托、养老保险、健康险、资产管理、银行 8 家子公司。

开枝散叶但从金控集团的业务发展角度衡量，目前平安仍是“跛脚”的，因为其利润的 80%以上来自寿险业务，银行、证券、信托等业务利润合计占比几乎可以忽略不计。

摆在马明哲面前的新任务是，怎样将非保险业务壮大，而最终实现各领域业务和资源的整合。于是，马明哲开始为旗下各路金融子公司的壮大而输送资本血液。毫无疑问，平安集团经过 20 年时间，搭建成了我国第一家以保险为核心，融证券、信托、银行、资产管理、企业年金等多元金融业务为一体的综合金融服务集团。

马明哲期之多年的“金融帝国”梦想初步成型。

然而，1988 年 3 月 21 日，诞生于深圳蛇口工业区的平安集团前身——深圳平安保险公司，仅仅是一家 13 人的小企业。从第一家股份制保险公司到第一家由外资参股的保险公司，再成长为中国首家由企业法人持股的多元化综合金融服务集团，平安在 20 年内创造了一系列业界之最，缔造了民族金融业白手创业的一大“奇迹”。

最好的防御就是进攻>>

1987 年 9 月，时任蛇口社会保险公司副经理的马明哲受命全面负责筹备平安保险公司，那时他的经验也仅限于在蛇口工业区社会保险公司工作过几年。1988 年 3 月，由中国工商银行和深圳蛇口工业区招商局分别出资 51%和 49%的平安保险在深圳正式成立。当年的马明哲年仅 32 岁，风华正茂，作为招商局的股东代表出任平安保险董事总经理，后被任命为副董事长。

平安创立初期的发展，股东方——工行与招商局对其的支持功不可没。比如从平安开业的第一天起，工行就在全系统内宣布，在为贷款企业提供保险代理业务时一律只选平安一家。招商局对平安早期的业务发展帮助虽不如工行，但整个蛇口与招商局有关的保险业务也几乎全部给了平安，主要体现在后勤人事方面，除了调配所需的人才外，招商局凭借当时自己拥有一定深圳市户口额度的便利，为调入平安的人员解决了户口问题。

股权高度集中，加之业务来源需要股东的大力支持，马明哲当时对公司的影响力仍相当有限。更何况，作为招商局派出的董事，马明哲的人事关系挂靠在招商局，一举一动自然颇为掣肘。当时为了能顺利开展工作，颇有远见的马明哲开始设计了的对策是“金蝉脱壳”之计。1989 年，平安以成立员工风险基金为名让员工持有部分股权，与企业“一荣俱荣，一损俱损”。由于国家政策变化的缘故，1992 年在以该基金注册职工合股基金公司。顺理成章，马明哲在董事会中的身份有了更合适的名份。他开始作为职工合股基金派出的董事担任平安董事长，从此摆脱了招商局对他本人的人事任免上的控制。

你不得不承认，马明哲是个极聪明、极敬业的企业家。重要的是，他深谙掌控企业之道。在平安的领导人位子上，他已稳稳当当坐了 20 年，堪称业界常青树。

期间，围绕控制权的争夺，平安的创始人之间经历了数个回合的分分合合、起起落落。招商局、中远、摩根和汇丰等中外股东的进出，国资、外资、民营资本三分天下的股权架构的最终形成，伴随着数不清的风波，但这一切丝毫没有磨灭马明哲创业的激情，也丝毫没有改变以他为核心的平安高级管理层掌控公司的地位。

“对于竞争之道，我赞同最好的防卸就是进攻。”马明哲的行事风格像他的外表，而不是装饰。在 1999 年元月召开的系统会上，马明哲以倒下的三株作比，研究资产、人员迅速庞大起来的平安和三株有哪些危险的相似、怎么避免后者的结局。

牛顿换成了爱因斯坦 >>

2007 年，马明哲被国内媒体评为“年度战略家”。活动主办方给出的当选理由是：马明哲的成功之处在于，他清楚自己的专长在于管理而不是保险本身。

1955 年出生的马明哲，是个极聪明的人。尽管并不像多数金融家那样出身科班，身世显赫。在创办平安之前，马明哲只有初中原始学历。但自从进入平安后，他就开始了自己的科班学业，并最终获得了货币银行学博士学位。

在平安内部流行这样一个故事。深圳平安八卦岭总部大厦的六层培训中心大厅被平安人称为“真理大厅”，此处早在 1996 年大厦正式装修的时候就立有两尊雕塑，孔子和牛顿，前者代表中国古代文化和传统精神，他在公司内部大力推行儒家文化，后者代表西方先进文明。这是马明哲亲自选定的。1998 年美国一个记者参观平安“真理大厅”时，好奇地问：“为什么选择牛顿而不是爱因斯坦？在西方世界，爱因斯坦更代表现代文明。”马明哲当时一愣。几天后，平安员工就看到有工人在往“真理大厅”搬运东西——马明哲真的将牛顿换成了爱因斯坦！部下由此评论马明哲说，只要是好的，就可以影响他。

早在 20 世纪 90 年代初，当平安保险还在向全国性的保险公司努力迈进的时候，马明哲就开始不断地去美国、日本、台湾取经。每次回来，他都会跟下面的人传达他的所观所感，对于他动辄说自己见到了摩根斯坦利的总裁、日本生命社的社长，交流中对方很认同他的观点之类的话，员工们甚至都笑称：“听烦了。”他们其实都明白，马明哲是希望借这些“与我持相同看法”的国际一流的金融家之口，为将来的平安金融帝国拉网布线。

一名员工回忆，早期时的马明哲语言表达能力很有限，加之普通话不过关，公司开中秋晚会时，他念发言稿，从头结巴到尾，而且错十几处。但是马明哲是个学习能力很强的人，现在员工们反而愿听他讲，因为“他确实言之有物，有他的思考”。马明哲原来的英语基础只能说几个单词，2007 年平安上市前赴欧美路演，已经 50 多岁半路出家学英语的马明哲却可以直接用英语回答基金经理和机构投资者提出的问题。现在公司里专门给他配的翻译，很多时候都是无事可干。

平安在 1988 年成立之初，总收入只有 418 万元，利润 190 万元。目前，平安将以保险、银行和资产管理三大支柱业务为核心，截至 2007 年 4 月 17 日，平安在香港、内地股价市值综合计算突破 3600 亿元。

熟悉平安保险公司的人透露，1988 年，平安初创之时，正是进入保险市场门槛比较低的时候。当时，只要有 5000 万元人民币的注册资本，就可以经人民银行批准成立保险公司。但是，由于当时处于中国人民保险公司垄断时期，平安发展的阻力重重。

但是，马明哲以自己的亲身经历告诫手下，只要有必胜的信念，持之以恒，才能有所超越。

为什么不走河上的桥呢？>>

马明哲做大平安的秘诀之一，就是学习模仿世界同行的经验。当时，深圳乃至全国都盛行邓小平“摸着石头过河”的理论。马明哲却说：“为什么我要像一位盲人一样冒着被冲走的危险过河，如果我可以多付一点钱，比如通行费，为什么不走河上的桥呢?”1993年，马明哲访问台湾得知国际通行的经验是：寿险的蛋糕要远比产险大很多。马明哲对此深有同感，于是对西方管理技术很感兴趣，也很有信心。1995年平安就开始着手与国际接轨的工作，并找到了这个高度专业化行业迅速提升自己的诀窍——请外脑，也有人称之为“强势接轨”。

从1996年12月，以张子欣为代表的麦肯锡成员走进平安起，前后共有50多位外籍专业人才进入平安的管理层，这个数量占国内整个保险业外籍专家的90%，平安总部的财务、精算、IT、培训、投资、营销等主要业务门市部的一把手都由外籍专家担任。

张子欣拥有剑桥大学资讯工程最高荣誉学士学位和科技博士学位，曾为麦肯锡全球600个合伙人之一。1996年，平安保险的内部管理已经跟不上业务发展的速度，于是管理层逐渐萌生了借助外脑提升管理品质的想法。1996年底，以张子欣为代表的麦肯锡成员走进平安，平安也成为麦肯锡在中国的第一个金融企业客户。谁也想不到，在平安与麦肯锡合作期间，张子欣被马明哲挖到了平安，成为了平安的总经理。

最有戏剧性的是，以前专挖平安人才的美国林肯金融集团高级副总裁斯蒂芬·迈尔(Stephen T. Meldrum)，1999年9月却被马明哲挖到了平安来上班，成为了平安的总精算师。一年后，原安达信国际合伙人汤美娟也成为了平安首席财务官。原美国国际集团（AIG）培训主管尤金·威尔逊则成为平安寿险训练总监。原美国林肯金融集团副总裁斯蒂芬·克林顿，出任平安银行保险事业部总经理。

马明哲为此也付出了昂贵代价。汤美娟在平安的年薪是900万港币加期权股票，张子欣的年薪也高达800万港币，这些甚至都高于美国财富500强企业的顶级管理人员的薪酬。但马明哲认为这些付出是值得的，“他们为平安带来的收益足够平安为他们发500年工资。”

马明哲雇佣很多高级管理顾问公司为他出谋划策，诸如麦肯锡公司、安达信公司等，而其中很多曾经是平安高级顾问的人才现在全职为平安工作，并按照国际标准付薪。

10年来，落户平安的海外专家在公司已经完成了从咨询顾问到高管决策人的角色转化。如今在平安排名前100位的高管队伍中，有60余位来自海外。另外，在子公司层面，平安也已组建了中西合璧的顶尖人才队伍。

正是这些高级智囊团们的加入，给平安的持续、健康、快速发展带来了积极的影响力。仅以寿险为例，由于在起步之初平安就引入了包括黄宜庚、郑舜文、董秉琨等在内的台湾寿险界资深专家，使得寿险业务从零起步，每年都保持了惊人的增长，远远超越全行业的发展速度。在保险市场开放度最高的上海，平安与10多家中资、中外合资、外资寿险公司同场竞技，已连续多年占据市场的主导位置，公司的综合竞争实力由此得以显现。

除此之外，你还得佩服马明哲开阔的国际视野。

不能否认，平安从最初的一家只能开办财险业务的地方性保险公司，发展成为今天拥有多元金融产业格局的综合金融服务集团，主要依靠其富有前瞻性的国际化发展战略。早在公司成立之初，马明哲就率先在业内提出“建设国际化保险企业”的经营理念，并将这一理念贯穿于公司发展的整个过程之中。

从早期的摩根士丹利、高盛到后来的汇丰，平安较早地尝试了与国外知名企业合作并引入海外军团参与公司管理运作，率先在业内启动公司治理的国际化转型。经外资股东的推动，逐步按国际标准建立全新的决策、内控和信息披露制度，并聘请国际会计师、精算师按国际准则进行审计，创造出中国保险行业史无前例的纪录。

“与国际高手合作，能迅速提高内功，避免少走弯路。”马明哲深谙此道。

1993年的平安保险，是一家成立仅5年的保险公司。事实上，到1994年，平安的保费收入也才2.6亿元。但是这家公司的发展视野、路径选择和气质在中国当时的保险公司中已显得格外突出。1993年底，两位外资股东高盛、摩根登堂入室，极大开启了平安的国际化视野。

特别是1997年，“企业医生”——世界一流咨询顾问公司麦肯锡的到来，对平安的公司治理走上专业化、精细化、规范化之路，产生重要的推动作用。

麦肯锡在平安的发展战略、投资理念、管理模式以及人才培养方面均发挥出了重大的作用。麦肯锡帮助平安确立了以寿险为核心业务的发展方向，为此设计了完善的投资架构和工作流程。它又通过建立合理的绩效考核体制来体现导向，令平安理解、接受了国际最先进的企业管理理念和方式。麦肯锡对平安的人才培养强调“方法论”的作用，着重训练员工的思维模式。经过这整个过程之后，平安在公司的组织模式、经营管理、产品服务以及后台技术等各个方面都发生了巨大变化，公司由此走上专业化、高效化、规范化之路。

中国品牌研究院　郑学勤